当 代 中 国 马 克 思 主 义 哲 学 研 究 书 系

陶德麟 汪信砚 主编

哈贝马斯科学观研究

Research on Habermas's view
of science

罗红兵 著

Karl Heinrich
Marx

人 民 出 版 社

责任编辑:洪　琼

图书在版编目(CIP)数据

哈贝马斯科学观研究/罗红兵 著. —北京:人民出版社,2018.8
(当代中国马克思主义哲学研究书系)
ISBN 978-7-01-019492-9

Ⅰ.①哈…　Ⅱ.①罗…　Ⅲ.①哈贝马斯(Habermas,Jurgen 1929-)-科学观-
　哲学思想-研究　Ⅳ.①B516.59

中国版本图书馆 CIP 数据核字(2018)第 141387 号

哈贝马斯科学观研究
HABEIMASI KEXUEGUAN YANJIU

罗红兵　著

人 民 出 版 社 出版发行
(100706　北京市东城区隆福寺街 99 号)

北京中科印刷有限公司印刷　新华书店经销

2018 年 8 月第 1 版　2018 年 8 月北京第 1 次印刷
开本:710 毫米×1000 毫米 1/16　印张:13.25
字数:230 千字

ISBN 978-7-01-019492-9　定价:48.00 元

邮购地址 100706　北京市东城区隆福寺街 99 号
人民东方图书销售中心　电话 (010)65250042　65289539

目　　录

引　言

一、问题的提出及研究意义

科学观①一般是指人们对科学(包括自然科学、社会科学)的性质、理论构造、方法、基本概念、发展规律、社会作用以及科学与其他人类认识形式(如宗教、哲学)的关系等问题所进行的哲学反思。

科学观大致可以分为两类,即科学主义科学观和人文主义科学观。19世纪以来,科学主义与人文主义的分离和交融是科学观发展的重要特征。科学主义者坚持科学的纯粹性,认为自然科学能够推而广之,用于一切科学研究领域并能够解决人类面临的所有问题。英国弗兰西斯·培根的经验主义和法国笛卡儿的理性主义为科学主义的科学观奠定了根基,大卫·休谟对形而上学的坚决否定则进一步推动了它的发展。19世纪开始,自然科学的巨大成就使大多数人对科学主义科学观深信不疑,而作为主体的人的价值被忽略了。与此同时,人们对科学的怀疑与反思也从未停止。19世纪中期,人文主义哲学逐渐形成和发展起来,它为人文主义科学观的建立打下了坚实的基础。人文主义科学观重视科学技术进步中蕴含的人文精神与人文价值,反思现代科学异化现象,以人为中心审视科学理性与人的价值之间的关系。康德在批判科学主义弊端的同时,就力主构建人文主义的科学观,他指出:"我们的理智不

---

①　有学者将科学观与技术观分开理解,我认为科学正是通过技术实现与社会的联系,技术是科学与社会的中介,二者密不可分,所以并不刻意加以区分。

是从自然界中引出规律而是把规律强加于自然"。① 虽然康德依靠理性批判让人再次回归世界的中心，但由于康德对形而上学解释力的怀疑，他的尝试并不成功。

从德国的尼采一直到法兰克福学派，西方学界的科学技术批判思潮连绵不绝。在一定意义上，"科学技术批判"就是法兰克福学派的代名词。

作为法兰克福学派的早期代表，霍克海默和阿多诺十分关注科学异化问题。他们在《启蒙辩证法》一书中指出："今天，技术上的合理性，就是统治上的合理性本身，它具有自身异化的社会的强制性质。"②在阿多诺看来，科学技术的发展无助于人类的解放，人对自然界的野蛮掠夺也日益割裂了人与自然的联系，科学的成功导致了社会和心灵的压迫；科学技术的扩张造成了人的异化，人成为抽象意义上的"物"，成为既定社会秩序的奴隶，而科学技术正是实施这一统治的工具。阿多诺认为，"科学与其说是人类进步的忠诚助手，毋宁说是包括了新的人类异化的种子。"③霍克海默也指出，"看来，甚至正当技术知识扩大人的思想和活动的范围时，作为个体的人的自主性，他对日益发展的大众操纵机构进行抵抗的能力、想象力、独立的判断，似乎被剥削了，旨在启蒙的技术能力的进步伴随着非人化的过程。"④

马尔库塞认为，科学技术具有两面性。它有恶的一面，即科学与技术先验地具有奴役、控制、异化这样"原罪"的性质。马尔库塞相信，正是经济繁荣挽救并巩固了现存资本主义制度，但资本主义制度依然保持着压迫性，科学技术使人前所未有地丧失了自我，批判和反抗的意识销声匿迹。当然，马尔库塞从不讳言科学技术也有善的一面，即科学技术又具有促进人类解放的性质与潜力。他断言，科学技术恶的本质导致了"病态社会"的出现；而科学技术善的一面又促使"健全社会"的到来。

① （德）伊曼纽尔·康德：《未来形而上学导论》，庞景仁译，商务印书馆1978年版，第83页。
② （德）霍克海默、阿多诺：《启蒙辩证法》，洪佩郁、蔺月峰译，重庆出版社1990年版，第113页。
③ （德）霍克海默、阿多诺：《启蒙辩证法》，洪佩郁、蔺月峰译，重庆出版社1990年版，第114页。
④ （德）霍克海默、阿多诺：《启蒙辩证法》，洪佩郁、蔺月峰译，重庆出版社1990年版，第114页。

"针对马尔库塞的观点,哈贝马斯坚持赋予科学技术以'原罪'性质,也就是说,科学技术之执行意识形态功能,科学技术之产生消极的社会功能,是其自身固有属性所使然,是由它自身发展的逻辑所决定。"[①]按照哈贝马斯的理解,马尔库塞利用社会环境因素分析科学的异化现象的做法很容易使科学批判误入歧途。哈贝马斯相信,科学技术对人的异化并不是价值选择的结果,而是科学技术自身的性质和特点决定的。科学技术的持续扩张,造成了过分合理化的"劳动",而"劳动"作为一种工具理性行为,它愈趋向合理化,就愈使交往行为走向非合理化。

如何正确应对科学的飞速发展已成为当代重要的哲学问题之一,对这一问题的回答将成为理解现代社会"生活世界"的关键。在社会理解方面,西方学者的研究存在两种对立的思路,一条是以狄尔泰为代表的生命哲学——历史主义的思路;另一条是以孔德、斯宾塞、穆勒为代表的实证主义思路。按照第一种思路,自然科学与社会科学根本不同,自然现象重复发生,没有自主意志,可量化和预测;社会现象则不同,社会是一个生命体,社会发展与人的主观意识息息相关,人类的历史不能重复,因而不可预言。据此,狄尔泰把科学分为两类:一类是自然科学,另一类是精神科学,并明确指出自然科学的研究方法是"说明",精神科学的研究方法是"解释"。按照第二条思路,社会科学为取得进步,必须采用自然科学的方法,即实证的方法。孔德、斯宾塞之后,逻辑实证主义掀起了一场拒斥形而上学的运动。

依据实证主义科学观的理解,作为理性思维的科学就只剩下自然科学,而具有明显的价值理性特征的人文学科、社会科学就失去存在的理由和根据。实证主义者即便承认它们的存在,也要将其纳入自然科学的逻辑。早期法兰克福学派对实证主义、分析哲学的立场进行了猛烈抨击。然而,哈贝马斯认为他们在批判科技理性的同时,却丧失了规范科学的理性基础,使社会批判理论陷入困境。哈贝马斯认识到,只有重新理解理性,重新阐释科学,才能拯救社会批判理论。

"科学"顺理成章成为哈贝马斯早期作品的主题之一,也是哈贝马斯理论

---

① 傅永军等:《批判的意义——马尔库塞、哈贝马斯文化与意识形态批判理论研究》,山东大学出版社1997年版,第67页。

成熟时期创作的源头之一,更是他学术生涯始终关注的对象。

哈贝马斯认为科学技术不仅是一种生产力,同时也发挥着意识形态的作用。这一立场显然源于对法兰克福学派科学技术批判地继承。作为"第一生产力"的科学技术"侵入"生活世界,形成一种控制自然和人的力量,成为一种"虚假的意识",它使人们丧失自由,无法获得真正的解放①。在深入分析了现代科学技术进步的实践后果之后,哈贝马斯深感以科技为中心的工具理性日益膨胀,它使人的解放更难以实现。为了解决这一问题,他提出以"交往理性"取代"工具理性",使主体在批判性反思中获取生活的意义,创造一个合理化的社会。

国内外学界对哈贝马斯科学观的研究成果颇为可观,但主要集中于哈贝马斯的自然科学观。具体来说,主要是对哈贝马斯"科学技术是第一生产力""作为意识形态的技术与科学"等理论的研究。这些研究尽管观点各异,但大多将哈贝马斯科学观中的"科学技术"理解为自然科学及其技术,学者们从近现代自然科学发展的角度,考察了哈贝马斯科学观的背景、内容和意义。实际上,国内学界许多研究成果正是哈贝马斯极力批判的"实证主义"科学观的体现,这不能不说是国内学界对哈贝马斯科学观研究的局限之一。的确,这些研究将哈贝马斯科学观限定在自然科学的范围是不完整的。在哈贝马斯那里,"科学"含义更为丰富,不仅包括自然科学,也包括社会科学以及部分人文学科。② 可以说,哈贝马斯始终是以一种大科学观的视野理解科学。

另外,国内外学界对哈贝马斯科学观研究的系统性不够。多数研究者仅从哈贝马斯早期著作出发探讨哈贝马斯科学观,一则无法呈现哈贝马斯科学观全貌,二则也无法揭示哈贝马斯科学观在其理论体系中的作用与地位。这种局面的形成固然是哈贝马斯早期作品较多关注科学问题的合理结果。但我们必须要指出的是,哈贝马斯在其理论的成熟期直接论及科学观的文本的虽然不多,可是哈贝马斯20世纪80年代建构"交往行为理论"的主要目的就是

---

① (德)哈贝马斯:《作为意识形态的技术与科学》,郭官义、李黎译,学林出版社1999年版,第36页。

② 关于"人文学科"的提法,是汪信砚老师在《什么是哲学?从人文学科的视角看》一文中提出的见解。他将科学分为自然科学、社会科学两类,哲学则是具有反思性的特殊的人文学科。我认为这是一种较为合理的分类方法,故在这里加以引用。

克服以科学技术为代表的工具理性的扩张,本质上是从科学方法论转移到社会科学具体问题的研究。进入 21 世纪以来,出于对克隆技术等遗传科学的无限制发展的担忧,哈贝马斯连续发表文章阐述了自己的科学立场。因此,我们认为哈贝马斯中后期的理论依然保持了对科学主题的关注。遗憾的是,国内学界对哈贝马斯科学观的研究较少关注哈贝马斯中后期著作,这就导致我们对哈贝马斯科学观的理解局限于其早期的发展水平。

我们认为,与传统科学观比较而言,哈贝马斯科学观的创新之处颇多,可以说它实现了科学观的一次重大变革。但国内外学界的相关研究大多只关注其科学技术批判理论和交往行动理论以及政治哲学,少有学者站在科学观变革的角度理解哈贝马斯的科学思想。哈贝马斯科学观革命的关键,是他运用交往行为理论创立了把传统的主客关系转换为主体间关系的崭新思路。依据这一思路,在以语言为中介构建的主体间关系中,主体通过反思获得的知识代替了不断被运用的知识;超越现象领域的知性领域也不再是科学孜孜以求的目标,也就是说,科学走出了康德理解的科学藩篱,而成为消除先验与经验的鸿沟、立足于人类实践的新形象。这就超越了实证主义对科学的客观主义理解,超越了主体与客体的二元论划分,把科学技术视为具有经验性、确定性的知识,而且将科学看作一种具有社会性、历史性、实践性和生成性的人类感性活动。所以,哈贝马斯建立的"批判的社会科学"实质上是马克思科学思想(即"一门科学")的延续。

基于以上考虑,本书研究的着力点主要在于回答以下问题:哈贝马斯建立了一种怎样的科学观?这种科学观的思想来源、形成过程、具体内容是什么?哈贝马斯"批判性社会科学"与马克思所谓的"一门科学"有什么异同?哈贝马斯科学观对中国当代自然科学、社会科学乃至人文学科的发展具有怎样的启示意义?

二、本书的研究思路

本书主要以哈贝马斯的科技意识形态理论、认识兴趣理论、交往行动理论为线索来研究其科学观。哈贝马斯认为,科学技术的进步推动了晚期资本主义社会生产力的爆发式增长,人类社会进入了一个科学化时代,政治、经济、文化乃至人类意识都打上了科学的烙印,科学对人类社会及其未来发展产生了深远的影响。

引言部分廓清研究的背景,概括本书的研究思路、方法以及研究的意义。近30多年来,科学观成为国内外学界争相研究的领域。按历史的沿革,我们可以将科学观分为三类,即宗教科学观,认为科学与宗教没有区别的一种科学范式;近代小科学观,将自然科学视为唯一的科学范式;当代大科学观,承认自然科学、社会科学、人文学科甚至其他可能的认知方式的合理性的科学范式。哈贝马斯的科学观属于大科学观的范畴,对当代中国科学技术的合理化发展不无借鉴意义。哈贝马斯继承了马克思"一门科学"的思想,构建了"批判的社会科学"体系,以人类的解放为旨归将自然科学、社会科学、人文学科统一起来,具有鲜明的理论特色。遗憾的是,到目前为止,哈贝马斯科学观的研究成果尚不多见。在哈贝马斯研究中,对科学技术意识形态理论、认识兴趣理论、交往行为理论的争议颇多,但能够将三者清晰地与科学观联系起来的论著却很少。本书以科学技术批判为线索对哈贝马斯的理论加以梳理,分析哈贝马斯科学观与马克思科学观的联系和区别,明确哈贝马斯科学观在其哲学体系中的地位,考察和分析哈贝马斯科学观的理论得失。

第一章梳理了哈贝马斯科学观的思想来源、现实背景和形成过程。在科学生产力论和科技意识形态论方面,哈贝马斯继承了马克思的科技生产力理论、"一门科学"思想以及早期法兰克福学派的科技意识形态批判理论,以认识兴趣理论将自然科学、社会科学、人文学科统一为"批判的社会科学"体系,以此消除晚期资本主义社会的科学危机;在反思西方科学文明方面,哈贝马斯利用弗洛伊德的精神分析学剖析了西方科学文明的内在精神动因;在科学与社会意义理解方面,哈贝马斯批判吸收了伽达默尔等人的解释学理论,形成了自己的"批判解释学";在工具理性批判方面,哈贝马斯发展了霍克海默、阿多诺和马尔库塞的工具理性批判,并以"交往行动理论"实现了工具理性向交往理性的转变;在科学价值问题上,哈贝马斯虽然受到马克斯·韦伯科学合理性理论的影响,但始终坚持科学必须参与价值判断。

哈贝马斯科学观形成的现实背景可以分为三个相互关联的方面:其一,晚期资本主义时期,科学的力量超越其他生产力要素,成为第一位的生产力,技术的物化周期日益缩短,科学技术成为经济增长的"独立变数";其二,在晚期资本主义阶段,由于国家对经济的大规模干预,以公平交换为合法性基础的自由资本主义逐渐瓦解,这就导致资本主义出现了新的合法性危机;其三,科学技术成为晚期资本主义的合法性基础。

哈贝马斯科学观的形成是一个渐进的过程,大致可以分为五个阶段:20世纪60年代初,哈贝马斯科学观初步形成,标志为《理论与实践》一书的出版;20世纪60年代中期,建构了哈贝马斯社会科学的方法论,其标志为《社会科学的逻辑》的发表;20世纪60年代中后期,哈贝马斯论证了科学技术的社会功能,其标志为《作为意识形态的技术与科学》的发表;20世纪60年代末期至80年代初,哈贝马斯建立了"批判的社会科学"体系,其标志为《认识与兴趣》《交往行动理论》的出版。

第二章探讨了哈贝马斯所谓的"技术兴趣"指导下的"经验分析的科学"。本章主要阐释了哈贝马斯关于"科学""技术""兴趣"的概念以及他对科学、技术、兴趣相互关系的理解,分析了经验分析性科学发展造成的实践后果:"技术的兴趣"引导占有和控制自然界的经验分析科学及其技术不断发展,一方面使科学技术成为第一位的生产力,另一方面也使科学技术成为一种新型的意识形态,发达资本主义国家出现了政治和公共领域的科学化倾向,工具理性"侵入"生活世界之中,导致生活世界出现了"殖民化"的危险。

第三章研究了哈贝马斯"实践的兴趣"指导下的"历史—解释的科学"。哈贝马斯认为,在社会科学的发展历史上有三种研究思路,分别是用知识学代替认识论的实证主义思路;由自然科学的方法论引申出的实用主义的思路;由精神科学的方法论演进而来的历史主义思路。他认为这三种思路各有优劣,但其中任何一种思路都不能独自解决晚期资本主义的科学危机。由此,哈贝马斯提出了自己的社会科学的方法论,即社会科学研究的方法应当是说明性方法和理解性方法的结合。他强调只有解决社会科学的意义理解问题,才能将科学的发展规范于人类总体利益之中,消除当今科学的危机。

第四章研究了哈贝马斯提出的"解放兴趣"指导下的"批判的社会科学"。哈贝马斯将弗洛伊德的精神分析学、马克思的意识形态批判视为"解放性科学"的范本,认为这两种科学理论具有强烈的反思精神,在某种程度上解除了社会权威和金钱对民众的宰制。但哈贝马斯也指出了这两种理论存在的缺陷，即过分强调经验分析的重要性，削弱了批判的力量。哈贝马斯认为"批判的社会科学"必须是"生活世界"的科学，唯有将自然科学、社会科学、人文学科统一起来才能消除科学异化问题。他提出了批判性科学的实例——普遍语用学，主张运用"语言"为中介的交往行为取代工具行为。

第五章探讨了哈贝马斯对于科学与哲学、宗教关系的理解。文章首先阐述了哈贝马斯关于科学与哲学关系的理解，梳理了哈贝马斯的"科学""哲学"概念，总结了哈贝马斯对科学与哲学的互补关系的理解：哲学可以规范科学发展的方向，防止科学危机的发生；科学则为哲学提供了丰富的思想材料，哲学的反思理应是"批判性社会科学"的组成部分。文章随后探讨了哈贝马斯在早期和晚期对科学与宗教关系的不同理解：早期的哈贝马斯将意识形态化的科学技术视为对晚期资本主义社会进行合法化解释的基础，而将宗教作为一种相对消极的力量看待；而晚期的哈贝马斯更注重宗教抵御科学时代"意义丧失"危机的作用，转而认为宗教是一种积极的力量。

第六章研究了哈贝马斯科学观的理论得失。文章首先归纳了哈贝马斯科学观与马克思科学观在理论基础、价值取向、理论目标、科学划界方法上的相同之处，随之比较了二者在对科学异化本质的认识、科技意识形态化的理解、科学发展趋势的判断等方面的不同。文章然后概括了哈贝马斯科学观的合理性的两个表现：一是对科学划界问题进行了深入思考，是一种大科学观的体现；二是对科学进行了人文主义的思考，倡导将自然科学的因果分析与社会科学的理解性反思相结合，力主以人文的视角分析科学现象。文章也指出了哈贝马斯科学观的理论限度：以科技成为"第一位生产力"的现实来否定马克思的劳动价值学说的做法是错误的；将科学技术本身看作资本主义社会"人的异化"的根源，而不考虑制度的原因，是本末倒置；不重视研究科学内部的发展，脱离了科学发展的实际状况。

全书最后概括了哈贝马斯科学观对我国科学技术发展的理论启示。我们应当深入分析科学技术进步在我国社会所造成的实践后果，将科学技术置于交往理性的指导之下，抵御以科学技术为代表的"工具理性"对生活世界的"入侵"；对科学的批判不等于反对科学的发展，而应该以人文精神引导科学的进步，使科学真正服务于人类解放的终极目标。

第一章　哈贝马斯科学观的思想来源、现实背景与形成过程

刘大椿在《当下科学论的发展趋势和生长点》中指出,目前的科学观研究处于一个由卡尔纳普、赖欣巴赫、亨普尔等构建的"正统科学观传统"背景之中,这一传统确定了科学观研究的问题域和应答域,因此,尽管科学观研究的路径差异甚大,但在"力图摆脱正统科学观"的发展趋势上并无二致。首先是由波普、库恩、拉卡托斯提出的过渡期科学观,然后是非传统科学观,包括了费耶尔本德、罗蒂、福柯、海德格尔、法兰克福学派、德里达、利奥塔等对科学及其相关问题的思考。某种意义上说,当代的一些科学思想也源于这些非传统科学观。其后,阿加西、苏珊·哈克、海丝重构了这些另类的科学观。我们可以说,目前的科学观研究早已越过了传统科学的藩篱,开始关注社会,关注更普遍的哲学问题,如自由、价值、存在等。①

德国著名的哈贝马斯研究专家霍尔斯特曾说过:"要全面地把握一种像哈贝马斯的理论这样丰富而涉及面甚广的理论决非易事。"②这一方面源于哈贝马斯对大陆哲学和分析哲学的兼容并蓄,另一方面源于他丰富的研究经历。但我们仍然认为,哈贝马斯理论总体上属于法兰克福学派"社会批判理论"的传统之中。

社会批判理论是由霍克海默、阿多诺等早期法兰克福学派学者创立的一种社会认识理论。1937年,霍克海默发表《传统理论与批判理论》一文,标志着"社会批判理论"的正式形成。所谓"社会批判理论"实际上是霍克海默对马克思主义理论的重新解读。"批判理论"是相对于"传统理论"而言的一种认识方式。

---

① 刘大椿:《从辩护到审度——马克思科学观与当代科学论》,首都师范大学出版社 2009年版,第 57 页。

② (德)霍尔斯特:《哈贝马斯传》,章国锋译,东方出版中心 2000 年版,第 10 页。

传统理论是指依据实证主义的方法,由固定、静态的已有事实出发,旨在为现存的资本主义社会制度寻找合法性依据的社会理论,而"批判理论"则是将自身置于现存社会制度以外,揭露资本主义社会的根本矛盾,批判既定的、现存的事实,是一种否定性社会理论。法兰克福学派的主要理论家均坚持运用社会批判理论剖析资本主义社会,因而,"社会批判理论"就成为该学派的理论标志。

值得注意的是,社会批判理论在形成之初就高度关注科学问题。法兰克福学派的早期理论家对科学问题进行了深入的思考(如霍克海默、马尔库塞、哈贝马斯等)。霍克海默在《批判理论》导言中写道:"科学的成果,在部分上可以有助于工业生产,然而,当面临作为一个整体的社会进程的问题时,科学却逃避着它的责任。"[1]马尔库塞在《单向度的人》中也指出:"掌握了科学和技术的工业社会之所以组织起来,是为了更有效地统治人和自然,是为了更有效地利用其资源,当这些成功的努力打开人类的新向度时,它就变得不合理了。"[2]哈贝马斯在《理论与实践》一书中强调,"科学的社会能量,转化成技术拥有的力量;科学不再被看作启蒙行为的能量。经验分析的科学,产生了技术方法,但是,经验分析的科学,并不是对实践问题的回答。理论与实践相联系的要求,成了虚假要求。占有对象过程或者物化过程的说教,代替了通过启蒙获得的解放。"[3]综上所述,法兰克福学者不约而同地将科学视为社会批判的主要对象,分析科学异化的根源、提出了一系列解决科学异化的基本原则,逐步形成了社会批判理论的科学观。哈贝马斯科学观正是其中的一个重要组成部分。毋庸置疑,早期法兰克福学派的科学观属于人文主义的范畴。作为法兰克福学派第二代的主要理论家,哈贝马斯科学观也不可避免地受到早期社会批判理论科学观的影响。哈贝马斯科学观就是早期社会批判理论科学观的延续和发展。

第一节　哈贝马斯科学观的思想来源

哈贝马斯科学观的形成与演变绝非偶然,既有鲜明的历史背景也有复杂

---

① (德)霍克海默:《批判理论》,李小兵等译,重庆出版社1990年版,第3页。
② (德)马尔库塞:《单向度的人》,刘继译,上海译文出版社1989年版,第17页。
③ (德)哈贝马斯:《理论与实践》,郭官义、李黎译,社会科学文献出版社2004年版,第330页。

的思想来源,它是 20 世纪尤其是两次世界大战后西方经济、科技、政治和文化发展的必然产物。

20 世纪初,资本主义社会在政治、经济、科学技术、文化等方面都出现了前所未有的变化,哈贝马斯依据这些变化把这一阶段称之为"晚期资本主义社会"。实际上,法兰克福学派的"社会批判理论"也是针对资本主义这一新的发展阶段加以分析和批判的社会理论。

20 世纪早期发生的经济危机,席卷了整个资本主义世界,资本主义国家为解决危机逐渐介入经济生活。在资本主义经济中,市场机制和政府的宏观调控相结合已经成为常态,自由资本主义的模式实际上被抛弃;科学成为推动社会、经济发展的主要力量,科学与技术的联系日益密切,科学技术化、技术科学化的趋势更为明显。然而,科学技术"侵入"人类社会的生活世界,客观上也造成了人类精神的"异化";资本主义文化在新技术的支撑下呈现出"消费文化"倾向,"文化工业"大规模复制文化产品,引导着社会成员的兴趣与爱好,人们在文化中越来越难以获得精神的愉悦和满足①。面对晚期资本主义的现实,霍克海默、阿多诺等早期法兰克福学派学者以"社会批判理论"对晚期资本主义社会的新变化进行剖析,试图揭示社会现实背后隐藏的真相,并寻求解决问题的途径。哈贝马斯深受法兰克福学术传统的影响,坚持以社会批判理论分析晚期资本主义社会,他主张以"交往理性"抵御"工具理性"的扩张,构建一个合理化的社会。但是,哈贝马斯的理论体系显然有别于早期的社会批判理论。实际上,他认为早期的社会批判理论的否定性批判无助于解决晚期资本主义的危机。在西方学界,哈贝马斯与其他理论家就此论题进行了多次论战②,其理论也饱受攻击。

国内学界也有相当一部分学者批判哈贝马斯,将他视为马克思主义的背叛者。的确,哈贝马斯多次指责马克思的剩余价值学说滞后于社会发展、以唯科学主义的态度理解"劳动"和"相互作用"的关系。从这些尖刻批判来看,国

---

① Lury、Celia:《消费文化》,张萍译,南京大学出版社 2003 年版,第 4 页。
② 哈贝马斯踏入学术领域后,与各种不同的思想流派和代表人物之间不断发生学术争端,掀起了一场又一场的论战。例如与波普尔、伽达默尔等人的方法论论战;与福科、德里达等人的现代性和后现代性论战;与亨利希的形而上学论战;与诺夫特等人的历史学家之争;和鲁曼的社会理论论战、与罗尔斯的规范民主之争、与斯洛特迪杰克的基因技术的论战;等等。

内学者指责哈贝马斯背叛了马克思主义确也无可厚非。然而,理论的传承往往有两个层面,一是对理论体系本身的全盘接受并加以肯定性的证明;二是认同理论的意旨并积极进行理论创造,使之不断完善和发展,增强它在现实中的解释力与生命力。毋庸置疑,哈贝马斯对马克思主义的理论传承属于后者。我们认为,这种理论意旨的传承也许更值得推崇。哈贝马斯理论中的科学观部分正是这种理论传承的产物,它既有对马克思科学观的继承和肯定性论证,也不乏否定性的重构和完善,但其理论意旨明确地指向人类的自由和解放,这一点与马克思并无二致。

一、马克思的科学观

20世纪有两类主要的科学观,即科学主义科学观和人文主义科学观。从科学主义科学观到人文主义科学观的演进其实是理解科学视角的转变,这种转变过程中,两类科学观不但体现为对立,而且也呈现出融合的趋势,这种融合就是向"生活世界"的归依。

马克思科学观是指马克思对科学的看法和观点,它是马克思哲学的重要组成部分。法国哲学家库斯塔·阿克斯劳斯在《卡尔·马克思思想中的异化、实践和技术》一文中说,"科学技术是马克思全部思想的关键和核心,唯有同时深入研究马克思对科技意义的理解和对马克思主义意义的理解,才能有一种清晰的哲学认识。"①

马克思哲学的诞生和科学的发展密切相关,马克思本人对科学技术高度重视,并对科学技术进行了深入研究。一方面,马克思将科学技术作为人类发展史上最伟大的革命力量看待,视之为一种生产力,另一方面,他也将自己的思想命名为"科学社会主义理论"。

马克思科学观的理论视野是"现实的人"。在《1844年经济学哲学手稿》《德意志意识形态》《资本论》《经济学手稿》等著作中,马克思清晰地展示了以"现实的人"为出发点对科学的理解。

在《德意志意识形态》中,马克思指出:"我们的出发点是从事实际活动的人"②。马克思在《关于费尔巴哈的提纲》中指出:"哲学家们只是用不同的方

---

① Kostas. Axelos Alienation, *Prax is and Teehne in the Thought of Karl Max*. Translation copyright by University of Texas Press, 1976. p. 1.

② 《马克思恩格斯选集》第1卷,人民出版社1995年版,第73页。

式解释世界,而问题在于改变世界。"①马克思不仅指出了哲学家们要从理论上解释世界,而且应该以实践的方式改变世界。可以说,"改变世界"是马克思哲学的出发点和归宿。然而,马克思明白,只有在科学时代才能真正"解释世界"并使"改造世界"成为可能,哲学对世界的改造也只能以科学和科学的功能为媒介。

18世纪后期的工业革命展示了科学引导下的技术对生产力的巨大推动作用,人们逐渐认识到科学的巨大潜力。马克思所处时代哲学的一个主要特征就是强调人对自然的认识与改造,力图以科学实证的方法把握整个世界。马克思很早就认识到科学对生产力和生产关系乃至人类解放的重要推动作用,但马克思对科学的态度是清醒的。从人类解放的根本目的出发,马克思将科学和"现实的人"的解放与全面发展结合起来。他指出,人的解放是由"历史的关系,是由工业状况、商业状况、农业状况、交往状况促成的"。正是"自然科学展开了大规模的活动并且有了不断增多的材料"②并"通过工业日益在实践上进入人的生活,改造人的生活,并为人的解放做准备"③。

1. 马克思科学观的理论基础

一个哲学家的科学观实际上就是他的哲学思维的体现。我们在概括一个思想家的科学观时,往往需要理解他的哲学理论,因为科学观就是哲学家建立其理论体系的基础。当他的理论体系构建完成以后,他的科学观便自然融入其理论体系之中,成为其思想体系的一部分。就马克思理论来说,唯物主义与辩证法就是他的哲学思维模式,是他理解科学的方法论,也就是其科学观的理论基础。可以说,马克思科学观与辩证唯物主义是密不可分的,因此,理解了马克思的辩证唯物主义,也就理解了马克思的科学观。

辩证唯物主义就是马克思科学观的理论基础,它包括三个方面,辩证法是关于外部世界运动的而且是不以人的意识为转移的一般规律的科学;关于外部世界运动的一般规律的科学的辩证法,反映到进行思维的头脑之中,就成为人类思维运动的普遍规律的科学,并且被人们自觉地运用;辩证法的概念本身

---

① 《马克思恩格斯选集》第1卷,人民出版社1995年版,第57页。
② (德)马克思:《1844年经济学—哲学手稿》,刘丕坤译,人民出版社1979年版,第81页。
③ 《马克思恩格斯全集》第42卷,人民出版社1979年版,第128页。

就是现实世界的辩证运动的自觉的反映。

辩证唯物主义是人类认识发展史的科学总结,它建立在现代科学和社会实践的基础上,并随着科学和实践的发展而不断丰富发展。在辩证唯物主义看来,各门具体科学为哲学提供坚实的客观基础,哲学则是各门具体科学的概括和总结;科学一旦进入理论的领域,必须有理论思维的帮助,而学习哲学是发展和锻炼理论思维能力的唯一有效的手段。

2. 马克思科学观的主要内容

马克思科学观的内容丰富,主要包括科学生产力论、科学技术的社会功能、科学技术意识形态论、"一门科学"思想等方面。

第一,科学技术是一种生产力。马克思认为,科学技术是生产力,是一种推动社会前进的革命力量。科学生产力理论是马克思科学观的重要内容之一,该理论概括起来有以下几个方面内容:首先,科学是生产力中的一个重要因素。马克思在《政治经济学批判》中,第一次明确提出了"生产力中也包括科学"的著名论断。其次,科学是一种特殊的生产力。马克思认为,科学本身是人类对自然的理解,因而是知识形态人类生产力发展的一种形式。因此,作为一般社会生产力,科学是一种特殊的社会生产力,即一种精神生产力,而当其与生产力其他要素相结合,即构成物质生产力的一个重要因素。再次,科学作为一种特殊的社会生产力,必须经过转化才能成为直接的生产力,即将科学技术物化为新的劳动工具和新的劳动对象;通过学习和教育,提高劳动者的技能和素质。马克思、恩格斯把后一个方面视为科学转化为直接生产力的根本途径。又次,科学技术是推动生产力发展的重要因素。马克思认为,科学技术是当代生产力发展和经济增长的第一要素,劳动生产力是随着科学和技术的不断进步而不断发展的。生产力的发展归根到底源于发挥着作用的劳动的社会性质,源于社会内部的分工,源于智力劳动特别是自然科学的发展。最后,科学作为生产力,既是推动社会生产力发展的重要动力,同时也促进了生产关系和生产方式的变革,促进了上层建筑和思想文化的发展。马克思认为,机器的应用则是使生产方式和生产关系革命化的因素之一。恩格斯也曾指出,科学发现和技术发明推动了产业革命,产业革命同时又引起了市民社会中的全面变革。正是在这个意义上,他们把科学看成是一种"最高意义上的革命力量"。所以,恩格斯指出,"以前人们只是夸说生产归功于科学的那些事,但科学应归功于生产的事却多得无限"①。正如同马克思所言,只要回归事物的本来面目及其产生根源来解释事物,一切疑难的哲学问题,都能简单地概括为某种经验的事实。②

第二,科学技术是经济和社会发展的巨大推动力。马克思认为,近代科学的本质就是资本的力量,它在创造巨大物质财富的同时,也造就了人与自然、人与人关系的对立和异化;需要转换资本主义生产方式,让科学、自然和人类社会和谐发展。马克思视科学为是"历史的有力的杠杆",是"最高意义上的革命力量"。他将火药、指南针与印刷术视为宣告资本主义社会即将到来的三大科技发明。火药摧毁了封建贵族阶层,指南针运用于航海直接助力资产阶级开拓世界市场并在全世界占领殖民地,印刷术被作为科学复兴的最重要的技术手段。近代以来社会分工、蒸汽机与机器的运用,成为"18世纪中叶起工业用来摇撼旧世界基础的三个伟大的杠杆"③。

第三,科学技术的社会作用具有两面性。科学一方面可以促进经济发展并推动社会进步,从而服务于人类社会,另一方面,科学在一定条件下也可能对人类的生存与文明的进步产生消极影响。科学技术进步在客观上提升了人类改造自然的能力,使人类能够创造更丰富的物质财富,对社会进步的正面作用毋庸置疑,不过,倘若对科学技术运用不当,也可能产生难以估计的消极影响:一种情况可能是因为对自然规律和人与自然关系理解较为肤浅,或缺乏控制科学技术消极影响的有效手段;另外一种情况则同社会制度相关。马克思在考察资本主义条件下科学技术作用时指出:"在我们这个时代,每一种事物都好像包含有自己的反面。……技术的胜利,似乎是以道德的败坏为代价换来的。随着人类愈益控制自然,个人却似乎愈益成为别人的奴隶或自身的卑劣行为的奴隶。甚至科学的纯洁光辉仿佛也只能在愚昧无知的黑暗背景上闪耀。……现代工业和科学为一方与现代贫困和衰颓为另一方的这种对抗,我们时代的生产力与社会关系之间的这种对抗,是显而易见的、不可避免的和无庸争辩的事实。"④这表明,在资本主义条件下,科学技术的发展并非都能使人

---

① (德)恩格斯:《自然辩证法》,于光远等译编,人民出版社1984年版,第73页。
② (德)马克思、恩格斯:《德意志意识形态》,人民出版社1961年版,第112页。
③ 《马克思恩格斯选集》第3卷,人民出版社1995年版,第776—778页。
④ 《马克思恩格斯选集》第1卷,人民出版社1995年版,第775页。

们摆脱贫困,并非都能促进人们的身心健康发展。科学技术有时"表现为异己的、敌对的和统治的权力"①。

3. 马克思"一门科学"的思想

马克思科学观在发展过程中有两个方向,一是马克思对科学的总体性构想,大致能够用"一门科学"思想来概括,他一生对科学的推崇也集中说明了这一点;二是在对资本主义的考察过程中马克思对近代自然科学的深入思考。

我们通常谈到的"科学"概念主要指自然科学,许多人将社会科学、人文学科(李凯尔特称后两者为"文化科学"②)视为自然科学的依附,但不可否认的是,文化科学产生伊始就与自然科学形同水火。安启念在《马克思自然科学观中的人学意蕴》一文中指出,马克思的理论思考与社会实践均以人的解放作为目标。马克思认为"自然科学"与"关于人的科学"是"一门科学"。随着资本主义工业生产的发展,生产过程成为自然科学的运用,因此自然科学的发展就成为人类解放的重要促进力量。与此同时马克思揭示了私有制产生的历史必然性和在私有制条件之下自然科学对人的异化作用③。

在《1844年经济学哲学手稿》一书中,马克思指出,"因此,全部历史是为了使'人'成为感性意识的对象和使'人作为人'的需要成为需要而做准备的历史(发展的——历史)。历史本身是自然史的即自然界生成为人这一过程的一个现实部分。自然科学往后将包括关于人的科学,正像关于人的科学包括自然科学一样:这将是一门科学。"④马克思认为,资本主义的国民经济学实质上是见"物"不见"人",这种对人自身的漠视注定了它的失败,因而,马克思多次强调发展关于人的历史科学的重要性。正是在这样的背景下,马克思提出了自然科学和人的科学同一的"一门科学"思想,这是人类科学观发展史上的一次革命⑤。

在此之前,自然科学与人的科学始终处于严重对立之中。马克思科学观

① 《马克思恩格斯全集》第47卷,人民出版社1979年版,第571页。

② (德)H.李凯尔特:《文化科学与自然科学》,涂纪亮译,商务印书馆1991年版,第1页。

③ 安启念:《马克思自然科学观中的人学意蕴》,《河北学刊》2008年第4期。

④ (德)卡尔·马克思:《1844年经济学哲学手稿》,刘丕坤译,人民出版社1979年版,第71—72页。

⑤ 萧诗美:《论马克思的科学观革命》,载《马克思哲学研究》,湖北人民出版社2008年版,第249页。

的核心就是"一门科学"思想。它实质上展现了马克思对科学发展趋势的构想，并借此与实证主义者拉开了距离，更为重要的是，马克思的"一门科学"思想明确地将"科学"理解为涵盖自然科学、社会科学、哲学历史等人文学科的"大科学"。而实证主义的科学观把"科学"仅仅等同于自然科学，社会科学、人文学科均被排斥在"科学"概念之外。

就马克思所处时代科学发展状况而言，"一门科学"的论断只能是一种对科学未来发展趋势的描绘。马克思自然也非常清楚，这一确定性的预言在当时并不可能实现，他使用"往后"一词就是明显的证据。时至今日"科学"概念的核心意义依旧被实证科学所占有，社会科学、人文学科只有在承认自然科学典范性的基础上，才能被塞入"科学"概念之中。这一状况显然与马克思主张的"一门科学"思想相距甚远。

在马克思那里，"科学"的概念并不是以自然科学为模板塑造的。马克思"一门科学"思想揭示的是当时自然科学和"关于人的科学"渐行渐远的实际状况。他在《1844 年经济学哲学手稿》中说："自然科学活动规模空前巨大而且获得了日益增加的对象。然而形而上学与自然科学始终毫不相干"[1]；"而且历史学也仅仅是将自然科学作为启蒙、实用性与一些伟大发现的因素罢了。"[2]

马克思认为，科学领域中不同科学相分离的状况是人类社会发展到特定的历史时期出现的暂时的情况。一方面，它说明了自然科学已然发展出了属于自身的，以实验方法为基础，以实证为原则的科学的形式，而且凭借持续地占据实际的感性材料与参与机器大工业的生产过程而产生了惊人的成就，同时也奠定了自身持续发展的牢固基础；然而，社会科学（如哲学、历史学、政治学、宗教、伦理学）仍停留在意识形态的领域，没有真正发展出属于自身的科学形式，而自然科学的发展已经超越了社会科学的发展水平。另一方面，由于人类的感性生活世界仍处于异化当中，自然科学尽管发展出了属于自身的科学形式，却与社会科学一样仍在异化的过程之中；即使与自然科学一样最终发展出了属于自己的科学形式，也必然沿着闭塞体系与抽象意识的方向发展，也

---

[1] （德）马克思：《1844 年经济学—哲学手稿》，刘丕坤译，人民出版社 1979 年版，第 81 页。

[2] （德）马克思：《1844 年经济学—哲学手稿》，刘丕坤译，人民出版社 1979 年版，第 81 页。

就是说,二者都会走向异化。然而,由于异化的方向等同于异化扬弃的方向(真正科学的方向),所以马克思将科学发展的这一时期理解为历史的、阶段性的和最后被扬弃的过程,并且是发展的过程。

在马克思看来,只有科学推动的社会生产获得了革命性的进步,才能使人们获得更好的教育、更大的自由和长期的物质生活保障,才有可能为人类的政治解放奠定基础,也才有可能创造出他所说的"全面发展的、自由的个人"。而在社会生产进步的过程中,科学技术的作用无疑是极其关键的。在中西方学界,关于科学的宗旨或者目的,一直就是众说纷纭,难有定论。以马克斯·韦伯为代表的"科学价值中立论"被许多学者奉为真理,它认为人们进行科学工作的根本目标是为了寻求自然界或人类生活的真理,而不是为了追求金钱或获取个人声名。这样一种主张"价值中立"的态度在科学界拥趸者甚多,它对科学目的的理解,本质上还是笃信科学是一种"纯粹"的事业,认为科学是一个自我封闭的系统。马克思并不同意这一立场,他认为科学是一种实践活动,这种实践活动必然是社会的,带有社会的烙印。科学一定是在人类社会实践中产生与发展起来的,科学家实际上也是有自己社会立场的。倘若科学所探究的真理仅仅是关于自然界的确定性知识,那么,这种完全抛开了人的生存实践与价值判断的真理并不存在。

同时,当代科学发展也存在明显的分化。一方面,自然科学与人文学科、社会科学间存在的分化倾向,另一方面,在自然科学或社会科学的内部新的分支学科、交叉学科的产生从未停止。在某种意义上,不同的学科间的分化是在进一步加强,这种情况很容易导致同一学科内部的科学专家对本学科内的不同方向可能完全陌生。上述情况的出现将导致科学专家之间产生意义理解上的分歧乃至敌对。而这种现象也正是英国学者斯诺提出"两种文化"的背景,"两种文化"的概念准确地概括了西方学术界自然科学家与人文学者间的分裂。斯诺指出,"人文学者在一端,而在另一端是科学家,数学家与物理学家是科学家的典型。在这两者之间充斥着怀疑和敌视,但这种严重的分裂多半是由于误解造成的。他们彼此满怀偏见和主观臆断的敌视"①。正如剑桥大学知识史教授斯蒂芬·科里尼所评价的,斯诺"阐述了一个问题(后来化成为

---

① (英)C.P.斯诺:《两种文化》,陈克艰、秦小虎译,上海科技出版社 2003 年版,第 17 页。

若干问题），是现代社会里任何有头脑的观察家都不能回避的"。那么，究竟如何化解斯诺提出的"两种文化"的分裂与对垒呢？

正如马克思讨论科学问题时阐述的，一定要在两种科学文化历经了深度的分化后方能获得真正统一，也就是说，从长期来看，不同科学之间的分裂与对峙对于科学的进步乃至更高层次上的统一来说可能是必经的阶段。

由于作为自然科学对象的自然界是经过人的劳动、社会的工业生产而改变过的，而人又同时属于自然界，因此，马克思说，"人是自然科学的直接对象"①。在他看来，自然界"是关于人的科学的直接对象"，"自然界的社会的现实，和人的自然科学或关于人的自然科学，是同一个说法"②。因此，"自然科学往后将包括关于人的科学，正像关于人的科学包括自然科学一样：这将是一门科学。"③如今，科学技术发展过程中呈现出的整体性、交叉性趋势也充分证明了马克思当年论断的合理性。

正是在马克思"一门科学"思想的启发下，哈贝马斯构建了"批判的社会科学"体系。哈贝马斯大体上赞成马克思对科学与社会关系的论述，他在《理论与实践》《作为意识形态的技术与科学》中多次重申了类似观点，并进而提出"科学技术是第一位的生产力"④的观点。他在《认识与兴趣》中将以解放为目的的"解放性科学"理解为自然科学和人文科学的统一，这无疑是对马克思"一门科学"精神旨趣的传承。

综上所述，我们认为，马克思科学观直接影响了哈贝马斯科学观的建立。与马克思一样，哈贝马斯对科学问题极其重视，将科学作为当代人类实践最重要的方面看待，提出了"科学技术是第一的生产力"的观点，并把科学技术视为一种新型意识形态。在他看来，科学技术客观上起到了为晚期资本主义社会辩护的作用，也造成了人的严重异化，成为控制和压迫人的工具；同时，科学技术的发展也为人类的解放准备了雄厚的物质基础。

---

① 《马克思恩格斯全集》，第42卷，人民出版社1979年版，第106页。
② （德）马克思：《1844年经济学—哲学手稿》，刘丕坤译，人民出版社1979年版，第83页。
③ 《马克思恩格斯全集》第42卷，人民出版社1979年版，第107页。
④ 国内许多学者错误地认为哈贝马斯在《作为意识形态的技术与科学》一书首次提出了这一观点，其实哈贝马斯早在《理论与实践》一书分析晚期资本主义的社会的特征时，就已经明确提出了这样的观点。

二、早期西方马克思主义的科学观

作为法兰克福学派的主要成员之一,哈贝马斯长期在法兰克福社会研究所从事研究和学习,曾师从阿多诺。毋庸置疑,哈贝马斯思想深受早期西方马克思主义理论的影响,其科学观也就不可避免地打上了西方马克思主义的烙印。

1. 何谓西方马克思主义

学界公认的马克思主义传播的路径大致有两条:一条是列宁主义路线,反映了经济不发达的东方世界的文化传统与民族特征;另一条是"西方马克思主义"思潮,主要体现了经济发达的西方资本主义国家的文化传统。第一条道路可以看作意识形态概念上的马克思主义;第二条道路是理论意义上的马克思主义。西方马克思主义缘起的原因比较复杂,主要包括欧洲工人运动陷入低潮、第二国际的分裂、早期马克思理论著作的发现和出版、社会主义的发展遇到前所未有的困难、苏联发展模式的明显弊端以及晚期资本主义科学技术的飞速发展等等。因本文主题的原因这里不做深入的探讨。

西方马克思主义理论主要分为两个流派,即科学主义流派与人道主义流派。

科学主义流派的典型代表为法国阿尔都塞的"结构主义马克思主义"、意大利德拉·沃尔佩学派的"新实证主义马克思主义",也包括20世纪70年代后在英美产生的"分析哲学的马克思主义"等。这些学术派别的理论家都十分重视马克思主义的科学性、实证性与无主体的历史观,认为马克思主义是一门历史科学和认识科学。他们把马克思主义的科学性和批判性分开理解,拒斥人道主义的马克思主义立场,批判人道主义的马克思主义走到了浪漫和唯意志的歧途。如阿尔都塞就标榜自己是马克思的"正统捍卫者",极力反对人道主义的马克思主义,其著作《保卫马克思》《重读资本论》就阐述了他其科学主义立场。

西方马克思主义的主要流派是人道主义的马克思主义,它的主要特征是将主体的人与人类的解放相联系,将探求适用西方先进国家的解放道路作为理论主旨。法兰克福学派"否定辩证法"成为人道主义流派的哲学基础。这一派别力图重新诠释马克思主义,以提高适应当代社会的能力,将马克思的人本学思想与异化理论视为真正的马克思主义,这就导致了马克思青年和老年阶段的理论对立,也使人道主义马克思主义陷入理论困境。

2.早期西方马克思主义的科学观

晚期资本主义时期的科技进步导致了日益明显的负效应。西方马克思主义科学观主要体现了西方马克思主义者对科学技术异化和工具性倾向的分析与批判。

19世纪以后,随着马克思所批判的科学异化现象的日益发展,科学理性愈来愈由人类解放的力量转而成为奴役人、控制人的异化力量。科学理性与人本精神之间的对立逐渐显现,甚至产生了严重冲突。与此同时,科学技术带动经济的持续发展,让当代发达资本主义国家大都呈现出"消费社会"的状态,然而各种名目繁多的消费未能真正使人类走上解放之路,反而使人们更多地陷入"消费异化"的困惑之中,这不能不说是科学发展带给人类的一个难题。正如马尔库塞所言,资本主义社会在丰富的物质生活之后隐藏着的是让人的精神陷入极大的痛苦与不安,也就是所谓的"物质丰富,精神痛苦"。

源于对人类解放和人的主体价值的重视,西方马克思主义学者对科学技术的异化现象进行了深刻的批判。他们摆脱了正统马克思主义理论的阶级和政治视野,立足文化视角探讨现代资本主义社会人的生存境况。

"物化"①(Verdinglichung)是贯穿于卢卡奇《历史与阶级意识》一书的重要概念。它是指人的活动、人自身的劳动成为与自己相对立的东西。这一概念并不是卢卡奇的创造,而是马克思在《资本论》中对商品拜物教的分析中首次提出的。卢卡奇认为,必须以改变现实社会的"总体性"的方法,激发无产阶级的主体意识和创造自由生活的强烈愿望,使无产阶级不仅追求单纯的经济利益和提出基本的伦理需求,也能够提出实践的要求,从而形成对资本主义社会的整体性批判。卢卡奇在《历史与阶级意识》中提出了"总体"范畴。他认为,"无论是研究一个时代或是研究一个专门学科,都无法避免对历史过程的统一理解问题。辩证的总体观之所以极其重要,就表现在这里。因为一个人完全可能描述出一个历史事件的基本情况而不懂得该事件的真正性质以及

---

① "物化"概念起源于马克思和卢卡奇对马克思的解释。物化概念最先出现在马克思的早期著作(例如,《经济学哲学手稿》)中,对"物化"的分析与运用。有人将物化同异化或商品拜物教视为相同的概念,另一些人却把这三个概念明确区分开来。我认为,这三个概念基本上是一致的。

它在历史总体中的作用,就是说,不懂得它是统一的历史过程的一部分。"①这里所谓的"总体"就是指包括自然界、社会和思维(作为客体,社会和思维是自然界的一部分)的过去、现在和未来无限的发展,这同 20 世纪出现的科学整体性思维有着明显的呼应。当然,卢卡奇发表《历史与阶级意识》的主要目的在于恢复被第二国际②的领袖们所淡忘和歪曲了的真正的马克思主义哲学思想。卢卡奇认为,第二国际后期的理论家们把马克思主义机械化、实证化的根源在于他们所持的思想方法,这些理论家的思想方法属于传统科学范畴的思想方法。第二国际的领袖们力图把历史唯物主义变成精确的社会科学,所以他们只能像资产阶级社会科学那样,对社会历史盲目分割,"发现"和抽象出普遍适用于一切历史阶段的"规律",而资产阶级社会科学的方法正是源于同资本主义社会共同发展起来的自然科学方法。③

哈贝马斯一直坚持对德国历史和现实进行批判性反思、寻求建立一个理想的合理化社会。正是在卢卡奇对总体范畴的规定中,哈贝马斯看到了从思维方法上把现代科学成就纳入统一的思维体系的可能性。从这一角度出发,哈贝马斯提出"批判的社会科学"的概念,建构了一个融合了自然科学、社会科学、人文学科的整体性科学框架。④

另一位西方马克思主义的早期代表柯尔施也对哈贝马斯的科学观也产生了重要影响。

柯尔施认为,真理是一个历史的概念,它随时代的变迁而改变。在他看来,马克思主义的科学性就体现在它真实表达了自由资本主义时期无产阶级高涨的革命意识,当然,在历史条件发生改变后,马克思主义理论也应随之变化适应时代的要求,因为任何故步自封的理论必然在时代的进步中沦为虚假

---

① (匈)卢卡奇:《历史与阶级意识》,杜章智、任立、燕宏远译,商务印书馆 1996 年版,第 61 页。

② 这里指第二国际后期背叛马克思主义基本原理的一批机会主义理论家,其创始人和代表人物是德国的伯恩施坦。他以《社会主义问题》为总题目,撰写一系列文章,大肆宣扬必须对原有的马克思主义加以全面的"修正"。1899 年,他为了集中地阐明自己的见解,又出版了《社会主义的前提与社会民主党的任务》一书,该书标志着其修正主义理论的形成完成。

③ 张康之:《卢卡奇的总体范畴与 20 世纪科学思维的契合》,《山东社会科学》1995 年第 6 期。

④ (德)哈贝马斯:《认识与兴趣》,郭官义、李黎译,学林出版社 1999 年版,第 194 页。

的理论。科尔施主张马克思主义在不同的时代必须采用不同的形式。① 无独有偶,我们也可以在哈贝马斯的《作为意识形态的技术与科学》中找到类似的论述:"倘若社会不再是'独立的'——这或许是资本主义生产方式中真正本质的东西——作为先于国家和给国家作基础的领域,以自我调节的方法维持自身的存在,那么,社会与国家就处于马克思理论所规定的经济基础和上层建筑的关系之外。于是,批判的社会理论也就不再能够采用政治经济学批判的唯一方式加以贯彻。"②

在科尔施看来,自然科学是人类以生产力为媒介与自然界的相互作用的结果。生产力的进步促使我们寻求更高层次的满足物质需要的形式,导致我们与自然界的相互作用方式发生改变。经验分析的自然科学规律之所以有效,是因为这些规律体现了资本主义社会中人们对自然界的共同理解。正是这些经验性的认识使人类与自然相异化,这种实证的、非人的、直线式的因果规律运用于社会生活领域,必然造成人的异化。科尔施断言,到了社会主义时期,在生产设备与劳动的社会化完成后,我们和自然的关系一定会发生变化,即自然会被人化。他认为,社会主义的科学理应表达这种的新的理解。③

科尔施指出,"在一个长时期里,马克思和恩格斯新的革命观主要是通过作为一种辩证唯物主义的方法而运用于经验的社会科学和自然科学,才得以生存和发展。"④柯尔施的"科学"概念显然囊括了自然科学、社会科学乃至人文学科的内容,这对后来哈贝马斯建立"认识与兴趣"统一基础上的科学体系产生了不容忽视的影响。

在霍克海默和阿多诺看来,启蒙运动以来的理性进步已陷入实证主义思维模式的困境,在现代资本主义社会中理性已经不再服务于自由。⑤ 启蒙的

---

① (德)卡尔·科尔施:《马克思主义和哲学》,王南湜、荣新海译,重庆出版社1989年版,第24页。

② (德)哈贝马斯:《作为意识形态的技术与科学》,郭官义、李黎译,学林出版社1999年版,第59页。

③ (德)卡尔·科尔施:《马克思主义与哲学》,王南湜、荣新海译,重庆出版社1989年版,第67页。

④ (德)卡尔·科尔施:《马克思主义与哲学》,王南湜、荣新海译,重庆出版社1989年版,第85页。

⑤ (德)霍克海默:《批判理论》,李小兵等译,重庆出版社1990年版,第64页。

悲剧在于,它所理想的人对自然的控制和人的完全的自由等目标不但没有真正实现,而是走向反面,促使启蒙的灭亡。马尔库塞认为晚期资本主义社会是一个的物质丰富的消费社会,可是,享受优裕物质生活的代价是牺牲精神生活,形成了一个"单向度的社会"。在这样的异化社会中,人的正常精神需求被扭曲,人变成了商品的附属品,降低为劳动的工具①。

三、工具理性批判与合理性理论

哈贝马斯的科学观借鉴了霍克海默等学者的工具理性批判和韦伯的科学合理性理论。霍克海默、阿多诺的工具理性批判与韦伯的合理性理论均来源于马克思、卢卡奇的学术传统。

工具理性批判是法兰克福学派在 20 世纪 40 年代之后在早期社会批判理论基础上的重要进展之一,有学者将这一理论概括为三大主题,即技术进步和理性的工具化、工具理性与文化工业的发展、希望的消失和人的存在方式的转变。② 正是通过运用工具理性批判这一理论武器,法兰克福学派的理论家剖析了资本主义社会工具主义发展的危险趋势,并对科学发展做了悲观性预测。与此同时,马尔库塞为代表的部分法兰克福理论家仍然期望一种"新科学"的出现,这也正是工具理性批判的最终目的。

卢卡奇虽然把科学技术与生产力的解放关联起来,但也认为科学具有一种意识形态作用,实证主义的科学观正是卢卡奇极力批判的"物化"的典型表现。霍克海默、阿多诺和马尔库塞的工具理性批判正是在此基础上展开的。他们认为,科学技术推动生产力与生产关系相结合,使科学技术完全失去了其超越制度的力量③。

工具理性批判主要是在美国发展起来的。霍克海默、阿多诺、马尔库塞等法兰克福学派学者到美国以后,深为美国资本主义的发达所震惊,也深切理解了科学技术进步和资本主义社会的密切关联。随着资本主义发展到垄断资本主义时期,资本主义经济日益发展成为一个自行运转的组织架构,科学技术推

---

① (德)马尔库塞:《单向度的人》,刘继译,上海译文出版社 1988 年版,第 49 页。
② 仰海峰:《法兰克福学派工具理性批判的三大主题》,《南京大学学报(人文社科版)》2009 年第 4 期。
③ (德)哈贝马斯:《交往行为理论》第一卷,曹卫东译,上海人民出版社 2004 年版,第 46 页。

动了劳动生产率的快速提升,也使社会物质财富得到极大增长,人们的物质需求得到前所未有的满足,包括无产阶级在内的人民大众日益满足于现代生活,不再谋求通过暴力革命争取自身利益。同时,资本主义国家的统治集团也利用现代科学技术为自己的合法化寻求辩护,从而将人对实践的要求替代为对物质的要求,使人的思想沦为获取实际物质利益和权力的工具。

霍克海默是从一个相当宽泛的真理和认识概念出发来理解现代自然科学、社会科学与人文科学的基础。霍克海默的这种自我反思植根于生活世界之中,其立场与卢卡奇的科学客观主义批判十分相近。在霍克海默和阿多诺眼里,科学的发展历程是一个充满了"欺骗"的过程,因此他们既不准备进行实质性的科学批判,也不想反思客观理性糟糕的现实状况,而是瞄准主观理性进行批判。在他们看来,现代自然科学由于逻辑实证主义的影响,在注重技术可行性的同时不再强调获得科学理论知识①。

由原先对实证主义科学观的抨击,霍克海默和阿多诺逐渐过渡到对整个科学体系的批判,他们断言,科学业已彻底被工具理性控制,随着宗教—形而上世界观的解体,道德和法律领域已经抛弃了理性,所有的规范标准在科学的强势发展面前都无法立足,人类必须建立全新的科学体系以解释科学的新发展。

马克斯·韦伯的合理性理论对卢卡奇、霍克海默、阿多诺、哈贝马斯等西方马克思主义者产生了较大的影响。韦伯指出,从工具的意义来说,工具合理性即是能够运用的手段的有效性;从策略上看,工具合理性又指在某种条件下手段的正确抉择。韦伯相信,随着纯粹的认知价值领域与科学研究过程的分离,合理性会持续增加。与之相反,霍克海默却以为行为只能从认知的角度进行评判、计划和验证,所以合理性在逐渐削弱。霍克海默将目的合理性视为"工具理性"。虽然霍克海默和韦伯所强调的重点迥然不同,但霍克海默仍然坚持韦伯合理性理论的两个要点,即意义丧失主题和自由丧失主题。

马克斯·韦伯的合理性理论概括了合理性的各种表现形式,界定了"合理性"的概念,并利用合理性概念分析了资本主义社会的文化特征。所谓合理性,传统意义是指表达的合理性,因为合理性是指人的认识与客观的真实世

---

① (德)哈贝马斯:《现代性的哲学话语》,曹卫东译,译林出版社2004年版,第99页。

界的关系,即人能否合理地认识与表达客观的真实世界。马克斯·韦伯在分析了各种宗教派别的伦理观后强调,"现代资本主义精神以及所有现代化的一个重要因素,就是以'天职'思想为基础的合理行为,产生于基督教禁欲主义。"①他的意思是说,宗教传统是资本主义世俗社会生活的基础,而且,这种为职业奉献终生的观念,逐渐渗透到生活世界的全部领域,进而成为人们日常活动的准则。

在韦伯看来,合理性的关键不在于表达的合理性,而是行为的合理性。近代西方资本主义发展明显得益于人类科学技术能力的拓展,资本主义社会合理性的本质在于科学技术上的决定性因素的"可算计性",这些重要的技术能力都要求建立在精确计算的基础之上。因此,这种合理性植根于独特的西方科学,特别是建立于数学和实验的那种精确而理性的自然科学的基础之上。当然,西方科学以及以西方科学为基础的技术进步,则又受到资本主义获取利润机制的刺激,科学技术与资本主义制度建立了密切联系,成为利益共同体。

马克斯·韦伯对理性概念的理解是从社会行为层面展开的。他将目的合理性行为(即工具合理性行为)、价值合理性行为、传统行为和情感行为视为社会行为的四大类别。在他看来,"如所有行为相同,社会行为决定于以下情况:目的合理性的,即经由对外在事物的情况和其他主体的行为的期望,并运用这种期望作为'条件'或者作为'手段',以实现自身符合理性所争取和考虑的作为成果的目的;价值符合理性的,即经由有目地对一个特定的行为的——或伦理的、或美学的、或宗教的或进行任何其他理解的——无条件的固有价值的纯粹信仰,不管能否获得成就;情绪的,特别是感情的,即通过现时的情绪或感情状况;传统的,由约定俗成的习惯。"因此,韦伯认为的前两种社会行为是具有合理性的,而后两种社会行为是非理性的价值行为。②

由此,马克斯·韦伯把合理性区分为目的合理性和价值合理性。目的合理性的行为就是按照目的、措施与产生的效果来确定自己的行为取向,并将手段和目的、目的和产生后果以及把所有可能的目的加以比较,使主体做出进行符合理性的选择。目的合理性又分为选择合理性与工具合理性。韦伯指出,

---

① (德)马克斯·韦伯:《新教伦理与资本主义精神》,康乐、简惠美译,广西师范大学出版社 1986 年版,第 170 页。

② (德)马克斯·韦伯:《经济与社会》上卷,林荣远译,商务印书馆 1998 年版,第 56 页。

"谁的行为倘若不考虑可预见的后果，而仅仅坚守其关于义务、尊严、审美、宗教律令、虔诚或'事实'的正确性的信念，而且不管对他提出的是何种要求，那么，他的行为就纯粹属于价值理性行为。价值理性行为……永远都是一种行为者对自己提出的'要求行为'或符合'要求'的行为。"①在韦伯看来，工具合理性与选择合理性都是一种形式合理性，使之与对决定偏好的基本价值系统的进行实质的评价，这种实质合理性即是价值理性，担负道德责任是价值合理性的任务。凡是价值合理性起主导作用的行为，往往抛弃实际效益，仅仅将道德、信念、理想视为最重要的判断标准。马克斯·韦伯指出，在前资本主义时期，在社会文化心理及个体中占统治地位的是价值合理性；在资本主义时期，目的合理性占据了主导地位，价值合理性逐渐被忽视。

韦伯强调，意义丧失与自由丧失是现代资本主义社会的两大特征。意义丧失是指由于过度的理性化，使人们无法从总体上理解我们生存的这个世界，也无法获得对人生的根本意义的正确认识。韦伯相信，如果说今天科学技术的发展是大势所趋的话，那么意义的丧失也是无法避免的，因为科学不能回答生活的意义问题。"因为如此假设无法用科学方法来证明。它只能诉诸终极意义加以解释，而对于终极意义，每个人必须依据自己对生命所持的根本态度，或接受，或拒绝。"（相同的情况在艺术科学、法理学、历史与文化科学中也大体存在着）"这些学科告诉我们怎样从其源头上解释政治、艺术、文学和社会现象。它们不但无法告诉我们，这些文化现象过去与现在有无存在的价值，而且也不能回答一个更深层次的问题：是否值得花费功夫去了解这些现象。"②"自由丧失"是指晚期资本主义社会的人丧失了自身的个性独与自由。在晚期资本主义社会，为了对社会实施有效的管理，必须将社会的整体运行纳入科学化、程式化的轨道。这就意味着个人就要抑制自己的个性与自由。而且人们将追求物质利益作为行动的唯一目标，沦为金钱与权力的奴隶，从而丧失了个性独立与精神自由。

面对丧失意义与自由的晚期资本主义社会，马克斯·韦伯对科学文明的前景倍感失望。他感慨："每每想到世界上有朝一日将会充满着这样一些小

---

① （德）哈贝马斯：《交往行为理论》第一卷，曹卫东译，上海人民出版社 2004 年版，第166 页。

② （德）马克斯·韦伯：《学术与政治》，冯克利译，三联书店 1998 年版，第36 页。

小的齿轮——一些小人物紧紧把持着职位不放并极力追逐更高的职位——就像埃及历史的景象重现……真使人不寒而栗。这种对官僚制的追逐真使人绝望透顶。就如同在政治中……我们只需要'秩序',此外并无所求;假如一旦秩序发生动摇,我们就会感到六神无主、畏缩不前,倘若完全脱离了秩序,就会感到孤立无援。难道世界有一天只有这种人而没有别的人存在吗?"①

哈贝马斯也曾经说过,"从理论的发展史来说马克斯·韦伯是我理论的出发点。"②哈贝马斯科学观的产生源于对科学技术为代表的"工具理性"的反思,工具理性其实就是通过科学技术的意识形态化呈现的,这种"算计性"理性的泛滥引起了哈贝马斯的高度警惕,认为它在社会生活中的泛滥将导致韦伯所说的"意义丧失"和"自由丧失"。也就是说,哈贝马斯运用工具理性批判和合理化理论找到了资本主义科学危机的根源。

四、弗洛伊德的精神分析学

现代西方文明实质上是一种建立在科学技术创造的巨大物质力量基础之上的工业文明,法兰克福学派对这种科学主导的文明进行了激烈的批判,以揭示这个具有高度物质文明的社会对主体的奴役与压制。弗洛伊德的精神分析学就成为他们进行科学技术批判的重要武器。哈贝马斯也不例外,他把精神分析作为自己批判西方科学技术造成的"物化"现实的理论武器。

弗洛伊德的精神分析学源于一种研究精神疾病成因和治疗技术的理论,它在 20 世纪逐渐发展为心理学学说,进而演化为一种社会思潮。因为它"让我们对自身的认识发生了彻底的变革"③。

弗洛伊德认为,人类文明的进步总是要付出相当代价的,在精神分析学创立前,还没有出现揭示文明的发展需要付出何种代价的科学理论。弗洛伊德的精神分析学在坚持经验分析的科学研究方式、贯彻决定论的原则、秉持人文主义的研究立场等方面影响了哈贝马斯的科学思想。

弗洛伊德坚持经验分析科学的研究方法。弗洛伊德终生以一名严谨的经验分析的科学家自居,并从经验分析科学的角度分析社会现实。在他看来,

---

① 苏国勋:《理性化及其限制——韦伯思想引论》,上海人民出版社 1988 年版,第 243 页。

② 包亚明:《哈贝马斯访谈录——现代性的地平线》,李安东、段怀清译,上海人民出版社 1997 年版,第 59 页。

③ (美)莱斯利·史蒂文森:《人性七论》,袁荣生等译,商务印书馆 1994 年版,第 98 页。

"一切现象都由物理和化学规律决定,即人自身也是自然演化的产物,最后受同样规律的控制。"①可以说,对自然规律的牢固信念是他从事精神的科学研究的基础。弗洛伊德的精神分析学的建立正是立足于 19 世纪自然科学知识的发展之上。弗洛伊德曾说:"当时最炙手可热的达尔文进化论让我深深着迷,由于那些理论,撩起了我对世界更进一步了解的希望。"②这说明,他其实是将达尔文进化论那样的自然科学体系视为自己精神分析发展的方向。在精神分析学的研究中,弗洛伊德把人当作一个能量系统,他相信,这个系统中有机械能、电能以及化学能,也有在心理过程中起作用的心理能,它们相互之间是能够转化的。他指出,心理能是与性本能紧密相关的能,并将这一心理能称为"力比多"。由此可见,弗洛伊德的精神分析学是以神经组织学与神经生理学等经验科学的发展为前提,精神分析学也是当时经验科学发展在心理学方面的自然结果。"哲学从伦理学范畴探讨自我,……终究无力驱散笼罩在精神现象上面的神秘光环,无法真正揭示自我的起源和本质。"③弗洛伊德极力论证精神自我的相对独立性,从而使人类对自我精神的探求从玄虚的哲学思辨进入严谨的经验分析科学领域。最具有代表性的是他认为心理活动一定存在物质的基础。在《论科学心理学》一书的手稿中,他将心理学理论与人脑生理学的物质基础直接联系起来。弗洛姆认为,"那时关于内分泌对于精神的影响所知甚少,生理与心理相关的现象有一种是人所熟悉的,那就是性。如果我们认为性是一切内驱力的根源,那么学理上的要求就可以满足,精神力量的生理基础也可以被发现了。"弗洛伊德多次强调,所有精神活动都具有某种生理学基础,虽然这种基础可能在当时不为人知。依据精神病理学,弗洛伊德将人的心理分为非理性的"本我"(本能的冲动)、理性的"自我"(意识活动的主体)和超理性的"超我"(人的是非感和理想目标)三个部分。他深入研究了不为人所知的人的无意识状态,开创了"深层心理学",拓展了精神研究的范围。所以,"人类对自我的研究,才彻底告别神鬼之说,并开始超越了纯粹形而上学的思辨"④。弗洛伊德在精神领域的经验分析研究对心理学、生理学以及认

---

① (美)莱斯利·史蒂文森:《人性七论》,商务印书馆 1994 年版,第 103 页。
② (德)弗洛伊德:《弗洛伊德传》,志文出版社 1985 年版,第 8 页。
③ 杜镇远等:《哲学与科学》,山西人民出版社 1991 年版,第 104—105 页。
④ 杜镇远等:《哲学与科学》,山西人民出版社 1991 年版,第 105 页。

识论的发展意义非凡,他自己也指出,"对潜意识的心理过程的认可,是对人类和科学独具一格的崭新观点的一个决定性的阶段。"①

在精神分析学研究中,弗洛伊德始终贯彻了决定论的原则。他指出,一些看似毫无意义的日常琐碎小事往往揭示了一个人的内心秘密,如下意识的动作、口头常用语、书写习惯等小的生活细节,甚至一个人做梦的内容,都是被存在于人脑中的潜在的原因左右的。可以说,人的每一个细小的活动都可以由大脑内在的因素决定。弗洛伊德以经验事实出发研究人的精神现象,体现了一种严谨的科学研究态度。因为弗洛伊德早期受过严格的科学训练,他在精神分析的研究中大量运用观察和实验、假设与归纳等科学方法。有学者批评弗洛伊德精神分析学中最基本的概念,如"力比多"或"本能"模糊不清,他们质疑精神分析学的科学性。弗洛伊德则强调,"对精神科学而言,只有将某一领域中的所有事实纳入逻辑体系的框架之中,才能做到基本概念清晰,定义明确。"②"以观察为基础的学科,成果只能逐一取得,问题只能一步一步地获得解决,除此之外别无他法。"③他认为,精神分析学的研究必须遵循一般科学的世界观,他认为"宇宙的知识没有其他来源,只能来自探究,或细心的理性的观察,决不能得自天启,直觉或灵感。"④

因为持续关注人的精神世界、研究人的心理机制,所以弗洛伊德的精神分析学研究本身就体现了人文主义的科学观立场。弗洛伊德指出,性的因素是人本身最基本的东西,渗入社会文化生活的每个领域。⑤ 恩格斯曾说,"历来为繁茂芜杂的意识形态所掩盖著的一个简单事实:人们首先必须吃、喝、住、穿,然后才能从事政治、科学、艺术、宗教等"⑥弗洛伊德首次把人类的性问题作为科学的对象加以系统研究,最终破解了人类性问题之谜。另外,从人的社会生活与社会存在出发,弗洛伊德对人的心理机制和精神活动进行了深入的研究。弗洛伊德精神分析学蕴含的人文主义思想对当代人文主义思潮的产生

① (德)弗洛伊德:《性学三论》,见弗洛伊德:《爱情心理学》,作家出版社 1986 年版,第44页。

② (德)弗洛伊德:《弗洛伊德自传》,上海人民出版社 1987 年版,第25页。

③ (德)弗洛伊德:《弗洛伊德自传》,上海人民出版社 1987 年版,第85页。

④ (德)弗洛伊德:《弗洛伊德自传》,上海人民出版社 1987 年版,第84页。

⑤ (德)弗洛伊德:《精神分析纲要》,葛鲁嘉译,安徽文艺出版社 1987 年版,第660页。

⑥ 《马克思恩格斯选集》第3卷,人民出版社 1972 年版,第572页。

和传播都有较大的影响。我们可以说,追求自我解放,摆脱外在的禁锢,展示内在的真实的自我业已成为西方社会道德领域的中心,这同弗洛伊德的人道主义思想密切相关。

对于哈贝马斯来说,精神分析科学是他理想中的"批判的社会科学"的范本之一(另一范本就是马克思的意识形态批判理论),因为它以批判的视角来反思西方资本主义科学文明的发展,进而分析人类科学文明的发展正在和将要付出的代价,并评判这些代价的付出是否合理。这在当时是难能可贵的,毕竟晚期资本主义社会中人的生存与劳动条件都获得了极大的改善,人们对物质的需求被进一步满足,社会的反思意识被削弱。通过运用精神分析科学对晚期资本主义科学文明加以剖析,哈贝马斯的"批判性社会科学"具有了更为犀利的批判武器,同时借助精神分析学中经验分析和理解相结合的研究方法,使他的"批判的社会科学"克服了当时一般科学理论的实证主义倾向。可以说,精神分析学在哈贝马斯的科学技术批判中发挥了巨大的作用,离开了弗洛伊德的精神分析学,这种批判不会如此激烈,反思也不会如此深刻。

不过,弗洛伊德宣称文明的发展是人类的终极目标,为了推动文明发展而压制个人是无法避免的。这种论断不但把社会对人的压制和奴役合理化了,为实存的晚期资本主义进行了辩护,而且导致人的解放根本不可能实现,主体被社会奴役的命运永远无法摆脱。这是自我标榜为马克思主义者的哈贝马斯绝对不能接受的。这一弱点显然限制了"批判的社会科学"的发展,哈贝马斯后来不得不借助马克思理论超越精神分析学的局限,他提出"解放性科学"的概念就是为了弥补这一缺陷。

五、解释学传统

哈贝马斯大量汲取了西方解释学的理论营养,他甚至将自己的"批判性社会科学"称之为"批判的解释学",解释学方法是哈贝马斯研究科学问题时经常采用的方法。

"解释学",中文又译为"诠释学""释义学"等,传统解释学主要指的是对于文本加以理解、解释的方法、技艺或理论。解释学(Hermeneutics)的学术传统在西方具有悠久的历史。近代解释学源于维科和施莱尔马赫,德国的狄尔泰又发展了近代解释学,现代解释学是德国哲学家伽达默尔建立的。伽达默尔阐释了偏见在理解中的独特作用,他并不武断消除偏见,而是提出了"视界融合"①的观点,从而将传统解释学从困境中拯救出来。② 而从海德格尔开始,解释学逐渐演化为有关哲学最基本问题的"存在论"。伽达默尔将解释学的影响扩展到哲学之外,在人文科学以及社会科学的诸多领域产生了深远的影响。胡塞尔、海德格尔哲学对伽达默尔解释学的理论意旨产生了显著的影响。近代以来,自然科学的发展造成了自然科学在科学研究中的强势地位,自然科学方法逐渐渗入大部分学科,造成了人们对于"生活世界"或"存在"的遗忘的后果,这也是欧洲科学的危机的根源。胡塞尔和海德格尔哲学的一个重要目的就是要消除这一科学的危机,使得哲学和人文科学的发展获得相对独立的地位。在某种意义上说,伽达默尔的解释学也是由现象学原则自然引申出来的,他说,"海德格尔思想中已经导致的'转折',我试图将此描述为我们的自我理解的视界经验,描述为效果历史意识这种效果历史意识比存在的意识具有更多的存在。"③

哈贝马斯借鉴伽达默尔的解释学理论,提出"认识与兴趣"理论,借此与流行西方的实证主义相对抗。他在《认识与兴趣》一书中指出:"所谓科学主义即是科学对自身的坚信,我们不再将科学看作一种能够认识的形式,而是必须将认识和科学视为等同的事物。为了事后强化科学对自己的信任,而非反思这种信念,以及为了在这一信念的之上明确科学的结构,既运用了经验主义的传统因素,也利用了理性主义传统的要素。"④但哈贝马斯也批评伽达默尔的解释学存在相对主义的倾向,并认为伽达默尔对传统的态度缺乏批判反思,从而拉开了两人之间漫长的学术争论过程。哈贝马斯指出,伽达默尔过分强调"传统"的影响力与"先入之见"的合法性,这尽管有益于阻止持有绝对客观主义态度的实证主义对人文科学领域的扩张,然而这一事实本身就也表明伽达默尔对"传统"缺乏坚决的批判和反思,而哈贝马斯把批判精神视为解释学

---

① 这是一个解释学术语,是指对针对相同的对象,人们头脑中的视界不是密闭的,而是具有开放性的,处于不断生成之中的。解释者对于对象理解的视界与原有的视界交流,造就了两个视界的融为一体,达到"视界融合"。

② (德)伽达默尔:《科学时代的理性》,薛华等译,国际文化出版社1988年版,第77页。

③ (德)伽达默尔:《伽达默尔集》,邓安庆译,上海远东出版社2003年版,第2页。

④ (德)哈贝马斯:《认识与兴趣》,郭官义、李黎译,学林出版社2002年版,第3页。

的最基本要求,主张将批判精神贯穿于解释学之中,因而哈贝马斯也将自己的解释学称之为"批判解释学"。

第二节　哈贝马斯科学观的现实背景

哈贝马斯科学观的产生与当时的社会背景紧密相关。可以说,20世纪60、70年代科学技术负面效应的显现促使哈贝马斯持续关注科学技术问题,并在借鉴马克思科学思想的基础上确立了自己的科学观。这些背景可以概括为科技进步的实践后果、晚期资本主义社会的危机、科学技术成为新的合法化形式三个方面,当然,这三个方面的背景是相互关联的。

一、科学进步的实践后果

马克思曾经指出:"资本的前提就是现存生产力的历史发展——这些生产力中也包括科学。"①同时他也断言:"科学的力量也是不费资本家分文的另一种生产力。"②自然科学史无前例地直接的服务生产过程有赖于资本主义机器大生产方式的确立,这种生产方式第一次将物质的生产过程转变为科学在生产过程中的运用。科学技术的进步在实践上的后果有三个,技术的物化周期明显缩短;国家开始干预经济生活;科学技术成为经济增长的独立变数。这三个后果是哈贝马斯科学观产生的重要时代背景。

1. 技术的物化周期日益缩短

在前资本主义社会,科学与技术处于分离的状态;在自由资本主义时期,科学与技术的联系也相对有限;而到了晚期资本主义阶段,科学技术的生产力特征日益明显,科学和技术逐渐开始交融、渗透,而且可以快速地由潜在生产力转变为实际的生产力,这就导致科学、技术的加速物化。正因为科学技术和生产力高度"一体化",科学技术从间接隐性的生产力转化为实际生产力的周期明显缩短,能够持续地为社会创造巨量的物质财富以满足社会的要求。随着科技对社会稳定和经济发展起到的作用日益扩大,科学技术就成了"第一

---

① 《马克思恩格斯选集》第46卷(下),人民出版社1965年版,第211页。
② 《马克思恩格斯选集》第46卷(下),人民出版社1965年版,第217页。

位的生产力"。与此同时,资本主义社会发展的需求也推动了科技的进步,这印证了恩格斯的论断,"技术进步在某种程度上依靠科学发展,而科学却在更大程度上有赖于技术的进步状况和需要,社会倘若产生技术上的要求,那么这种要求将比10所大学更能将科学向前推进。"①科技和社会需要之间的相互促进加速了科学技术的物化过程。

2. 国家干预的制度化

所谓国家干预,是指一种削减私有经济活动的范围,由国家介入社会经济活动,在一定程度上承担社会生产、分配以及消费等经济职能的国家行为。其主要目的是通过国家的干预来弥补资本主义生产盲目性的缺陷,减少或消除经济危机的发生。伴随着科学技术的发展,资本主义生产力大幅度提高并日益社会化,它要求资本主义生产关系改变自由资本主义时期放任自流的管理方式,而采取社会化的形式管理经济与社会。20世纪30年代后期,随着经济危机的不断爆发,资本主义国家纷纷介入经济生活,并逐渐将这种干预制度化。

显而易见,科学技术的发展是国家干预的重要诱因,这种干预又促进了科学技术的进一步发展,而国家干预目标的实现也必须借助科学技术的手段才能完成,二者相互作用,互为因果,使科学、技术、生产力三者融为一体,科学技术成为直接形态的第一生产力。国家通过干预能够直接影响市场机制和资本主义的经济过程,从而弥补或者部分替代市场机制,最大限度地消除市场经济的弊端。国家对经济、社会领域计划调控的加强,可以集中全社会的力量加大对科技的投入,快速推动科技的进步,科学技术业已成为国家间竞争的基石。

3. 科学技术成了经济增长的"独立变数"

首先,现代科学通过"科学—技术—生产"的过程,渗入到生产过程,一跃成为生产过程的主导力量。这表现在几个方面:社会劳动者日益成为拥有知识与技术的"知识型"劳动者;技术应用领域和服务业领域的专业人才日益被重视,而且具有较高科技素养的第三产业就业人员的比例日益增加;劳动工具也逐渐走向智能化,向着人类生活全方位的自动化的方向发展;人类对自然资源利用的深度与广度空前扩大。马克思认为,"伴随机器大工

① 《马克思恩格斯选集》第4卷,人民出版社1965年版,第505页。

业生产的发展,当今社会物质财富的创造很少决定于劳动时间与已耗费的劳动数量,更多地决定于在单位劳动时间内所运用的动因的力量,而这种动因本身……决定于一般的科学和技术水平发展,或者说决定于科学在社会生产上的运用效率。"①在马克思的时代,这种论断是一种极具前瞻性的理性预见。

其次,现代科技革命的发生,极大地提高了生产的社会化与专业化水平,不同生产部门的分工合作和互相依存大大加强。为顺应当代科学技术发展状况下社会生产力发展的最新需要,几乎所有国家均对生产关系加以程度不同的调节。当代西方主要资本主义国家掌控的企业规模急剧扩大,这样的调整无疑顺应了晚期资本主义阶段经济发展的社会化趋势,也在一定范围内缓解了社会生产的高度社会化与生产资料私人拥有之间的矛盾,延缓了资本主义经济危机的爆发。同时,科学技术发展也推动了资本主义社会产业结构的变革,先进资本主义国家的阶级结构发生了相应变化,原来的阶级结构模式被打破,中产阶级日渐崛起,他们掌握一定的现代科学知识并在企业管理中起着承上启下的重要作用,他们的劳动也创造了价值。发达资本主义国家中无产阶级绝对贫困的状况基本消失了,而他们在遭遇失业和生活相对贫困时,也可以获得国家社会保障体制的补偿。因此,发达资本主义国家阶级之间原来尖锐激烈的矛盾得以缓和。科学技术也成为获取社会财富的最重要方式,这促成了分配方式的多元化。社会财富不但能够按劳分配、按资分配,而且也能够按照其技术创新能力对社会生产的贡献比例进行分配。技术创新成果与科学发明日益成为决定财富分配比例的要素。

最后,现代科学技术的进步推动产业革命的发生,对社会劳动者的素养提出了更高的要求,改变了阶级与阶层的原有结构。在晚期资本主义时期,投身第三产业和服务业的劳动者大大增加,而直接进行物质生产部门的劳动者显著减少。工人阶级的主要力量是"白领工人"。在当代西方发达资本主义国家纯粹意义上的阶级属性已经十分模糊了。

在这种情况下,哈贝马斯指出:"第一位的生产力——国家主导着的科技发展自身——已然成为统治合法性的根基。而政治统治的这种崭新的合法性

---

① 《马克思恩格斯选集》第46卷(下),人民出版社1965年版,第218页。

形式,明显丧失了意识形态的原有形态。"①所以他反复强调马尔库塞的观点:科学技术取得合法统治地位,是理解当代社会所有问题的关键。

现代科学技术发展造成的实践后果导致了晚期资本主义社会的合法化危机,也在某种程度上为这种危机的解决提供了条件。

二、晚期资本主义社会的危机

"晚期资本主义"是指 20 世纪 60 年代以后西方资本主义的一个崭新发展阶段。学界对这一阶段的称谓并不一致,"晚期资本主义""有组织的资本主义""国家资本主义"都可以指称资本主义的这一发展阶段。

对于"晚期资本主义"这一概念,曼德尔在《晚期资本主义》一书中做出了以下界定:"首先,所谓晚期资本主义,并不表示资本主义的本质已经发生变化,使马克思在《资本论》、列宁在《帝国主义是资本主义的高级阶段》的论述称谓过时……就广义而言,列宁所列举的帝国主义的各种特点,对晚期资本主义都完全适用。"②其次,"晚期资本主义"这一术语本身并不令人满意,因为它含有某种可能误导读者的时间意味。然而在找到一个更为合适的术语之前,"晚期资本主义"依然有其存在的价值。"真正重要的不是命名问题,而是对我们时代所发生的历史发展做出解释。"③

任何一种社会形式要存在和发展就必须具备自身的合法性基础。自由资本主义阶段的合法性基础就是公平交换。哈贝马斯认为,"合法性的意思是说,同一种政治制度联系在一起的,被承认是正确的和合理的要求对自身要有很好的论证,合法的制度应该得到承认,合法性就是承认一个政治制度的尊严性,这个定义所强调的是,合法性是一种公认的要求统治制度的稳定性,甚至取决于对这种要求的(起码的)事实上的承认。"④这里所谓社会的合法性其实就是社会大多数民众承认和接受现存社会的政治统治秩序。在哈贝马斯看来,传统社会是自上而下建立自身的合法性基础,"自上而下"就是指传统社

① (德)哈贝马斯:《作为意识形态的技术与科学》,李黎、郭官义译,学林出版社 2004 年版,第 69 页。

② (德)曼德尔:《〈资本论〉新英译本导言》,中共中央党校出版社 1991 年版,第 4 页。

③ (德)曼德尔:《〈资本论〉新英译本导言》,中共中央党校出版社 1991 年版,第 4 页。

④ (德)哈贝马斯:重建历史唯物主义,郭官义译,社会科学文献出版社 2000 年版,第 34 页。

会借助文化传承来构筑自己的合法存在;而早期资本主义社会的合法性来自下面,即社会劳动,这取决于早期资本主义社会的生产方式。资本主义生产方式能够被理解为一种机制,它可以确保目的理性活动的系统持续发展,从而导致传统社会的制度体系在生产力方面享有的优越性丧失殆尽。资本主义生产方式的确立也意味着所有制自身的合法性有赖于市场的合理化,而不再依赖合法的统治制度。政治统治只有依附于社会生产的合法性才能获得承认的可能性,在间接的意义上,国家制度构架是政治的,而在直接的意义上,国家制度构架取决于经济。到了晚期资本主义阶段,西方发达资本主义国家纷纷以行政力量干预经济危机的行为摧毁了自由市场的存在前提,等价交换和公平合理的原则不复存在,资本主义社会原有的合法性基础随之被摧毁,晚期资本主义国家陷入合法化危机之中。

1. 晚期资本主义危机的类型

哈贝马斯认为"危机"实际上是系统整合的危机,即整合社会的社会共识、共同的文化价值发生分裂,也就是说"危机"产生的根源在于社会文化生活之中。他指出,"一种适当的社会科学危机概念应当能够把握住系统整合(systemintegration)与社会整合(Sozialintegration)之间的联系。……我们所谓的社会整合,涉及的是具有言语和行为能力的主体社会化过程中所处的制度系统;社会系统在这里表现为一个具有符号结构的生活世界。我们所说的系统整合,涉及的是一个自我调节的系统所具有的特别的控制能力。这里的社会系统表现为它们克服复杂的周围环境而维持住其界限和实存的能力。"① 那么,我们应该以怎样的标准判定一个社会发生了危机呢?按照哈贝马斯的理解应该依据三个标准:社会大众的社会认同产生了无法弥合的根本性的分裂;社会系统对各个部分的控制能力减弱甚至丧失;社会的基本组织原则被放弃。

作为一个完整的系统,晚期资本主义的危机必然是一种系统的、普遍的危机,主要有四种表现形式:即经济危机、合理性危机、合法化危机、动机危机。根据哈贝马斯设定的资本主义合法化危机的三个标准,哈贝马斯论证了晚期资本主义存在合法化危机的事实,并指出它是资本主义系统性危机的中心。在晚期资本主义阶段,国家的干预并没有彻底消除经济危机,只不过使它的表

---

① (德)哈贝马斯:《合法化危机》,刘北成、曹卫东译,上海人民出版社 2000 年版,第 4 页。

现形式发生了变化,今天的经济危机体现为不断的通货膨胀、持续的生产停滞、日益增加的财政赤字。而政治和社会文化领域的危机已经成为晚期资本主义阶段危机发生的主要领域,它的表现形式就是合理性危机、合法化危机和动机危机。

合理性危机就是政府在介入市场时的行政决策及其方式不符合市场经济规律,具有明显的不合理性,"合理性危机将为非一般利益而实施的社会化生产的矛盾呈现为控制命令之间的冲突"。①虽然合理性危机在晚期资本主义阶段难以避免,但它不是致命的危机。与之相反,比合理性危机更主要、更严重的危机是晚期资本主义政治领域的合法化危机。

合法化危机即政治领域的合法性缺失,就是社会大众对现存政治体系认同不够。"合法性缺失是指晚期资本主义国家采用行政手段不能维持或确立必要的合法性规范结构。"②"合法性危机是一种直接的认同危机……它不是由于系统整合受到威胁而产生的,而是由于下列事实造成的,即履行政府计划的各项任务使失去政治意义的公共领域的结构受到怀疑,从而使确保生产资料私人占有的形式民主受到质疑。"③合法化危机即社会成员对现存的政治统治产生了严重的不信任感。

在哈贝马斯看来,晚期资本主义社会产生合法化危机源于两个方面:其一,晚期资本主义社会以国家干预解决自由市场机制下的经济危机,通过减轻经济危机对社会成员物质利益的危害而赢得他们对制度的忠诚。但政府直接介入经济生活又使政治统治形式受到大众的质疑,进而丧失合法性基础,因为经济市场化和"自由竞争"、"公平交换"的原则是资本主义的根基。这种矛盾是晚期资本主义合法化危机的重要根源之一。其二,政府干预和行政命令在影响经济领域的同时,也"侵入"社会文化领域。资产阶级国家对社会文化进行工业化生产和行政规划,会逐渐将它原本具有的规范性力量消耗,晚期资本主义的社会文化系统向政治系统"投入"的必需的群众忠诚日益减少,根本不能满足政治系统合法性的需要。而国家的介入使原本"非政治化"的公共领

---

① (德)哈贝马斯:《合法化危机》,刘北成、曹卫东译,上海人民出版社2000年版,第84页。

② (德)哈贝马斯:《合法化危机》,刘北成、曹卫东译,上海人民出版社2000年版,第94页。

③ (德)哈贝马斯:《合法化危机》,刘北成、曹卫东译,上海人民出版社2000年版,第113页。

域走向政治化,进而引发社会大众对资本主义国家提出了更高的合法性要求,这就使晚期资本主义政治统治对合法性的需求激增,最后打破了政治系统与文化系统之间的平衡关系,社会陷入危机。

由此可见,合法化危机取决于社会文化系统的"产出"危机,也就是取决于"动机危机"。哈贝马斯指出:"决定合法化危机的必然是一种动机危机,即国家、教育系统和就业系统所需要的动机与社会文化系统所能提供的动机之间所存在的差异。"①

2.晚期资本主义合法化危机的解决思路

任何一个社会要存在下去必须具备自身的合法性基础。马克斯·韦伯指出,"所有经验证明,没有人任何一种统治自愿地满足于只是以物质的动机或者仅仅以情绪的动机,或者只是以价值合乎理性的动机,作为其继续存在的机会。也就是说,所有统治都力图唤起并维系对它的'合法性'的笃信。"②哈贝马斯指出,"合法性是指与一种政治制度相关联的、被认同是正确的和合理的要求对自己应该加以严密的论证。合法的政治系统理应获得认同,合法性其实就是认同一种政治制度的尊严。这一定义意味着合法性是一种存在争议的公认的要求。政治统治系统的稳固决定于对这种要求事实上的认同。"③

如何应对晚期资本主义社会的合法化危机呢? 哈贝马斯认为,必须改变金钱、权力肆无忌惮地侵入社会文化系统的现状,努力实现社会交往行为的合理化。他认为需要三方面着手:一是确立共同的规范,尤其是交往行为中一定要遵守共同规范。二是选择合适的语言达成对话。交往行为合理化必须在主体的对话中实现。语言必须符合语法规则;语言所陈述的情景符合实情;语言的陈述应该满足正当的社会规范;语言要表达出言说者真实想法。三是要构建一个话语民主的社会。哈贝马斯强调,"话语造就了一种交往权力,但并不代替管理权力,只不过对它施加影响力,因此交往权力不替代公共官僚体系,而是在它的周围施加强大影响。"④实际上,哈贝马斯旨在限制国家对社会的介入,在社会建立自主的公共领域,公共领域成为一切政治制度的根基,让人

---

① (德)哈贝马斯:《合法化危机》,刘北成、曹卫东译,上海人民出版社2000年版,第89页。
② (德)韦伯:《经济与社会》(上册),商务印书馆2006年版,第239页。
③ (德)哈贝马斯:《合法化危机》,刘北成、曹卫东译,上海人民出版社2000年版,第92页。
④ (德)哈贝马斯:《公共领域的结构转型》,学林出版社1999年版,第127页。

民大众和公共领域监督政治权力的运用。

三、科学技术成为新的合法化形式

晚期资本主义社会出现了一个重要特征,即科学技术成为第一位的生产力。这一特征不仅影响着当代资本主义社会的经济,而且渗入了当代社会的上层建筑,表现为科学技术成为晚期资本主义社会的合法化形式。

科学技术的发展使得经济和政治方面的许多问题都需要通过科技的决定作用来解释。更为重要的是,科学技术还作为一种潜在的意识形态,对于"非政治化"的广大民众的意识发生影响,使人们之间的相互交往和理解被一种科学化的模式所取代,于是,社会中人的"物化"代替了人从文化角度进行自我理解和理解他人。科学技术作为意识形态,一方面为政治服务;另一方面又操纵和控制国家机器,形成了科学技术的统治,这种科学技术的统治将合理性统治发展到极限,使得自由发展的资本主义体系发生危机。因此哈贝马斯反复强调马尔库塞的观点:在晚期资本主义社会,科学已经不是某种代表历史进步的"中立概念",而是充满着政治含义。"在工业文明的发达阶段科学合理性转化为政治权利,表现为历史选择发展中的决定因素"①。

"资本主义在大幅度提高劳动生产率的同时,也导致了民众的依赖性。资本主义发展的法则可以用这样一个公式表达:技术进步=社会财富的增长(社会生产总值的增长)=奴役的加强。商品与服务在持续增加,牺牲是家常便饭,是通向美好生活道路上的'不幸事故'。所以剥削是合情合理的。"②哈贝马斯显然并不同意这一观点,他以科学发展为"新的坐标系",论述了社会合理化与科技进步的密切关系,并明确指出,在晚期资本主义社会,科学进步自身已经成为"第一位的生产力"。作为第一位的生产力,它的直接后果就是民众生活水平的提高、阶级矛盾与冲突的消失,科学技术并没有成为压制和奴役民众的一种强制性力量。所以,哈贝马斯坚决反对马尔库塞将科技发展所起的社会作用与旧的意识形态的社会作用相提并论。在哈贝马斯那里,科学和与技术,今天不仅成了第一位的生产力,而且也成了政治制

---

① 张一兵:《折断理性的翅膀》,南京出版社1990年版,第198页。
② (德)马尔库塞:《反革命与造反》,《法兰克福学派论著选辑》,商务印书馆1998年版,第604页。

度的合法性基础。①

哈贝马斯认为，晚期资本主义的合法化基础就是作为意识形态的科学技术，它满足了政治系统的合法性需要，使晚期资本主义社会的合法性得以确立。哈贝马斯强调，这一合法性是保证政治体系正常运行、确保政治稳定的决定性因素。在晚期资本主义阶段，政府的行政权力不但介入经济领域，而且也严重影响到了社会文化领域。在哈贝马斯看来，社会文化领域应该立足于社会主体的独立性和思想自由之上，这显然与国家的行政权力彼此冲突，这也是晚期资本主义阶段合法化危机出现的另一重要原因。②

在晚期资本主义阶段，发达资本主义国家大都以"补偿纲领"换取民众对政治制度的忠诚，以缓和合法化危机。在某种程度上，"补偿纲领"代替了自由交换的资本主义原则；但"补偿纲领"的物质基础源于科学技术的创造，当今社会生活中，科学技术已经成为人们之间的交往模式。③ 因此，科学技术在社会劳动系统层面呈现的合理性中发现了自身的合法性形式，从而消除了"公平交换"的价值体系的崩溃所造成的合法化危机。④ 在晚期资本主义社会中，科学技术本身已经成为政治统治的合法性的基石。

作为晚期资本主义政治统治的合法性前提，科学技术为政治统治实施的辩护是非政治性的，这种合法性是"从下"获得的，也就是说，它依赖于科技进步的成果，依靠对主体物质需要的补偿所获得的民众的忠诚，而并非"从上"，通过统治阶级对其他阶级的政治统治得到的。哈贝马斯着重指出，技术和科学作为新的合法性形式，它没有了意识形态的原有形式，这其实就是技术统治论的观念。⑤ 因为这种新的意识形态丧失虚假意识形态的欺骗人的作用，所以这一新的意识形态与以前的所有意识形态相比，意识形态的特征大大减少

————————

① （德）哈贝马斯：《作为意识形态的技术与科学》，李黎、郭官义译，学林出版社 2002 年版，第 70 页。

② （德）哈贝马斯：《作为意识形态的技术与科学》，李黎、郭官义译，学林出版社 2002 年版，第 75 页。

③ （德）哈贝马斯：《重建历史唯物主义》，郭官义译，社会科学文献出版社 2000 年版，第 281 页。

④ （德）哈贝马斯：《作为意识形态的技术科学》，学林出版社 1999 年版，第 60 页。

⑤ （德）哈贝马斯：《作为意识形态的技术与科学》，学林出版社 1999 年版，第 71 页。

了。① 尽管哈贝马斯指出它与旧的意识形态同样起着使人们安于现状、阻滞社会成员反思和争论社会基本问题的功能,然而它已完全丧失了旧的意识形态压制和奴役民众的作用。因此,哈贝马斯反对马尔库塞关于科学技术与民主相对立的观点,认为这种悲观论调不符合今天社会发展的现实②。

第三节　哈贝马斯科学观的形成过程

20 世纪 60 年代是哈贝马斯科学观的初步形成时期,其进一步发展一直持续到 80 年代,经历了一个较为复杂的形成过程,大致包括四个阶段:第一阶段是 60 年代初,哈贝马斯科学观初步形成,标志为《理论与实践》的发表;第二阶段是 60 年代中期,建构社会科学的方法论,标志为《社会科学的逻辑》的发表;第三阶段是 60 年代中后期,论证科学及其技术的社会功能,标志为《作为意识形态的技术与科学》的发表;第四阶段是 60 年代末期至 80 年代初,建立批判的社会科学体系,标志为《认识与兴趣》《交往行动理论》的发表。

一、走出早期法兰克福科学观的困境

在西方马克思主义的发展史上,法兰克福学派无疑是最重要的一个学术派别。它属于人道主义马克思传统的范畴。法兰克福一派学者众多,其成员的理论主张差异很大,而霍克海默开创的"社会批判理论"作为该学派的研究方向一直坚持了下来。这也许是法兰克福学派在西方马克思主义研究中影响深远的直接原因。霍克海默、阿多诺、马尔库塞等早期法兰克福学派理论家确立、丰富和充实了社会批判理论体系,他们对科学的思考形成了早期法兰克福学派的科学观。下面,我将分别介绍霍克海默、阿多诺、马尔库塞对科学的思考,以获得对早期法兰克福科学观的整体印象。

1. 早期法兰克福学派的科学观

早期批判理论科学观主要有三位代表人物,分别是霍克海默、阿多诺和马

---

① (德)哈贝马斯:《作为意识形态的技术与科学》,学林出版社 1999 年版,第 68 页。

② 童世骏:《批判与实践——论哈贝马斯的社会批判理论》,三联书店 2007 年版,第 180 页。

尔库塞。

　　《批判理论》是霍克海默的主要著作。该书是法兰克福学派秉持的社会批判理论及其方法的纲领性文本。书中霍克海默对"科学"这一社会现象做了诸多理论分析，是霍克海默科学思想的经典表述。霍克海默认为，科学是人类生产力的一个重要组成部分，并且随着科学的发展，这种重要性与日俱增；科学的发展使现代工业体系的建立成为可能，它也决定了现代社会的生活形式。① 霍克海默认为科学技术已经成为创造社会物质财富最重要的方式。但霍克海默冷静地指出，"科学作为生产力和生产手段对社会生活进程有所贡献这一事实，决没有证明实用主义的知识理论就是合理的。"②因此科学的发展并不能使之成为判断真理的标准的理由。霍克海默认为，在晚期资本主义社会，创造财富的科学反过来成为限制社会财富充分发挥作用的重要原因，科学的应用和发展与人类内在的需要产生了矛盾。霍克海默进一步指出，理性的、经验分析的思维方式是产生现代科学危机的真正原因之一。科学理性仅仅是追求日常生活目标的有力工具，而在面临人类解放的重大问题时无所作为。科学的成果虽然部分地有利于社会的工业生产，但在面临社会的整体发展方向的抉择时，科学的局限性就显露无遗。霍克海默强调，科学的方法只能解决存在问题而不能实现对一个更加美好社会的追求。这种科学本身的危机在第一次世界大战前已经存在，今天随着社会境况的改变而逐渐加剧。倘若科学技术的发展不能与社会发展保持一致，在内容与方法上必然造成自身的浅薄，这种浅薄必然导致科学的视野面对变动不居的社会发展进程的苍白无力。霍克海默指出，造成这种缺陷的根源并不是科学本身，而是与科学内在的理性要求不相容的社会条件。正如斯坦利·阿罗洛维茨在《批判理论》导论中说的："在资本主义社会中，科学的运用已经达到相当高的程度，以致它可以转变为工业技术。然而，经验主义远离了社会现实。它使人类思想沦为现实的奴隶。资产阶级曾经大张旗鼓地清除过封建社会的思想迷信残余，可是，它又造就了在新的唯科学主义之下的新迷信。"③

　　在霍克海默那里，科学与形而上学一样属于意识形态的范畴。这是因为

---

① （德）霍克海默：《批判理论》，李小兵等译，重庆出版社1990年版，第14页。

② （德）霍克海默：《批判理论》，李小兵等译，重庆出版社1990年版，第5页。

③ （德）霍克海默：《批判理论》，李小兵等译，重庆出版社1990年版，第48页。

科学能够蒙蔽民众,发挥掩盖揭露社会危机根源的功能。霍克海默指出,"任何一种遮蔽社会真实本质的人类行为方式,就算是建立于相互争执的基础上,也都是一种意识形态。"①当前经济虽然比以前更发达,但人类依然没有获得解放,甚至离这一目标更远了。同样,科学自身也呈现出明显的双重矛盾:首先,科学总是断定自己的走过的每一步都具备批判的根据,可是,科学目标的确立仍然缺失批判的依据,反而具有相当大的随意性,而这恰恰是全部步骤中最主要的部分。其次,理论上,科学必须把握一切相关的知识系统,然而它对于自身的存在的意义和科学研究的发展方向并不加以探讨。科学自身体现的这个双重矛盾密切相连。科学研究的价值和发展方向与其自身无关,在本质上取决于社会生活的需要。霍克海默总结道:"就我们能够有理由谈及的科学中的危机看,这种危机离不开普遍的危机。"②科学作为一种生产力受到社会历史条件的限制,在它的内容与形式、主题与方法上都是如此,作为社会生产力的科学技术是社会的诸种矛盾的直接反映。霍克海默在《传统理论与批判理论》一文指出了两种认识方式,一种是以笛卡尔的《方法论》为基础,另一种以马克思的政治经济学批判为基础。前者的依据在于,社会生活中产生的经验使知识能为尽可能多的目标服务,它不需要了解自身的社会发展目标和趋向;而后者在它的形成和发展的每一个阶段都清醒地关注现实生活方式的目标,并且努力关注人类自身及其未来发展的潜力。③

早期法兰克福学派的另一位理论家阿多诺则立足对辩证法的否定性理解,在对资本主义社会进行整体批判的同时,对资本主义社会的科学发展加以激烈抨击。他在主要著作《否定辩证法》中,把科学看作是文明反对人类的总体计划的一部分④:科学将社会的合理性与精确测量性画等号,把事物的区别看作"量"的不同,这样就从知识上消除了质的差别。

针对实证主义者把社会科学的研究方法完全等同于自然科学方法的立场,阿多诺从五个方面对实证主义的科学方法进行了批判:实证主义仅仅把握了社会具有的确定性、规律性的一面,而无视社会的复杂性、非理性的方面,当

---

① (德)霍克海默:《批判理论》,李小兵等译,重庆出版社1990年版,第52页。
② (德)霍克海默:《批判理论》,李小兵等译,重庆出版社1990年版,第54页。
③ (德)霍克海默:《批判理论》,李小兵等译,重庆出版社1990年版,第201页。
④ (德)阿多诺:《否定的辩证法》,张峰译,重庆出版社1993年版,第195页。

然无法准确把握社会的整体;实证主义的科学观把人类社会等同于自然界,用研究自然的方法来研究社会。而社会是客体的同时也具有主体的特征,仅研究客体的方面显然是片面的;实证主义科学观把社会科学视为"价值中立"的科学,希望完全消除社会研究中的主观价值因素。这显然是不现实的。由于实证主义的社会科学研究过分强调精确化和定量化,从而导致了社会总体性的丧失和社会现象意义的消解。

阿多诺在批判实证主义科学观的基础上,对社会批判理论进行整合和重构,建立了令人耳目一新的"批判的社会科学"的形式,其特征如下①:它研究社会的总体性和社会各种现象之间的复杂联系,使社会成为健全的社会;它以否定辩证法为研究方法,这是一种理解社会总体的方法,能在矛盾中揭示复杂的社会现象;它以人类的自由与解放为目的,它是一种锐利的思想武器;它强调研究的综合性。阿多诺认为,批判的社会科学是囊括众多学科的交叉性科学。阿多诺的"批判的社会科学"概念与哈贝马斯后来建立的同名的"批判的社会科学"区别甚大,但后者受到前者巨大的影响是毋庸置疑的。

马尔库塞是早期法兰克福学者中受弗洛伊德影响最大的理论家,也是最为激进的西方马克思主义学者。纵观其著作中关于科学的论述,我们可以发现他对科学技术的发展怀有明显的"悲观主义"情绪,他断言科学技术是人们遭受奴役和压迫的根源,科学技术的发展不会带来人类的解放与自由,只会增强对人类的压制②。他在《单向度的人》中极力论证了科学技术的发展创造了巨大的物质财富,却给人带来了日益严重的异化与奴役的现实。③ 马尔库塞为什么断定科学的发展不但不能给人带来自由与解放而只能使人异化,促使社会倒退呢? 他在《单向度的人》及其他著作中进行了详细的论证:

第一,科学的发展导致人类技术能力的提升,技术的进步使社会生产力水平大幅度提高,这也意味着人类统治自然能力的增强。马尔库塞说:"掌握了科学和技术的工业社会之所以组织起来,是为了更有效地统治人和自然,是为了更有效地利用其资源。"④在他看来,人类征服自然的过程就是对自然的戕

---

① (德)阿多诺:《否定的辩证法》,张峰译,重庆出版社 1993 年版,第 265 页。
② (德)马尔库塞:《单向度的人》,刘继译,上海译文出版社 1988 年版,第 8 页。
③ (德)马尔库塞:《单向度的人》,刘继译,上海译文出版社 1988 年版,第 52 页。
④ (德)马尔库塞:《单向度的人》,刘继译,上海译文出版社 1988 年版,第 17 页。

害与压榨,蛮横地切断了人与自然的天然纽带,使人成为迷失方向的存在。即是说,科学技术的扩张其实是以侵害人类自身为代价掠夺自然资源的过程。

第二,科学及其派生技术的合理性和社会操纵一起形成一种新型的社会控制形式。科学技术的合理性掩盖了资本主义社会制度的不合理,技术进步成了巩固资本主义政治统治的手段。科学脱离了善和美,走向了人的反面。因此马尔库塞论证道:"由于科学技术对自然的改造导致了对人的改造,由于'人的创造物'源于社会整体又回归社会整体,技术先验论实质上就是一种政治先验论。"①

第三,科学技术的发展,使社会劳动的机械化、自动化水平日益提高,劳动分工也愈来愈精细化。这种与现代科学技术相匹配的劳动方式表面上减轻了人类的劳动强度,给人们提供了更多的空闲时间,但这种"单调而无聊"的劳动的确也使人丧失了劳动的自由与创造性,人服从机器的管理,使人的肉体力量和精神力量无法得到自由地发挥。

第四,科学技术的进步使人只关注应用过程而不关心目的,人的生活价值被严重忽视,导致人无法在自己的世界里正确认识自己。马尔库塞说:"实在同其目标分离了,真同善分离了,科学同伦理学分离了。尽管科学如今可以如此精确地测定自然的客观规律及它的各个部分之间的相互关系,但它已无法按照其'最终的目标'来认识自然。尽管人可以作为一种观察、验算、预测的主体起作用,但起作用的主体已不再是伦理的、美学的和政治的代表。"②在马尔库塞看来,科技的发展尽管极大丰富了社会物质财富,却并没有使人获得真正的解放,科学技术成为一种政治统治的形式,削弱了社会的批判精神,使人趋向"单向度"的发展。

综上所述,早期法兰克福科学观关注了晚期资本主义时期一个普遍事实(即科学技术发展"侵入"了人的思想观念和思维方式),特别是揭露了晚期资本主义社会以科技为代表的工具理性泛滥的现实状况。这些研究成果既是哈贝马斯科学观的出发点,也是其批判的对象。哈贝马斯科学观不但同样以晚期资本主义的科学技术为批判对象,也运用社会批判理论的方法分析科学技

---

① (德)马尔库塞:《单向度的人》,刘继译,上海译文出版社1988年版,第138页。
② (德)马尔库塞:《单向度的人》,刘继译,上海译文出版社1988年版,第147页。

术的社会功能,探讨解决科学危机的方法和途径。

2. 早期法兰克福科学观的困境

当然,我们要指出的是,由于早期法兰克福学派理论家对科学的发展持悲观立场,他们过分强调科学的价值要求而忽视了理性的需要,从而陷入了理论困境。

首先,早期法兰克福学派对科学理性的批判过于笼统。早期法兰克福学派理论家对复杂的资本主义社会进行了简单化的理论分析,他们对资本主义科学发展的弊端缺乏立足经验事实的论证,这样就导致他们对科学的批判尽管尖锐全面却显得苍白无力,其根源在于早期法兰克福学派的理论家对"理性"概念的理解是片面的,他们将资本主义社会科学理性扩张的后果武断地转换成对人类普遍理性的指责。这种以偏概全的思维方式显然来源于社会批判理论秉持的主体、客体二分的意识哲学,这正是早期法兰克福学派科学观无法避免的先天缺陷。

其次,早期法兰克福的理论家对科学的发展前景均程度不同地持一种悲观消极的态度。他们普遍认为,科学越发展,技术越先进,自动化程度越高,人类被奴役异化的程度越深,人的解放就越遥远。霍克海默在《科学及其危机札记》一文中指出:"科学知识在此情况下也就担负着其他生产力和生产手段的宿命:它的运用和它的高度发展与人类的需求很适应。这种状况扼制了科学本身在质和全方面的进一步发展。正如以往危机过程曾警告我们那样,经济平衡只有在付出了人类资源和物质资源重大毁灭的代价后才会恢复。"[1]马尔库塞也说:"科学与技术愈发达,愈全面,个人打破这种奴役状态的手段与方法就愈不可想象。"[2]早期社会批判理论家对科学的否定性理解显然来源于他们的理论基础——"否定辩证法"。依据"否定辩证法"的原则,他们断言人类对科学理性的共识本质上是一种同一性思维,这种同一性思维方式很容易导致肯定性思维,而肯定性思维等同于社会的强制力量,因此科学理性就是这种社会强制力量的代表。我们认为,早期法兰克福学者的这种理论取向实质上消除了科学技术的合法性基础。理论上的一味否定使早期社会批判理论家

---

① (德)霍克海默:《批判理论》,李小兵等译,重庆出版社 1990 年版,第 2 页。
② (德)马尔库塞:《单向度的人》,刘继译,上海译文出版社 1988 年版,第 18 页。

找不到科学发展的出路,明知不可为而为,甚至指望艺术承担起拯救整个社会的未来,这就使他们的科学思想陷入无法自拔的理论死胡同。

3.哈贝马斯科学观的初步形成

哈贝马斯部分继承了早期法兰克福学派的科学思想,但他一开始就清醒地与之保持距离。哈贝马斯在《理论与实践》一书中初步论证了自己具有实践意向的科学理论,态度鲜明地将科学置于实践的基础上考察。他认为,科学的理论产生于实践,科学理论的任务就是研究控制、占有自然的社会实践和旨在改变不合理制度的政治实践。①

在哈贝马斯看来,来自实践的正确的科学理论是社会进步的重要推动力。在他看来,在实践中产生的科学理论应该接受实践的检验,科学理论可以被证伪,经不起科学工作者自由对话检验的科学理论是无法成立的。对经验的同一性陈述是现代科学的公认特征,在此基础上,经验科学预测功能的运用深入各个领域,所有领域的专家在选择他们的工具和操作方式时,都依靠经过科学检验的预言。规则的可靠性清晰地区分了新旧两种技术的含义。哈贝马斯得出结论:"现代科学的认识功能和作用,必须同社会实践体系联系起来理解:现代科学把我们使用技术去占有物的过程,或者说,占有自然和社会的物化过程的力量扩大了和合理化了。"②

哈贝马斯认为,18世纪以来,成为社会生产力的实证科学使实践的范围显著缩小了。理论与实践的关系明显表现为:"对技术(有经验科学保障的技术)的有目的的、合理的使用。科学的社会能量,转化成技术拥有的力量,科学不再被看作启蒙行为的能量。经验分析的科学,产生了技术方法,但经验分析的科学并不是对实践问题的回答。"③哈贝马斯审慎地指出,科学发挥已经被人们承认的认识功能,这本身固然也是一种价值,但科学要具有批判的认识功能,必须采用科学的形式和理性决断的方式。科学技术虽然已经成为晚期

① (德)哈贝马斯:《理论与实践》,郭官义、李黎译,社会科学文献出版社2004年版,第358页。

② (德)哈贝马斯:《理论与实践》,郭官义、李黎译,社会科学文献出版社2004年版,第340页。

③ (德)哈贝马斯:《理论与实践》,郭官义、李黎译,社会科学文献出版社2004年版,第330页。

资本主义社会的第一位生产力,它大大巩固了社会的物质生活基础,但科学却无法把自身派生出来的技术力量和实践力量区分开来。当科学化的过程超越技术问题的界限,不能摆脱技术理性的限制时,真正的社会危机就出现了。①

早期法兰克福学派理论家把科学技术看作统治阶级对被统治阶级进行压迫的工具(如马尔库塞)。哈贝马斯对此并不赞成,他认为科学技术在晚期资本主义社会不仅成了"第一生产力",也发展成为政治统治合法性的基础。在哈贝马斯那里,晚期资本主义社会的统治合法性是"从下"获得的,换句话说,正是依靠科学技术进步创造的大量物质财富,晚期资本主义社会建立了一整套个人需求的"补偿"机制,从而赢得了广大民众对社会制度的忠诚和拥护。②

另外,哈贝马斯反对霍克海默、马尔库塞等早期法兰克福学派理论家将科学技术简单地等同于传统的意识形态的做法。哈贝马斯认为,在新的社会实践中,科学技术作为新的合法性形式完全失去了意识形态原有的形态,丧失了虚假的意识形态的特征和迷惑人的作用,成为一种新型的意识形态,因此哈贝马斯断言,作为意识形态的技术与科学已完全没有了传统意识形态压迫人的作用。③

在哈贝马斯看来,早期法兰克福学派理论家对科学未来发展的悲观态度是错误的。他强调社会的进步必须依靠"科技进步的逻辑",依靠更加充分发挥尚未转化为生产力的科学技术的潜力。哈贝马斯提出了"政治科学化"的构想,就是政治家和科学家相互合作,共同应对晚期资本主义阶段的各种社会问题。④

哈贝马斯在继承法兰克福早期理论家的科技批判精神的同时,也使自己的科学观逐渐摆脱了霍克海默、阿多诺和马尔库塞的否定性的、悲观主义倾向,初步确立了具有实践意向的、肯定性的、改良主义的科学观。

---

① (德)哈贝马斯:《理论与实践》,郭官义、李黎译,社会科学文献出版社 2004 年版,第 5 页。

② (德)哈贝马斯:《作为意识形态的技术与科学》,郭官义、李黎译,学林出版社 2002 年版,第 60 页。

③ (德)哈贝马斯:《作为意识形态的技术与科学》,郭官义、李黎译,学林出版社 2002 年版,第 69 页。

④ (德)哈贝马斯:《作为意识形态的技术与科学》,郭官义、李黎译,学林出版社 2002 年版,第 90 页。

二、建构社会科学的逻辑

既然哈贝马斯的"批判的社会科学"反思的主要对象是科学理论和社会实践的分裂,理解两者的关系就显得至关重要了,那么,实现哈贝马斯的这种理论意旨究竟需要什么途径,运用哪一种方法呢?

通过对社会科学方法的系统研究,哈贝马斯在《理论与实践》《社会科学的逻辑》(1970 年版)等著作中,完成了对这一关键理论问题的回答。在《社会科学的逻辑》的序言中,他将自然科学与人文科学做了明确的划分,并提出了一种基于意义理解的社会科学方法论。①

在哈贝马斯看来,在所有创建完成的科学理论中,都存在有价值和无价值的内容,但那些知识性的、创新性的、富有启迪的部分肯定是有价值的,它可以帮助人们开阔视野,理解事物的本质。他指出,很多科学理论都是相互补充的,所以,必须将不同理论的合理性内容和方法吸收到自己的理论之中。因此,哈贝马斯不像霍克海默和阿多尔诺那样完全拒斥现代分析哲学的理论和方法,单纯坚持理性的批判,而是试图将其他哲学和社会科学的可取的方法都纳入自己的思想体系。②

20 世纪 50 年代后半期,哈贝马斯来到法兰克福社会研究所之后,他深入研究了弗洛伊德的精神分析学,卡尔纳普、维特根斯坦和波普的分析哲学。在他看来,弗洛伊德的精神分析学是一门严肃的、有着深远影响的科学理论,分析哲学具有一整套极为严格的标准,这些哲学和科学理论及方法的建立使得欧洲大陆哲学亟待发展。于是,哈贝马斯一方面努力钻研经验主义和实证主义,另一方面,他开始批判经验主义和实证主义以建立自己的科学理论体系③。

20 世纪 60 年代初期,哈贝马斯在海德堡大学执教时,加入了德国学术界辩证学派与批判理性主义学派的论战。1961 年的德国社会科学大会的论坛上,波普公布了自己的《社会科学的逻辑》一文,力图把他提出的猜想一反驳的自然科学方法论推广到社会科学领域。阿多诺反对波普的观点,随之发表《论"社会科学的逻辑"》驳斥波普的观点。之后,哈贝马斯也参加了论战,他

---

① 章国锋:《关于一个公正世界的乌托邦构想》,山东人民出版社 2001 年版,第 72 页。
② 余灵灵:《哈贝马斯传》,河北人民出版社 1998 年版,第 38 页。
③ 余灵灵:《哈贝马斯传》,河北人民出版社 1998 年版,第 38 页。

发表了《科学的分析理论与辩证法》一文批判波普的观点。首先，人文科学和自然科学研究的对象完全不同，自然科学的对象是经验事实，而人文科学的对象是人的价值判断。但价值判断与自由抉择和实践评估相关，也就是和人的主观性关联。人文科学的对象是由一群主体构成的，所以不能将人文科学的方法与自然科学的方法混淆。其次，工具理性不能作为人文科学研究的指导，人文科学的真理不能够仅从结果去判定，而波普的批判理性主义的决定论与真理观仍属于工具理性的范畴。① 在后来的学术研究中，哈贝马斯始终坚持了这些基本观点。

　　哈贝马斯关于认识论和方法论问题研究的总结，同时也作为他的理论逻辑体系和方法论的准备，体现于 20 世纪 60 年代对于伽达默尔的解释学的研究中，特别体现在他 60 年代后期发表的《社会科学的逻辑》和《认识与兴趣》两本书中。从 50 年代后期到 60 年代后期，基本可以看作是哈贝马斯为"批判性社会科学"寻求方法的时期。

　　哈贝马斯曾说，伽达默尔的《真理与方法》一书帮助他找到了纯哲学的研究方向。在大学毕业之后，他一度对纯哲学的研究感到厌烦，因而专做自由撰稿人，分析研究社会问题，并在报刊上发表评论。到法兰克福社会研究所后，他先后进行了经验的社会学的研究与批判。同时，他还涉猎了一些分析哲学和心理学的主要著作。然而，他却无法找到一种能够说服自己的研究方法。经验分析科学的研究方法曾让他心动，他甚至为此系统地学习了统计学，可是他深受法兰克福学派的影响，显然并不满意经验分析的科学方法。法兰克福学派的社会批判理论让他似乎看到了希望，但他也清醒意识到传统的社会批判理论完全忽视了现代经验科学方法论，这不能不说是个明显的缺陷。长期以来，他希望获得一种把哲学的超脱性、批判性和经验科学的精确性、实证性相协调的方法。伽达默尔的哲学解释学恰好为哈贝马斯结合哲学认识与科学认识的努力提供了途径。

　　无疑，伽达默尔的《真理与方法》是哲学解释学的代表性著作。伽达默尔指出，人类在科学活动范围之外，还存在用于精神科学的经验方式：哲学经验、

---

① Jürgen Habermas, *On the Logic of the Social Sciences*, translated by Shierry Weber Nicholsen and Jerry A. Stark, p.24.

艺术经验以及历史经验等,因此,科学方法不是万能的,必须超越科学方法论的作用范围去寻求对真理的经验。① 在《真理与方法》一书中,伽达默尔探讨了作为精神科学的本质和特征的"理解"活动,他认为,"理解"不仅是主体行为方式中的一种,而是主体的存在方式,"理解"不是为了达到一个具体的对象,而是主体对世界的总体经验。② 所以,我们必须关注"理解"现象。在《真理与方法》一书的第二部分《扩大到人文科学理解中的真理问题》中,伽达默尔论证了解释的历史特征,认为历史特征是主体永远不能抹去的特性,是主体存在的基本事实,所以,理解不是消除历史的局限性,而是准确地评价和顺应这一历史性。历史不是历史学家能够客观地进行发现和研究的事物,历史学家一贯以自己的定见去诠释历史,因此无法对历史持"科学的客观主义"的态度,然而历史也并非像黑格尔、狄尔泰等人理解的那样,只是绝对精神或生命的自我展示。历史是主体与客体的结合体。人的历史性的经验属于真正的经验,它表现为一个不断获得的过程,所以它既是开放的,也是有限度的,开放性与有限性形成经验的一般结构。理解是一个从先前的理解到新的理解的永恒循环的过程。③

伽达默尔关于科学方法局限性的论述,特别是关于理解的本质和理解活动的特征的论述,给哈贝马斯以很大启发。哈贝马斯认为,哲学解释学也就是一种根本性的方法论原则。解释学的理解就是"视界融合",即历史或文本的视界与解释者自身的视界的持续融合的过程。对于这一方法论原则,哈贝马斯持基本赞同的态度。哈贝马斯说:"客观性必须由反思性的参与加以保证,即是解释学的理解无法与共鸣板分离。在交往的层次上,经验的可能客体正遭受危险,解释者被客观性的错觉所引诱,而试图取消他与原来的解释学的位置的密切联系。伽达默尔对人文科学的客观主义的自我理解的绝佳批判,也适用于历史主义和它的现象学的和语言学的后继者的虚假意识。"④在这里,哈贝马斯强调了交往的重要意义。他认为意义理解与对物理对象的感知是完全不同的,对于自然界的感知只要求从对象中发现、归纳事物的特点,而意义

① (德)伽达默尔:《真理与方法》,洪汉鼎译,上海译文出版社1999年版,第8页。
② (德)伽达默尔:《真理与方法》,洪汉鼎译,上海译文出版社1999年版,第6页。
③ (德)伽达默尔:《真理与方法》,洪汉鼎译,上海译文出版社1999年版,第6页。
④ (德)伽达默尔:《真理与方法》,洪汉鼎译,上海译文出版社1999年版,第4页。

理解却要求与被理解的主体形成一种互主体的关系。哈贝马斯一直在寻求一种整体的、适用于社会科学的方法。他断言,解释性的理解应当是社会科学研究的重要方法。伽达默尔的哲学解释学不但对哈贝马斯重返纯哲学研究起到重要引领作用,而且对哈贝马斯构建交往行为理论也有至关重要的影响。"理解"概念和"理解"活动,是哈贝马斯建立交往行为理论中的重要范畴。

然而,哈贝马斯并不满意伽达默尔的哲学解释学理论,也不满意其他传统解释学理论。在哈贝马斯看来,传统解释学仅仅是一种技能或艺术,即理解原初内容和意义并让自己能够被他人理解的能力和艺术。但哲学解释学则不是一种技能和艺术,而是一种反思和批判。哈贝马斯认为,"解释学探讨一种我们获得的能够'掌握'某种自然语言的'能力',即理解语言上可交往的意义,以及在交往被曲解的各种情况下使得这种意义可被他人理解的艺术。"①一方面,它是运用准确的词语与言语进行表达的艺术;另一方面,它也是令他人信服、说服他人的艺术。毫无疑问,哈贝马斯认为哲学解释学的研究对象,是具备交往能力的言语者的基本经验,即哲学解释学的对象是交往主体的经验,所以,哲学解释学便改变了人们过去对于世界的理解。

哈贝马斯指出:"不论是科学的分析哲学,还是哲学解释学,都有意忽视对方,只有极少数的研究越过他们个别的领域边界,这不同的领域包含着语言与实质的区分。分析学派将解释学归入前科学的范畴而加以忽视;反之,解释学认为因果规律性的科学以采纳一个有限的前理解为特征。"②哈贝马斯指出,伽达默尔在方法上不应该把解释学的经验与科学方法论的认识相对立,即将关于人文科学中的真实性、真理性与自然科学的经验分析方法相对立,而社会学、行为科学等则必须将经验分析方法同解释学的理解的方法相结合。他认为伽达默尔固守解释与传统的融合,而忽视了在理解和解释中对传统的反思、批判和变革。

从20世纪60年代到70年代,哈贝马斯在方法论研究上最重要的成果就是建立"批判的解释学",而且,他试图将解释学与语言学、分析哲学的基本理论加以比较。可以说,伽达默尔的哲学解释学、维特根斯坦的晚期哲学、乔姆

① (德)哈贝马斯:《评伽达默尔的〈真理与方法〉一书》,《哲学译丛》1986年第3期。
② (德)哈贝马斯:《评伽达默尔的〈真理与方法〉一书》,《哲学译丛》1986年第3期。

斯基的普通语法理论、舍勒的语言—行为理论以及弗洛伊德的心理分析学都对哈贝马斯"批判解释学"的建立产生了不同程度的影响。① 哈贝马斯正是在批判地吸收伽达默尔哲学解释学的基础之上,借鉴了分析哲学和心理学的理论和方法,创立了批判的解释学,也为后来建构他的交往行为理论奠定了基础。

哈贝马斯逐渐意识到"批判的社会科学"必须从源于康德和黑格尔的传统哲学中脱离出来。只有消弭自然科学与人文学科、社会科学在方法论方面的对立,把经验科学的方法与解释学的方法相结合,才能真正构建"批判的社会科学"。哈贝马斯强调,自己关于科学方法论的研究的主要贡献就在于提出了这样一种方法,即能够通过阐释意义来探讨符号化重建的社会科学的对象领域。②

哈贝马斯指出,在 18 世纪,自然科学的方法不但应用于自然科学研究也主导了社会科学领域的研究,大多数科学专家把这种可以由实验检验、研究结果客观正确的研究方法视为理所当然。多数学者相信社会科学的对象和自然科学的对象没有区别③。欧洲启蒙运动萌发的人文主义思潮产生了康德对社会实践的反思,这种反思为以后的学者反省社会科学的研究方法提供了可能。由于实证主义理论传统的统治地位,这种反思并没有转化为另一种社会科学的研究方法。实证主义的开山鼻祖孔德一开始就把认识论理解为"关心科学的理论",实证主义从本质上来说就是以自然科学为范本的一种方法论主张。实证主义取向的社会科学家坚信社会科学与自然科学具有相同的逻辑结构。在《社会科学的逻辑》一书中反驳实证主义观点时,哈贝马斯指出这种理论取向并没有解决科学的自我反思问题。

实证主义取向的学者认为,自然科学是一种经验分析的科学,社会科学是一种规范分析的科学。这说明实证主义化的社会科学虽然把握了社会现象具

---

① Jürgen Habermas, *On the Logic of the Social Sciences*, translated by Shierry Weber Nicholsen and Jerry A.Stark, p.4.

② Jürgen Habermas, *On the Logic of the Social Sciences*, translated by Shierry Weber Nicholsen and Jerry A.Stark, p.7.

③ Jürgen Habermas, *On the Logic of the Social Sciences*, translated by Shierry Weber Nicholsen and Jerry A.Stark, p.18.

有规律性和统一性的一面,却生硬地将这种规律性看成社会活动中唯一的、固定的属性,进而这种整齐划一的规律可能被统治阶级利用为控制民众、获取政治利益的工具,这显然是秉持人文主义理想的哈贝马斯所无法容忍的。他认为社会科学应由"解放的兴趣"指导,指引民众摆脱奴役状态,获得真正的自由与解放。

正如伯恩斯坦在《超越客观主义与相对主义》一书中提出的观点:传统西方哲学的发展早就存在人文主义与科学主义的对峙局面。大多数哲学家深陷这两类不同的哲学基础冲突,但伯恩斯坦指出这种对峙是一种表象,实质上这两种传统是融合的,它们在本源上都是对人类理性本质与范围的确定。① 这本书还专门介绍了哈贝马斯的社会科学方法论,他认为哈贝马斯实质上并不反对科学,而是反对自然科学成为唯一合理的知识与知识标准。哈贝马斯目的在于强调社会科学的独立性,警告社会科学切不可沦为自然科学的"婢女"的地位,并以此出发要求有合理的社会科学方法论。因此哈贝马斯不仅反对实证主义也反对解释学的观念论,也试图把"说明"和"解释"置于"批判的社会科学"的同一屋檐下,即是说,哈贝马斯不仅反对实证主义,而且坚决批判传统解释学解释路径绝对化的倾向。

哈贝马斯认为,社会科学的研究方法不能仅仅注重经验事实的描述,也不能是形而上学的纯概念推演,而应当将二者有机地结合在一起,从观察和分析社会实践中的各种复杂现象开始,发现社会活动中的规律性、普遍性,并把这种经验分析的结果升华到理论层面,进而理解其内在意义。②

在哈贝马斯看来,作为一个社会科学家只有对他人的行为意义有深刻的洞察,才能更好地理解自身意义的构造,并且这将反过来导致他能更透彻地理解他人的意义结构。③ 社会科学的理解路径是由内向外的,而自然科学的路径则正相反——正如我们无法"理解"诸如行星的运行轨迹,而只有在形态上

---

① (德)理查德·J.伯恩斯坦:《超越客观主义与相对主义》,郭小平译,光明日报出版社1992年版,第8页。

② Jiirgen Habermas, *On the Logic of the Social Sciences*, translated by Shierry Weber Nicholsen and Jerry A.Stark, p.25.

③ Jiirgen Habermas, *On the Logic of the Social Sciences*, translated by Shierry Weber Nicholsen and Jerry A.Stark, p.36.

观察、认识它，发现行星运动的客观规律。

三、论证科学技术的社会功能

哈贝马斯虽然并不否认科学技术对经济的巨大推动作用，但是他更强调在晚期资本主义社会条件下科学技术成为一种新型的意识形态，这种意识形态已经成为资本主义制度的合法化工具，这一观点与马克思将科学视为人类解放的潜力的主张显然不同。哈贝马斯在《作为"意识形态"的技术与科学》一书中运用"劳动"与"相互作用"的概念对科学技术的这一社会功能进行了论证。

18 世纪以来，科学技术的成就有目共睹。没有科学技术，就没有现代意义的机器大生产，也就没有现代工业文明。诚如马克思所说，科学技术是历史发展的真正杠杆。然而西方学界对科技理性的批判也从未停息。所谓科技理性，是指"科学技术、科学知识、科学方法和技术方法等直接的文化知识形态，也蕴含着人们关于这种文化形态的理性认识观念、文化价值取向"①。科技理性批判就是对理性与知识、科学技术、科学的社会功能和社会实践意义的分析与批判。

在西方学界，法兰克福学派的理论家大都是科学技术的激进批判者，霍克海默的《批判理论与传统理论》、阿多诺的《启蒙辩证法》、马尔库塞的《单向度的人》等著作都是科技理性批判的经典之作。哈贝马斯继承了法兰克福学派的科技理性批判传统，通过对晚期资本主义社会现实的分析，论证了科学技术作为"意识形态"在资本主义社会统治合法化过程的重要作用，为早期法兰克福学派理论家陷入僵局的科技理性批判开拓了一条新的道路。

哈贝马斯认为，"理性"这一概念是马克斯·韦伯用来规定资本主义社会的交往形式和统治形式的。而理性化则指服从理性标准的社会领域的持续扩大。韦伯认为，"社会的不断理性化是同科学技术进步的制度化联系在一起的。"②现代技术与科学以潜移默化的形式使社会各种制度发生了重大变化，这种变化使资本主义社会原来具有的合法性逐渐削弱。马尔库塞正是从韦伯

---

① 衣俊卿：《20 世纪的文化批判：西方马克思主义的深层解读》，中央编译出版社 2003 年版，第 110 页。

② （德）哈贝马斯：《作为意识形态的技术与科学》，郭官义、李黎译，学林出版社 1999 年版，第 39 页。

的以上分析出发,得出结论:技术理性的概念也许本身就是意识形态。马尔库塞认为,人们用科学知识来占有和掌控自然,科学推动的技术使民众物质生活获得改善的同时,又使人屈从于技术的控制。哈贝马斯反对马尔库塞对于科技作用的悲观论调,他试图重新表述马克斯·韦伯的理性化概念,并批判马尔库塞关于科技进步的双刃剑式的社会功能的观点。

哈贝马斯从"劳动"和"相互作用"的区分出发,把"劳动"理解为工具的活动或者合理的选择,这种工具活动以技术规则进行组织,而技术规则又以经验性知识为基础。合理选择的活动是依据战略进行的,而战略以分析的知识为基础。工具的活动可以使既定的目标在确定的条件下实现①。另外,哈贝马斯将符号为媒介的"相互作用"理解为交往活动。这种"相互作用"依据必须遵守的规范进行,而这种必须遵守的规范决定着相互的行为期待,而且至少需要两个以上的行为主体的理解和共识。② 在哈贝马斯看来,我们可以依据工具的活动和相互作用在复杂的社会系统中能否占据主导性地位来区别社会系统。资本主义本质上是由资本主义的生产方式决定的,正是这种生产方式要求政治统治的合法性,也要在其内部解决政治统治的合法性问题。③ 资本主义统治的合法性是"自下"从社会劳动的根基上获得的,而不是来自文化传统。在社会劳动的系统之中,随科学技术推动生产力不断进步,以此为起点的工具性活动也不断扩大到整个社会生活:教育、健康、军事、商业活动甚至个人。这就使人们相互作用的联系逐步转向工具性活动。随着科学与技术相互依存关系的发展,现代科学开始具备一种前所未有的功能——成为第一位的生产力④,而国家为应对经济危机的干预活动显著增加,破坏了资本主义社会原有的制度框架和工具性活动的格局。这种新的情况导致了资本主义社会原有合法性的丧失,晚期资本主义社会的"补偿纲领"取代自由交换的意识形

---

① (德)哈贝马斯:《作为意识形态的技术与科学》,郭官义、李黎译,学林出版社 2002 年版,第 4 页。

② (德)哈贝马斯:《作为意识形态的技术与科学》,郭官义、李黎译,学林出版社 2002 年版,第 9 页。

③ (德)哈贝马斯:《作为意识形态的技术与科学》,郭官义、李黎译,学林出版社 2002 年版,第 44 页。

④ 类似观点哈贝马斯早在《理论与实践》中就已经做过论证,但那时主要是从科学技术的实践后果出发,并没有从"劳动"和"相互作用"区分的角度论证。

态,但这时为消除资本主义功能失调进行的国家政治干预活动就不再是以实践为目的,而是为了解决科学技术发展带来的后果。哈贝马斯据此认为,马克思将生产力视为解放的潜力的观点并不正确,生产力的提高依靠科学技术的发展,科技的进步已经具有使政治统治合法化的功能,当然不可能是解放的潜力,更不能引出解放运动。①

哈贝马斯指出,虽然霍克海默、阿多诺和马尔库塞都将科学技术作为一种意识形态的看待,但是他们把技术与科学等同于旧的意识形态的观点不能接受。哈贝马斯认为技术和科学已经丧失了旧的意识形态的特征,也不再具有欺骗和迷惑人的力量。随着科技进步的逐渐制度化,科技主导的生产力就具有了一种使"劳动"和"相互作用"的区分发生混淆的作用,而且科技进步成为主导社会各个系统的独立力量,以至于社会系统的发展方向好像由科技进步的规律来左右。② 在哈贝马斯看来,科学技术作为隐形的意识形态不但可以影响已经"非政治化"的广大民众的意识形成,而且使资本主义的政治合法性得到进一步增强。哈贝马斯认为,"这种意识形态的独特成就是,它能使社会的自我理解同交往活动以及符号为中介的'相互作用'的概念相分离,并且能够被科学模式所代替"③。在工具性活动及其范畴的强力渗透下,人对生活世界所做的精神上自我存在的理解被物化了,结果就导致工具性活动与"相互作用"的区别在人的意识中消失了。哈贝马斯强调,作为"意识形态"的技术与科学所具有的意识形态功能就在于它悄无声息地掩盖了这种至关重要的区分。

四、建立"批判的社会科学"

哈贝马斯在建构了社会科学的方法论、论证了科学技术的社会功能之后,他的科学体系已经呼之欲出了。

哈贝马斯在《认识与兴趣》导言中指出,通过科学的自我反思达到对社会

---

① (德)哈贝马斯:《作为意识形态的技术与科学》,郭官义、李黎译,学林出版社 2002 年版,第 62 页。

② (德)哈贝马斯:《作为意识形态的技术与科学》,郭官义、李黎译,译林出版社 1999 年版,第 63 页。

③ (德)哈贝马斯:《作为意识形态的技术与科学》,郭官义、李黎译,译林出版社 1999 年版,第 63 页。

理论的正确认识,是他受到马克思的理论启发的结果①。在《作为"意识形态"的技术与科学》一书中,哈贝马斯对科学在社会中的意识形态功能做了初步论证。在哈贝马斯看来,在批判继承康德、费希特、黑格尔的理论基础之上,马克思构建了自己的社会理论。马克思的社会理论包括生产力和生产关系两个方面,前者可以理解为工具的活动,后者可以理解为制度的框架。哈贝马斯指出,马克思虽然没有完全忽视以符号为中介的相互作用的联系,但他却通过对意识形态的批判将其物化为现象学的经验。哈贝马斯认为,马克思仅仅将"反思过程归结到工具活动的层次上"②,"马克思是按生产模式来理解反思的"③。因此,他认为马克思并没有把自然科学方法与人的科学的方法完全区分开来。当然,他也承认马克思对自然科学与人的科学做了一定程度的区分,但显然是不充分的。马克思认为判断科学的科学性标准,是方法上可靠的认识的进步。哈贝马斯评价说:"虽然马克思本人以批判的形式并且不是作为一种自然科学,建立了人的科学;但他始终倾向于把人的科学和自然科学等同看待。"④哈贝马斯认为,马克思非常乐于人们将他的理论看作与自然科学相类似的科学理论。马克思认为人的科学与自然科学理应构成一个整体,"自然科学往后将包括关于人的科学,正像关于人的科学包括自然科学一样:这将是一门科学。"⑤在马克思眼里,批判是人的科学自然而然的属性。在晚期资本主义社会,劳动的过程(即科学技术为中心的生产力发展的过程)转变为科学的过程。一方面,生产的科学化创造了社会生活过程,也规定着社会主体的同一性,因此人的科学包括自然科学;另一方面,自然科学被马克思理解为人类本质力量的揭示,因此,自然科学包括人的科学。马克思指出,"生产"即活动,而出现在这种活动中的工具活动和制度框架,即"生产活动"和"生产关系"只是同一个过程的不同要素⑥。

在哈贝马斯看来,马克思以"社会劳动"这一概念解释人类历史的发展,

---

① (德)哈贝马斯:《认识与兴趣》,郭官义、李黎译,译林出版社1999年版,第2页。
② (德)哈贝马斯:《认识与兴趣》,郭官义、李黎译,译林出版社1999年版,第38页。
③ (德)哈贝马斯:《认识与兴趣》,郭官义、李黎译,译林出版社1999年版,第3页。
④ (德)哈贝马斯:《认识与兴趣》,郭官义、李黎译,译林出版社1999年版,第40页。
⑤ 《马克思恩格斯全集》第42卷,人民出版社1979年版,第107页。
⑥ 《马克思恩格斯全集》第42卷,人民出版社1979年版,第113页。

并把"劳动"当作人类物质生产和精神发展进程统一的基础的做法,是忽略了人类的交往行为的作用。① 他认为马克思所说的"劳动"只是一种工具行为,即目的行为,而人除了工具行为之外,还有交往行为,即以符号、语言、意识和文化形式表现出来的人们之间的相互作用。马克思仅仅把交往行为归结为"劳动",实际上就是把反思过程降低到工具行为的水平,其后果就是把人的科学与自然科学混为一谈,即是说,马克思虽然以人的物质活动为中心建立了主体与客体的联系,并使主客体达到统一,但是,马克思所说的"人"只是具有目的性和工具行为的人,不是具有理性的自我反思的人,由于将人降低到工具人的水平,自然就不利于建立人的科学,或者说,人的科学只能依附于自然科学而存在。哈贝马斯认为马克思的这种做法无疑助长了日后科学主义的盛行。

哈贝马斯进一步指出,由于"兴趣"就是人在现实活动中的意向,在社会生活中,认识的兴趣就可以根据人的现实活动分为三类:技术的兴趣、实践的兴趣和解放的兴趣。所谓技术的兴趣,就是人类对于预测和控制自然的兴趣;实践的兴趣,就是人类对于保障和发展生活中的相互了解和自我了解的兴趣;所谓解放的兴趣,就是人对摆脱束缚、获得自由的兴趣。与三种认识的兴趣相对应就形成了三种类型的科学:对应技术的兴趣,形成了经验分析的科学,致力于获得知识的自然科学和一部分社会科学都属于这种科学;对应实践的兴趣,形成了历史和解释的科学,致力于解释性理解的人文学科和历史科学属于这类科学;对应解放的兴趣,形成了具有批判倾向的科学,心理分析、意识形态批判以及反思的批判哲学都属于这类科学②。

在哈贝马斯看来,经验分析的科学的认识目的是认识并控制对象,主要是工具性行为,即为达到目的选择最有效的手段,提供工艺技术规程。这种科学所提供的认识是有效的,但是不是普遍有效的③。因为当我们认识自然、认识对象时,必然经过了认识兴趣的介入,所以是人在支配认识方法,而不是认识方法在支配人。尤其重要的是,社会生活中更多的是技术操作的问题,而不是

①　(德)哈贝马斯:《认识与兴趣》,郭官义、李黎译,译林出版社1999年版,第46页。

②　(德)哈贝马斯:《认识与兴趣》,郭官义、李黎译,译林出版社1999年版,第168页。

③　(德)哈贝马斯:《作为意识形态的技术与科学》,郭官义、李黎译,译林出版社1999年版,第126页。

有关实践的问题,因此经验的和分析的科学远远不是全部科学。在这里,哈贝马斯显然将技术的兴趣包含在人类基本的认识兴趣之中,科学技术在社会实践活动中的合法地位和作用就得到了明确地承认。哈贝马斯强调,科技理性和伦理价值在晚期资本主义的失衡,责任不能归咎于科学技术,而是科技理性在社会生活中的扩张侵入了生活世界,自然科学作为一种"独白式"的技术兴趣原本就具有独立扩张的性质,倘若任其泛滥,很容易沦为"病态的兴趣",成为控制、奴役人的意识形态。① 实证主义科学观的错误就在于,将技术兴趣理解为唯一的兴趣,把技术兴趣误解为仅仅是对技术上可用知识的兴趣,而没有从人类自我反思的角度审视技术兴趣,当然,主动利用其他兴趣对技术兴趣进行制约和限定更无从谈起。

"实践的兴趣"指的是社会主体间进行语言交往的兴趣,它产生于主体之间运用语言进行交往过程之中,历史解释学体现了这种兴趣。历史和解释的科学的目的是促进人与人之间的相互了解和交流,解释人类活动的意义,对意义的理解,更多地与解释者和接受者的主观介入有关,而不是与客观观察有关。② 这里兴趣的介入是显而易见的。哈贝马斯这种认识与兴趣统一的立场,对于消除科学技术对生活世界的"殖民",批判实证主义科学观都具有重要启示。

"批判的社会科学"的目的是唤醒反思能力,克服人们在相互交往中由于社会统治结构而造成的局限和混乱。反思是主体迈向自主,负责的成熟个体的要素,通过反思,人才能服从理性的指导,走向成熟。人类只有通过对自我、对人类自己的生存方式的反思,引发出可能的新的变化点,用以改变人们的生活,从而达到一个更好的目标。③ 一定意义上说,自我反思就是人类自我发展、自我完善的一种手段,是一种"批判"的思维方式,这种"批判"是人类固有的特性,它也被哈贝马斯称之为"解放的兴趣"。在现实的层面上,人类在劳动和交往的基础上形成生活,同时又在生活中对人类的生活方式进行反思,加以评价和重建。这反映在科学的发展上,就形成了"批判的社会科学",在哈

---

① (德)哈贝马斯:《作为意识形态的技术与科学》,郭官义、李黎译,译林出版社 1999 年版,第 90 页。

② (德)哈贝马斯:《认识与兴趣》,郭官义、李黎译,译林出版社 1999 年版,第 202 页。

③ (德)哈贝马斯:《认识与兴趣》,郭官义、李黎译,译林出版社 1999 年版,第 200—201 页。

贝马斯看来它是真正导向人类解放的科学。

哈贝马斯指出,在三类认识的兴趣中,解放的兴趣具有指导性品格,技术的和实践的兴趣不能脱离解放的兴趣。脱离了解放的兴趣,人类主体的反思能力和批判能力就会萎缩,人就不能获得自主和自由。① 解放的兴趣指导下的批判性科学是兴趣与认识统一的产物。

由此,哈贝马斯就建立了包括经验分析科学、历史解释的科学和批判性社会科学三位一体的科学体系。这一科学体系是哈贝马斯科学观的核心,体现了哈贝马斯将自然科学、社会科学、人文学科融合的思路,是马克思"一门科学"思想的继承和发展,是认识与兴趣的统一体。下文我们将按照技术的兴趣(经验分析的科学)、实践的兴趣(历史—解释的科学)和解放的兴趣(批判的社会科学)的顺序进行具体分析。

① (德)哈贝马斯:《认识与兴趣》,郭官义、李黎译,译林出版社 1999 年版,第 213 页。

第二章 技术的兴趣：经验—分析的科学

哈贝马斯在《认识与兴趣》一书中将兴趣指导下的科学分为三类，即技术兴趣指导的经验分析的科学，实践兴趣指导的历史解释学，解放兴趣指导的批判的社会科学。显然，哈贝马斯将经验分析的科学视为基础，这类科学主要指自然科学和一部分社会科学，它们主要与人类对自然界的理解与控制相关，直接决定了人类社会的物质基础。实践的兴趣是人作为主体的必然要求，在满足基本的物质需求之后，人类需要建构并理解社会制度，满足自己的精神文化需求。在前两者的基础上，人类的自由与解放才能实现，批判的社会科学就是在更高的层次反思人类社会本身，在经验分析科学和历史解释学中贯彻解放的兴趣，为实现人类的真正解放服务。因此，我们也按照经验分析科学、历史解释学以及批判的社会科学的逻辑顺序逐一进行分析，这有助于我们完整地理解哈贝马斯的科学体系。

哈贝马斯在其著作中，经常把"科学"这一概念等同于"经验分析的科学"，甚至直接等同于"自然科学"，这就很容易使研究者误解他的真实意图。但全面阅读哈贝马斯作品后，我们就会发现他关于"科学"的概念的确有一个发展的过程。具体来说，哈贝马斯前期的"科学"概念多指自然科学，也指科学体系、经验分析的科学等概念，如他在《理论与实践》中说："科学不考虑结构联系领域；它客观主义地去对待自己的对象；哲学则相反，它太相信自己的起源。"①这里的"科学"一词显然指自然科学。哈贝马斯在学术生涯中后期的往往用"科学"一词指科学理论，他相对明确地区分了自然科学、社会科学、精神科学、批判的社会科学、科学知识、解放科学、人的科学等概念。我们认

---

① （德）哈贝马斯：《理论与实践》，郭官义、李黎译，译林出版社1999年版，第2页。

为,这也从一个侧面反映了哈贝马斯"科学"概念的逐步深化和明晰。值得注意的是,对"科学"的概念进行比较明确地区分,是在《认识与兴趣》一书之中完成的,这也是我们认为《认识与兴趣》是哈贝马斯科学观初步建立标志的原因之一。

一般认为,科学分为自然科学和人文科学,也有学者把人文科学又分为社会科学和人文学科。西方学者又把偏重于经验事实的描述和分析、以归纳法为主,多运用观察和实验的科学称为经验分析的科学。① 从这一概念出发,我们可以认为,经验分析的科学包括自然科学和一部分"硬"的社会科学,而诸如哲学、文学、历史则被归入精神科学或又叫人文学科的范畴。但在哈贝马斯看来,经验分析的科学和精神科学有着明确的区分,它们因研究对象的不同必须采取截然不同的方法论。实证主义的最重要的错误就是将二者混为一谈,用自然科学的方法研究社会问题,导致了社会异化问题的出现。

第一节　兴趣、技术与科学

在哈贝马斯看来,兴趣是一切认识的前提。人类社会的技术知识和科学理论均离不开兴趣的指导作用。哈贝马斯的"批判的社会科学"体系即源于三种认识兴趣的必然结果。

一、"兴趣"的概念

一般来说,兴趣就是乐趣;人们通常把乐趣与某一对象或行为的存在相联系。兴趣的目的当然是生存,也就是说,兴趣或者以需求为前提,或者兴趣产生需求,从而区分了经验意义上的兴趣和纯粹意义上的兴趣。在康德看来,纯粹的兴趣概念蕴含着一种特殊的意义,即这种兴趣决定着纯粹实践理性所依靠的事实。当然,这个事实并不是在主体的经验中规定的,而是被发挥先验经验作用的道德情感所证明,因为我们服从道德法则的兴趣源于理性,并且这是一个不能用先验进行理解的事实,所以,源于理性的兴趣并不思考规定着理性的条件。康德明确指出,主体的认识想获得理性的兴趣,不能靠经验的认识,

---

① (美)B.C.范·弗拉森:《科学的形象》,郑祥福译,上海译文出版社 2002 年版,第 42 页。

也不能靠纯粹的认识，而必须依据二者的结合。① 在康德那里，只有理论理性与实践理性合成为"一种认识"时，才能讨论严格意义上思辨的理性兴趣。

费希特把认识的兴趣理解为两种人之间的完全对立：一种人对自我解放和个人的独立性具有理性的兴趣；另一种人却被自身的经验爱好和兴趣左右，所以，他们只能在自然界的依附中生存。② 从这个意义上来说，实践的理性兴趣属于理性的一部分，对个人独立性需求的兴趣中，理性实现的水平也意味着理性活动创造解放的程度。费希特的自我反思的概念，对于理解认识的兴趣具有重要的意义。在费希特那里，兴趣也是先于认识的，而且，兴趣也只有依靠认识的力量才能获得实现。

狄尔泰和皮尔士都曾产生认识兴趣的困惑，然而，他们并没有因此深入他们对兴趣的反思，也没有对兴趣的概念加以规定；而黑格尔建立了"类主体"借以概括类的形成过程的观念；在坚持唯物主义的条件下，马克思部分地继承了这个观点：主体在自我反思中，为了认识目的的实现，认识与独立自主的兴趣走向一致，因为反思目标的顺利实现就意味着解放的实现。

哈贝马斯的"兴趣"概念显然受到马克思"认识与兴趣一致"立场的影响。哈贝马斯认为，"兴趣"的概念可以表述为，"与人类再生产的可能性和人类自身形成的既定的基本条件，即劳动和相互作用相联系的基本导向。"③哈贝马斯指出，这种基本导向的目的不是满足直接经验的需要，而是试图解决一系列问题。不过，哈贝马斯也强调，这里的解决问题指的是解决问题的意愿，因为提出问题的任务不能由指导认识的兴趣来完成；作为问题，只有在它们相应的方法论的框架内才可能被提出，认识的兴趣要以客观提出的问题为依据。认识兴趣与劳动和相互作用的存在条件密切相关，必须联系社会生活的再生产的文化条件才能理解。所以，"认识的兴趣"是这样一个特殊的概念，它可以无视实际规定和符号规定之间的区分，因为认识不单纯是生物适应环境的工具，也不是人的单纯的理性活动；认识从某种意义上完全脱离了生活实践。

在哈贝马斯看来，理性本身服从的就是解放的兴趣；解放兴趣的目的正

---

① （德）伊曼努尔·康德：《道德形而上学基础》，苗力田译，上海人民出版社1988年版，第117页。

② （德）费希特：《全部知识学的基础》，王玖兴译，商务印书馆1986年版，第18页。

③ （德）哈贝马斯：《认识与兴趣》，郭官义、李黎译，译林出版社1999年版，第199页。

是完成反思本身。技术和实践的兴趣作为导出人类科学认识的兴趣,必须与解放的兴趣相联系。哈贝马斯认为,由于皮尔士和狄尔泰没有意识到方法论就是科学的自我反思,所以他们最终没有将认识和兴趣统一起来理解。①

"从康德的理性兴趣概念到费希特的理性兴趣概念,是一条由实践理性决定的对自由意志行为感兴趣的概念到在自身理性中起作用的、对自我独立性感兴趣的概念的道路。"②我们可以从理性兴趣发展的过程清晰地看到费希特所论证的理论理性和实践理性的统一。作为一种自由的活动,理性兴趣先于自我反思;毋庸置疑,理性兴趣的实现也依赖于解放性的自我反思。③哈贝马斯指出,费希特这种自我反思的概念,对指引认识的兴趣范畴具有重要意义。但哈贝马斯一再强调,兴趣先于认识,而且兴趣也只有依靠认识才能真正得到实现。

哈贝马斯断言,在上述意义上指导认识过程的兴趣,适合有效的"工具性活动"和"相互作用"。"一般来说,兴趣即乐趣;我们把乐趣同某一对象的存在或者行为的存在的表象相联系。兴趣的目标是生存或定在。因为它表达着我们感兴趣的对象同我们实现欲望的能力的关系。要么兴趣以需求为前提,要么兴趣产生需求。"④经验的兴趣与纯粹的兴趣的区分也与此类似,正因如此,康德根据实践理性区分了纯粹兴趣和经验爱好。然而对上面两种兴趣的理性起作用的不再是纯粹的实践理性,而是运用自我反思将认识和兴趣结合在一起的理性。⑤

哈贝马斯指出,主观自然和客观自然的条件决定了人类的发展过程。一方面,"相互作用"的个人社会化条件即"主观自然"起作用。另一方面,"客观自然"即科学技术和交往活动可以支配的环境的物质条件。在人类发展过程中,如果满足实现以符号为中介的相互作用的条件与工具活动的条件,那么理

---

① (德)哈贝马斯:《认识与兴趣》,郭官义、李黎译,译林出版社 1999 年版,第 201 页。
② (德)哈贝马斯:《认识与兴趣》,郭官义、李黎译,译林出版社 1999 年版,第 211 页。
③ (德)哈贝马斯:《认识与兴趣》,郭官义、李黎译,译林出版社 1999 年版,第 201 页。
④ (德)哈贝马斯:《认识与兴趣》,郭官义、李黎译,译林出版社 1999 年版,第 201 页。
⑤ (德)哈贝马斯:《作为意识形态的技术与科学》,郭官义、李黎译,译林出版社 1999 年版,第 133 页。

性的兴趣就必须采取技术的和实践的认识兴趣形式。① 在哈贝马斯看来，指导认识的兴趣取决于两个方面：一方面，指导认识的兴趣证明，主体的认识过程产生于生活实践，并在推动实践的深入；另一方面，社会重建的生活方式的特征首先体现在认识和实践的特殊联系之中。"改变世界"的自我反思活动，也是一种解放活动。在解放活动中，理性的兴趣不但不会有损于理性认识，而且认识和实践其实已经融为一体。

的确，只有进入自我反思之后，我们才会从方法论上相信自然科学和精神科学的指导认识的兴趣。以反思经验的方式来发展方法论时，即把方法论当作对科学的客观主义的自我理解的批判性解释时，我们才能看到认识和兴趣的基本联系。无论是皮尔士还是狄尔泰都没有把他们的方法论研究理解为科学的自我反思。② 狄尔泰是联系解释学的进展来理解其精神科学的逻辑的；他的精神科学逻辑分析的正是解释学的条件，也是一门辅助学科，它对传播历史意识，对从美学上再现普遍的历史生活做出了贡献。③

但哈贝马斯认为人类自我形成所依赖的条件不仅仅是由反思所确立的。人类的形成过程，绝不像费希特的绝对的自我设定或者像精神的绝对活动那样，不是无条件的。人类的形成过程取决于主观自然以及客观自然的有限条件，一方面取决于相互作用的单个人的个人社会化条件，另一方面又取决于交往活动同技术可以支配的环境的物质条件。④ 只要投入在人类的形成过程中的和贯穿于反思活动中的对解放的理性兴趣，旨在实现以符号为中介的相互作用的条件和工具活动的条件，理性兴趣就会采用实践的和技术的兴趣的有限形式。甚至它需要采用某种唯物主义方式对唯心主义的理性兴趣作新的解释：解放的兴趣本身取决于对可能的主体通性的行为导向的兴趣和对可能的技术支配的兴趣。

因此，我们可以归纳出哈贝马斯认识兴趣理论的主要观点：认识的兴趣是人类知识可能获得的前提；认识的兴趣是人类赖以生存的条件，它们促使人类

---

① （德）哈贝马斯：《作为意识形态的技术与科学》，郭官义、李黎译，译林出版社 1999 年版，第 132 页。
② （德）哈贝马斯：《认识与兴趣》，郭官义、李黎译，译林出版社 1999 年版，第 214 页。
③ （德）哈贝马斯：《认识与兴趣》，郭官义、李黎译，译林出版社 1999 年版，第 215 页。
④ （德）哈贝马斯：《认识与兴趣》，郭官义、李黎译，译林出版社 1999 年版，第 284 页。

形成关于自然界、社会以及运用政治权利的知识;为了人类的繁荣进步,控制和塑造自然环境,与其他主体进行交流,进而维系社会发展并免遭政治压迫,是符合人类兴趣的;在对这些兴趣的追求中,人类探讨并进而产生关于自然界、社会和政治的知识。这些知识与特定的行动方式关联:对控制自然界的技术的使用、人类交往与理解的改善以及被压迫群体的政治解放。① 这三种兴趣促使自然科学、社会科学和批判理论的解放政治学得以产生和形成。

二、"科学"的概念

在今天看来,给"科学"下一个精确的定义仍然是一个难以完成的任务。西方和中国关于"科学"的概念相差甚远。"科学"的概念源自西方,因此,我们主要探讨西方语境中"科学"的概念。

英语中的 science、法语中的 science、德语中的 Wissenschaf 含义并不一致,它们都源于拉丁语的 scientia,但意义都发生了不同程度的转变。拉丁语的 scientia 秉承了希腊语 episteme 的含义,其含义是"知识"、"学问"。英语中的 science 一般并不用来表达通常意义上的"知识"(英语中有 knowledge 专门表示),而是表示像物理、化学这样的"自然科学"(nature science);德语 Wissenschaft 基本上保留着与 scientia 相同的意思,并不用来专指自然科学,也包含文学、历史学、和哲学、政治学等人文学科。② 所以,我们说德语中的 Wissenschaft 较好地保留了希腊语的 episteme 和拉丁语 sci-entia 的原本含义。

这样,我们就梳理出了西方语境中的两种科学概念。广义上的科学指"知识"、"学问",可用德语的 Wissenschaft 来表示;狭义上的科学指"自然科学",可用英语中的 science 来表示。在今天,在人文学科和自然科学"两种文化"长期对立、互相攻讦的背景下,人们自然认为这是两种从来就并列发展的迥然不同的文化。实际上,自然科学与人文学科的分离只是近代以后发生的,也正是在这种分离的过程中,"科学"狭义地转变为"自然科学"。狭义上的科学和广义上的科学尽管有区别,自然科学和人文学科也有区别,但它们毕竟同气连枝,即均源于希腊的知识传统,也就是广义上的科学传统。正是这个相同的知识传统把西方广义上的"科学"同西方以外的知识传统区分开来。因此

---

① (美)安德鲁·埃德加:《哈贝马斯:关键概念》,杨礼银、朱松峰译,江苏人民出版社 2009 年版,第 10 页。

② 吴国盛:《西方正典·科学 20 讲》,北京新华立品图书有限公司 2007 年版,第 4 页。

在西方语境下来回答"什么是科学"，必须要回答两个问题：近代以后分离开的自然科学和人文学科之间的本质区别，以及近代的自然科学和古代的希腊科学的本质区别是什么？

对于第二个问题，在西方影响深远的希腊知识传统与西方以外的学术传统的本质区别是什么？我们通常用"科学"一词指希腊知识传统，原因在于这个知识传统并不等同于全人类共有的知识传统，而是别具一格的学术类型。与中国、印度等东方文明的学术相对比有两个主要的区别：从学问目标上看，希腊知识传统寻求变动不居的世界"背后"的确定性知识，而中国、印度的知识传统则寻求的动态生活"之中"的实践知识。希腊科学也被称作理性科学，"理性"也是西方广义科学传统中的关键词。第二个区别，是从获取知识的方法上看，希腊学术传统主张学者独立寻求真理，并在这种追寻之中互相批判、彼此质疑，而东方学术传统显然并不注重批判与质疑，而是强调对经典、权威的传承。

由此，我们可以归纳出西方广义科学的特点：对严谨的确定性知识的寻求，对内在理性世界的探求，推崇批判、质疑和论证。这些特征也被西方狭义上的科学所传承。我们可以归纳出西方科学传统的固有特点：推理、论证、证明、演绎，是西方科学最明显的方法特征。不管是中世纪的神学，还是当代的文艺评论、政治学、法学，都具有这些特征。因此，"任何一种学说，如果它可以成为一个系统，即成为一个按照原则而整理好的知识整体的话，就叫做科学。"①从这种意义上，一些德国哲学家认为自然科学并不"科学"，而他们自己所构建的哲学，如康德的先验哲学、胡塞尔的现象学等等，才称得上是严格意义上的"科学"。

对于第一个问题，近代以后走向分离的自然科学与人文学科之间的本质区别，以及近代自然科学同古代希腊科学的本质区别是什么？作为近代以来从广义科学的分支——自然科学与人文科学，它们和希腊科学有联系，也有区别。它们都秉承了广义上科学的一般特征：开掘研究对象的内在理路，研究者间互相质疑、批判；它们与古典科学基本的区别则在于：它们不再是"百科全

---

① （德）伊曼纽尔·康德：《自然科学的形而上学基础》，邓晓芒译，三联书店1988年版，第2页。

书式"的学问,而是专门化的"研究"。它们的研究对象也并不同:人文科学的对象是人的精神世界,自然科学的对象是物质世界。它们的研究方法差异甚大:人文科学主要是对经典进行"文本诠释",而自然科学采取的是"数学+实验"的实证方法,自然科学寻求因果性说明,人文科学寻求历史性解释。

近代以来的自然科学继承了希腊科学对内在理性的追求,因此,近代自然科学是对希腊科学理性的张扬,它将理性的"内在性逻辑"发挥到了极致。然而,探求因果性规律的近代自然科学,也将理性发展成为一种片面的"工具理性",因而饱受西方学界诟病,认为它背弃了希腊理性的完整性,从而造成了工具理性的畸形发展。这也是近代以来的自然科学与希腊古典科学的重要区分。

近代以来的自然科学脱离了古希腊纯粹科学的范畴,成为注重功利性、工具性的科学。它的目标就是征服自然、占有自然、利用自然,依照人类自己的意志造就一个人为的生活环境,所以它注重外在经验,重视有计划设计的、可重复的实验方法。而且它对数学的使用也并不仅是探究"道理",而是把世界归于可计算的网络中,因而它在本质上是"控制"和"征服"。由于征服与控制的意志需要遵循"效率"的原则,这使得近代西方的科学知识纷纷步入分科化的道路,自然科学、人文科学与社会科学先后走上分科化的道路。贝尔纳指出,"在资本主义世界里,社会科学的发展远远落后于自然科学的发展,这是即使不用马克思主义的分析也是很明显的。"①自然科学成功地实现了工具化的目的,成为社会生产力发展的巨大推动力,因而成为近代的强势知识系统,关注价值的人文社会科学则备受冷落。

三、"技术"的概念

"技术"作为人的理智认识与社会活动的中介与环节,本质上属于人的实践范畴;是直接与人的社会实践活动联系在一起的;尤指人类的物质生产活动领域,标示着人类的生产技艺、活动技能或实践的规则、方法与途径。所以技术与科学相比绝不是新近的产物,而是有了人类,有了人的意义上的生产劳动,就有了技术。而且正是有了技术,才真正意味着人类完成从它的动物祖先所从事的动物性劳动,即所谓的自然劳动到人的劳动的飞跃。技术是人类和

---

① (英)J.D.贝尔纳:《历史上的科学》,伍况甫等译,科学出版社 1959 年版,第 551 页。

动物的分水岭，是人类实践自我的决定性一步。正是技术性的劳动标示了人和动物之间、人的社会实践和动物的生存活动之间的本质差别。

哈贝马斯在《理论与实践》一书中指出，晚期资本主义社会中理论与实践关系表现为对技术的有目的的、合理的运用。技术显然又是经验科学发展的结果。今天的科学不再是"启蒙"的代名词，科学潜在的能量逐步转化成为技术的力量进入社会实践。"经验分析的科学，产生了技术方法，但是经验分析的科学并不是对实践问题的回答。"①这意味着在经验科学的方法论中，包含着一种排斥其他兴趣的技术的认识兴趣。因此哈贝马斯认为，对当今科学的社会功能的理解必须联系社会劳动，科学把我们运用技术占有自然和社会的力量扩大和合理化了。

在哈贝马斯看来，要解释"技术"一词必须区分技术手段和技术规则。首先，可以帮助人们降低劳动强度、提高劳动效率的技术手段和"技术"一词关系密切，即是说，技术同工具、机器和自动化密切相关；其次，技术也是一种战略与工艺体系，它规范了目的理性行为的规则体系。哈贝马斯把理性选择的规则称为战略，把工具行动的规则称为工艺，哈贝马斯认为，工艺是确定操作方法的原理，它本身不是技术手段②，任何东西都能够包含在工具活动的联系中作为技术手段。"作为技术手段的物，仅仅当他们具备确定的、可重复的应用功能时(不能是偶然地使用)，它们才成为技术的组成部分"③。

哈贝马斯认为，技术手段的发展历程遵循自身固定的模式。人类通过科学技术的发展，逐步用机器模拟了人的工具性活动：从四肢的活动到五官的活动，最后到高级的大脑控制活动。从石制的刮削器到显微镜等工具，大大增强了人类自然器官的功能。从某种程度上，机器能够代替人类的活动。机器并不依赖人的能量进行工作。但只是蒸汽机发明后，人类才学会把自然界的一种能量转化为另一种能量，机器才真正摆脱了对人力的依赖。哈贝马斯认为，正是在这个基础之上，以机器为核心的、能够改变物质形式的旧式的技术才得以建立，这是技术手段发展的初级阶段。哈贝马斯进而指出，新式技术确立的基础是截然不同。随着科学的进步，人类的技术逐渐发展到一个更高阶段：大

① (德)哈贝马斯：《理论与实践》，郭官义、李黎译，译林出版社1999年版，第330页。
② (德)哈贝马斯：《理论与实践》，郭官义、李黎译，译林出版社1999年版，第359页。
③ (德)哈贝马斯：《理论与实践》，郭官义、李黎译，译林出版社1999年版，第360页。

量的能够扩展人类智能的数据处理机的发明和使用。这样,技术手段发展的最高阶段就出现了,"这些技术手段不再像原先一样智能模拟工具活动的一部分,而是可以模仿人类工具活动的完整过程。这些新式的技术不但代替了人的操作活动,而且也替代了人的监督活动"①。这是技术发展历程中的一次重大变化:使用工具进行社会实践的人,第一次将自己彻底变成了客体。人类用技术手段创造了一种完全封闭的自动化控制的生产过程。生产过程的自动控制也促使我们的社会实践领域发生变革。②

面对科学技术力量的飞速增长,对技术的发展前景有两种解释:一种是对技术的自由解释;一种是对技术的保守主义解释。

哈贝马斯认为,技术手段的内在发展中还蕴含着人类无法估量的潜力。因为人自身可能与相对独立的技术装备结合,我们面对的不但是独立的技术,更是一个强大的人机系统。这些系统的某些局部不仅由机器设备组成,而且这些系统往往在控制着机器的运行的同时还控制人的活动。现代防空警报系统就是一个生动的例证。"依据系统分析理论的模型,运用自动控制系统去理解、分析和构造整个社会经济系统,存在理论上的可能性"③。从这个意义上理解,人和机器的关系可能发生了明显的"倒挂"。人对技术手段的使用进行监督的作用消失了,替代人的监督角色的是机器,无形之中把人机系统的主导权移交给了机器,而把人降格为机器的一部分。随着技术的突飞猛进,人面对机器的优势地位逐渐被动摇。但是,哈贝马斯指出,只要人类始终把握科学技术进步的方向和尺度,那么技术手段的独立发展和日益配套,也不过是技术手段达到高级阶段的表现而已。④ 作为现代科技发展的实践后果,以自动化为代表的技术手段确实令人摆脱了繁重的劳作和能够避免的人身风险。所以,"人们对技术进步的解释并非那么悲观。我们可以把这种解释称之为对技术的自由解释。"⑤

科技进步客观上扩大了理性行为的范围:人对自然与社会的支配力量扩

---

① (德)哈贝马斯:《理论与实践》,郭官义、李黎译,译林出版社 1999 年版,第 360 页。
② (德)哈贝马斯:《理论与实践》,郭官义、李黎译,译林出版社 1999 年版,第 361 页。
③ (德)哈贝马斯:《理论与实践》,郭官义、李黎译,译林出版社 1999 年版,第 361 页。
④ (德)哈贝马斯:《理论与实践》,郭官义、李黎译,译林出版社 1999 年版,第 362 页。
⑤ (德)哈贝马斯:《理论与实践》,郭官义、李黎译,译林出版社 1999 年版,第 362 页。

大;人类的活动空间拓宽,让我们在可预测后果的情况下,更容易实现我们的目标。技术进步也使我们能在自然和社会中更自如地实现我们的理想。哈贝马斯对技术发展的乐观主义解释的出发点是将技术进步始终置于人类理性的监督之下。

哈贝马斯反对科学技术的无限制发展。① 哈贝马斯认为,面对科学技术潜在的力量不断释放性的增长,主体必须掌控它的发展方向和方式,避免形成技术对人的操纵。对科学技术发展理论的研究不能仅限于技术手段的进步,更不能满足于仅仅考察工具理性行为和规则组成的技术进步的系统。遗憾的是,科学、技术、工业、军队等社会诸要素们的相互依存关系不断增长,随着科学知识的增长、技术的进步,科学技术已经深深介入了晚期资本主义社会的所有领域,以至于科学技术的扩张超越了应有的限度,无可避免地侵犯了生活世界,引发了一系列社会问题。正因如此,哈贝马斯指出,在科学技术进步的强势入侵下,不但没有出现科学技术成为人类进步的正向力量的发展趋势(马克思曾经这样预言),而且主体自由和解放的目标更加遥不可及②,这就是哈贝马斯对技术的"保守主义"解释。

哈贝马斯所谓"技术进步的保守主义解释"其实就是对技术发展的悲观主义预测,其优点在于:它反思了技术手段发展和工具理性行为系统渗透入生活世界的后果,并把注意力集中到科学、技术、工业应用的相互作用上。哈贝马斯认为技术的发展一定是在一个制度的框架进行的。按照技术统治论的解释,技术进步和制度框架是两大要素,技术化的国家为了强化国家的整体管理,政治统治的传统形式在某种程度被抛弃了。③ 国家对人的统治与对事物的管理,尽管理论上有明确的区分,但实质上变成了被科学指导的技术关系的一部分,至关重要的是,一个国家采取的技术手段的有效性是由资本主义国家机器决定的,而且实际可以达到把政治统治隐藏于技术手段之后的效果,这就在客观上起到了维护资本主义的政治统治的作用。

社会利益决定着技术发展的速度、方向和功能。在晚期资本主义国家中,技术发展的规则不是技术内在的必然规律决定,而是资本主义国家的利益左

---

① (德)哈贝马斯:《理论与实践》,郭官义、李黎译,译林出版社 1999 年版,第 363 页。
② (德)哈贝马斯:《理论与实践》,郭官义、李黎译,译林出版社 1999 年版,第 364 页。
③ (德)哈贝马斯:《理论与实践》,郭官义、李黎译,译林出版社 1999 年版,第 367 页。

右的。如今,技术手段和工具理性活动的发展不是自动的;它的发展形式和方向总是被限定在一定的社会制度框架中。① 这样,技术发展的模式就具有了影响社会制度和国家利益的特征,实际上马克思科学观就遵循了这一理路。值得深思的是,马尔库塞使这种科学技术批判的思路发生了转向,正是这种转向导致了其科学理论的悲剧性结局。

四、兴趣与经验分析的科学

哈贝马斯将"兴趣"视为经验分析的科学发展的逻辑起点。针对实证主义者主张理性和价值无涉的错误做法,哈贝马斯重构了理性的涵义,他指出理性不但包括工具性的目的理性,而且包括"理性的意志"即兴趣。虽然人类生活需要目的理性,但是目的理性仅仅是一定的手段和工具,而兴趣却以主体间的联系与理解为目的的。这里目的理性的实现途径就是"技术"。

兴趣存在于人类的工具行为与交往行为中。人类为保持和持续增加自身存在与再生产的条件进行的努力,即是由兴趣决定的。主客体之间的联系,在开始也是在兴趣的基础上建立起来的。认识的兴趣就是人在现实活动中的意向,"它既不服从经验规定和先验规定之间的区别,或曰实际规定和符号规定之间的区别,也不服从动机规定和认识规定的区别"②。

对于技术和兴趣的关系,哈贝马斯认为兴趣先于自然科学及其技术,兴趣是科学技术知识的基础。然而,人类控制自然的兴趣也只有依靠科学技术的力量才能实现。换言之,科学技术知识是实现支配自然兴趣的手段,科学技术受兴趣所支配。认识与兴趣的真正统一和融合,只能发生在自我反思的领域中,即发生在理论认识与追求独立判断或追求解放结合在一起的领域中

哈贝马斯认为"技术的兴趣"是在"劳动"中形成的,它其实是人类企图利用技术控制或支配外部自然的兴趣。它所涉及的对象领域是"关于事物和事件的现象领域",它所注重的仅仅是对"客体化"的过程加以技术控制,它一方面规定着现实事物客观化的方面,另一方面从技术上与策略上为"目的合理行为"即"工具行为"规定方向。技术兴趣的目的就是将人类从自然界的压制中解脱出来,简言之,技术的兴趣也能够理解为有效地支配自然过程的兴趣。

---

① (美)托马斯·麦卡锡:《哈贝马斯的批判理论》,王江涛译,华东师范大学出版社 2010年版,第84页。

② (德)哈贝马斯:《认识与兴趣》,郭官义、李黎译,译林出版社 1999 年版,第214页。

技术的兴趣促成并决定着自然科学的思想和研究,与之对应的科学"经验分析的科学"主要是自然科学,另一部分与控制自然直接相关的社会科学也应该包括其中。

哈贝马斯相信,将对人类社会生活的研究与对外部自然的研究并列,无疑犯了两个错误:一是它武断地相信人类具有完全的能力与理性理解自身行为的动因;二是这一立场错误地把自然科学的知识视为唯一的关于人类社会的有效的知识。吉登斯认为,哈贝马斯的第二点批判尤为关键,"如果人类行为被无法转移的客观规律所支配,那么我们就基本不可能通过积极主动的参与而改变自身的历史。……它忽视了哈贝马斯所说的人类主体的'自我反省'或'反思'。"①即是说,它将不能恰当地描述人类之所以是人的、不可或缺的基本特征之一。因为我们作为个体以及更大范围内社会的成员,具备反省自身历史的能力,并能够通过这种反省来规划未来历史的进程。一切企图以自然科学为模式的哲学与社会科学理论——通常称之为"实证主义"——都无一例外丧失了这一洞察。②

哈贝马斯在《知识与兴趣》一书中指出,认知兴趣乃是人类知识的构成因素;正是这些知识构成兴趣的不同类型,各自形成了相应类型的科学。他把科学知识分为三种类型,并以隐含于这三种知识中的三种不同类型的兴趣作为区分科学形态的标准。第一种类型就是经验分析科学,哈贝马斯指出,在这种科学中,作为预先判断经验分析陈述的意义和参考框架,为理论的构建和判断这些理论的标准制定了各种规则。经验分析的知识是一种可能的预见性知识,不过,这种预判的意义也就是它们作为技术的有效意义,却是通过那些我们将理论运用于现实时所制定的规则而确定的。这就是说,观察与评价活动受预先设定的条件的限制。我们可以这样理解:描述性的命题帮助我们了解事实与事实间的关系,但这种理解却不能遮蔽一个真相,就是对经验科学有意义的事实,首先是通过对我们在工具性活动的行为系统中的经验的预先判断而建构出来的。根据以上分析,哈贝马斯得出结论:经验分析科学的理论在描述事实时,被这样一种构成兴趣制约,就是即便那些被成功检验的行动也力争

① (英)吉登斯:《批判的社会学导论》,廖仁义译,唐山出版社1992年版,第9页。
② (美)斯金纳编:《人文科学中大理论的复归》,社会理论出版社1991年版,第109—110页。

获得保证并通过信息而加以扩充。这即是对客观化过程进行技术控制的认知兴趣。①

当我们大致理解了经验分析科学这一知识类型的特性后，我们就能够理解自然科学为何把理论与方法侧重于普遍规律的概括和客观经验的证实等方面的根本目的了，因为只有通过这种方式，客观的自然环境才可能被人类掌控和预判，相关的知识也才可能具有技术上的有效性。

第二节　经验分析科学的实践后果

哈贝马斯所谓"经验分析的科学"包括自然科学和一部分社会科学。这类科学模式的目的是控制和利用自然。这一目的决定了这种科学对人类生存与发展的基础性作用。19世纪以后，经验分析科学的发展使人类的"技术的兴趣"得到进一步实现，但它造成的实践后果也是人类始料未及的：科学技术成为第一位的生产力、科学技术意识形态化、政治和公共领域的科学化。对于经验分析科学的无限制发展，哈贝马斯深为忧虑，他力主对这些后果展开深刻的理论反思。

一、科学技术成为第一生产力

早在19世纪末期，马克思就提出了"科学技术是生产力"的论断，并认为科学技术进步蕴含着实现人类解放的巨大潜力。他指出，"劳动生产力是随着科学及其技术的持续进步而不断发展的"，②"这些生产力中也包括科学"③。显然，这是马克思考察了19世纪科学技术的发展状况做出的判断。

在《资本论》中，马克思认为，"社会劳动生产力水平的高低取决于多种情况，其中包括：工人的平均熟练程度，科学的发展水平和它在工艺上应用的程度，生产过程的社会结合，生产资料的规模和效能，以及自然条件。"④这是马克思的文本中对生产力概念和组成部分的最为精确的表述。

① Habermas, *Knowledge and Human Interests*, London: Biddles Ltd., 1981, pp.308-309.
② 《马克思恩格斯全集》第23卷，人民出版社1979年版，第664页。
③ 《马克思恩格斯全集》第31卷，人民出版社1974年版，第94页。
④ （德）马克思：《资本论》第1卷，人民出版社1974年版，第11页。

由此，我们可以概括出马克思的生产力概念：生产力就是人类创造物质财富，征服和改造自然的能力。它由以下内容组成：人是具体从事生产活动的生产者；包括生产工具在内的生产资料；科学技术的发展水平和运用范围；社会劳动的组织状况；自然界的开发利用程度。也就是说，生产力其实是一个多种要素相互渗透共同作用的系统，是一种"相互作用"，不能理解为组成部分的简单相加。一方面，科学技术对生产力的作用就蕴涵于生产者、生产工具等要素之中，另一方面，科学技术自身即是相对独立的生产力要素。

在马克思生活的时代，科学技术的发展水平还比较低，尚未成为促进生产力发展的主要推动力。尽管马克思对科学技术的发展方向和社会作用做了准确的预测，但受当时社会历史条件的限制，他尚未直接提出"科学技术是第一生产力"的命题，这一任务是由哈贝马斯完成的。

哈贝马斯指出，到19世纪末，在晚期资本主义社会中"技术的科学化"倾向日趋显现，这也成为晚期资本主义的重要特征之一。其实，在早期资本主义阶段，生产者通过利用新的技术进步来提高劳动效率的社会动力一直存在，但是早期资本主义的科学发展水平有限，技术创新能力相应不强，只能依靠零散的、小规模的发明和创造来提高技术水平，这些低层次的发明与创造当然也在社会生产中取得了一定的效果，但对社会劳动生产率的提升是有限的，况且这些发明创造大多还处于自发组织的阶段。

但到19世纪末期，随着现代科学的巨大进步，技术的发展大大提升了资本主义社会的生产率。原来缓慢、自发状态的技术创新发生了前所未有的变化。这时，国家投资的大型研究项目日益增加、跨国企业投入巨资进行新技术的研发。科学、技术及其应用结合成了一个有机动态的体系。它们互为依托，彼此促进，极大释放了科学中蕴含的技术潜力，使科学技术成为生产力中独立的、最重要的决定因素。因此，"技术和科学成了第一位的生产力"①。

在哈贝马斯看来，晚期资本主义时期的生产力性质和作用也发生了极大的变化。主要体现在三个方面，科学技术的发展水平决定了生产力的发展程度，生产力的进步不再取决于生产关系的变革；生产力也不再是对生产关系的合法性进行批判的基础了，反之，与科技进步联系在一起的生产力变成了政治

---

① （德）哈贝马斯：《理论与实践》，郭官义、李黎译，译林出版社1999年版，第368页。

统治合法化的基础;生产力已不再被理解为社会发展和人类解放的内在动力。哈贝马斯认为,"虽然生产力从一开始就是社会发展的动力……但它似乎并不像马克思所认为的那样,在一切情况下都是解放的潜力,并且都能引起解放运动。从生产力的不断提高依赖于科技进步以来,生产力再也不是解放的潜力,再也不能引起解放运动了。"①

哈贝马斯指出,在晚期资本主义阶段,国家运用行政权力强化了对市场经济的规划、引导和管理,对市场经济过程实施持续的调节,从而使生产关系不再阻碍生产力的进步,反而使生产力保持着向前持续发展的可能性。哈贝马斯认为晚期资本主义阶段的生产方式不仅具有生命力,而且还具有两种优势:一是生产力能够在它所构建的经济运行机制内得到连续的发展;二是它所构建的经济运行机制的合法性能使政治统治系统与不断发展的生产力的要求相适应。② 哈贝马斯指出,晚期资本主义社会的生产关系不但是"合理的",而且也是"技术上必要的组织形式"。这里可以看出技术与科学已经发挥了意识形态的作用。

二、作为"意识形态"的技术与科学

"意识形态"(ideology)原本是启蒙运动中的一个重要概念。最早提出这一概念的是法国学者德·特拉西,是指用来解释观念的学说和关于人的心灵、意识和认识的全部科学。它是当时法国启蒙运动中批判宗教、反对君主专制、追求自由民主的精神武器。马克思说,"意识在任何时候都只能是被意识到了的存在,而人们的存在就是他们的现实生活过程。"③马克思在《德意志意识形态》中指出,德国意识形态即以黑格尔哲学为代表的唯心主义哲学都是虚假意识。它们均以主观幻想和错误的方式反映了现实,混淆了现实与观念,存在和思维的关系,其功能是为统治阶级的统治的合法性提供辩护。马克思的这种观点后来流传甚广。

20世纪以后,西方理论家对意识形态的概念出现了多元化理解,"意识形

---

① (德)哈贝马斯:《作为意识形态的技术与科学》,郭官义、李黎译,译林出版社1999年版,第59页。

② (德)哈贝马斯:《作为意识形态的技术与科学》,郭官义、李黎译,译林出版社1999年版,第55页。

③ (德)马克思、恩格斯:《德意志意识形态》,人民出版社2003年版,第34页。

态"也逐渐成为一个相对中性的概念。意识形态批判是西方马克思主义理论家关注的理论方向之一。20 年代，卢卡奇、葛兰西等人就提出争取意识形态的领导权是革命胜利的重要步骤。50 年代开始，法兰克福学派的早期的霍克海默、阿多诺等人就对资本主义社会的意识形态进行了否定性的坚决批判。随后，西方学界展开了一场"意识形态是否终结"的大讨论，当时西方主要理论家普遍认为，19 世纪传统的意识形态已经逐渐走向消亡，也就是说通过社会运动而创造理想社会的梦想已经被无情的现实击碎。随着科学技术的进步，人类物质生活大大丰富，无产阶级丧失固有的革命性，以阶级对立为特征的传统意识形态无法生存。而当时理论家们争论的焦点在于：科学技术是不是意识形态？换句话说，在科技力量主导的晚期资本主义社会中，意识形态具有怎样的表现形式？对这一问题的回答大致分为三类。结构马克思主义的代表阿尔都塞认为，意识形态与科学是彻底对立的。他在《保卫马克思》一书中指出，意识形态是一种虚假的表象，是主体的主观愿望，科学的宗旨在于追求客观真理，是主体对客观真实的认识[1]，二者完全不同。卡尔·曼海姆认为，意识形态可以分为"意识形态的特殊观念"和"意识形态的总体观念"。前者指主体特殊意识形态的产生与主体拥有的特殊的利益相关，后者指意识形态是一个关于现实的试图改变社会生活方式的包罗万象的体系。[2]

第三种回答是哈贝马斯提出的，他指出科学技术就是一种隐形的意识形态。他认为，当科学技术成为晚期资本主义社会的合法化基础时，科学技术自身就成为一种意识形态。[3] 哈贝马斯就是从意识形态的关系角度剖析晚期资本主义社会的病症的。

早在《理论与实践》一书中，哈贝马斯就开始对意识形态问题进行思考。他认为，意识形态属于社会建制中上层建筑的部分。哈贝马斯指出，因为马克思将意识形态理解为一个独立于社会实践的范畴，所以那些"脱离了一切主

---

① （德）阿尔都塞：《保卫马克思》，陈璋津译，台湾远流出版事业股份有限公司 1995 年版，第 73 页。

② （德）卡尔·曼海姆：《意识形态与乌托邦》，黎鸣、李书崇译，商务印书馆 2000 年版，第 66—69 页。

③ （德）哈贝马斯：《作为"意识形态"的技术与科学》，李黎、郭官义译，译林出版社 1999 年版，第 61 页。

观要素,进而与兴趣、才能和爱好相脱离,以及用独立的假象巩固下来的意识称之为意识形态"①。社会实践的独立是意识独立的前提。但这种情况到资本主义时期发生了变化:科学技术推动着社会生产力的发展,资本积累使资本家占有了剩余价值,这种社会现实促使个人变成了社会经济范畴的一部分,也就使整个社会的意识形态陷入了对社会物质生活的依赖,只能反映社会客观存在的、物化实践的种种现实,成为商品拜物教和资本拜物教。资本主义的大工业生产过程制造了意识形态的客观假象,这种假象又保证了商品拜物教的运行。

哈贝马斯断言,只有理论与实践相统一,才能揭开意识形态的虚假面具。这种统一意味着主体在进行社会行动的同时能清醒地意识到自己在做什么,而在社会实践被异化的情况下主体并不清楚自己在做什么,即使明白自己在做什么,却由于社会建制的存在不能按照自己的意愿自由选择。1968 年他在《作为意识形态的技术与科学》一书中,详细论证作为"意识形态"的技术与科学的观点:在哈贝马斯看来,马克斯·韦伯的"合理化"其实是社会结构一个漫长的变化过程,它和弗洛伊德的"合理化"概念相同,其主要意义在于,运用技术的无可置疑的力量维持落后的政治统治。因为科学技术本身的合理性就蕴含着一种控制的合理性,也就是政治统治的合理性。哈贝马斯指出,正是胡塞尔通过欧洲科学的危机的论述、海德格尔对西方形而上学瓦解的论述以及马尔库塞的《单向度的人》的科学批判,逐步确立了现代科学技术的合理性是历史发展的结果的观点。②

在哈贝马斯那里,科学技术的合理化就是体现在目的理性活动中的合理性,这种合理化正逐步扩张为生活方式,成为社会生活世界的"历史的总体性"。哈贝马斯认为马克斯·韦伯和马尔库塞对合理化过程的描述都是不令人信服的。③ 哈贝马斯希望运用"劳动"和"相互作用"的坐标系来说明自己对这一过程的理解。"劳动"就是目的理性活动或者合理的选择,"相互作用"就是

① (德)哈贝马斯:《理论与实践》,郭官义、李黎译,译林出版社 1999 年版,第 46 页。
② (德)哈贝马斯:《作为意识形态的技术与科学》,李黎、郭官义译,译林出版社 1999 年版,第 38 页。
③ (德)哈贝马斯:《作为意识形态的技术与科学》,李黎、郭官义译,译林出版社 1999 年版,第 58 页。

以符号为媒介的交往活动,这是两种不同的行为类型。① 资本主义是由一种生产方式决定的,这种生产方式一面要求了政治统治的合法性,另一面也解决了统治的合法性问题。② 资本主义提供的统治的合法性是从科学技术推动的社会劳动中获得的,资本主义的市场关系确保交换关系公平合理,同时这种资本主义的意识形态把交往活动也变成了资本主义社会合法性的基础③。哈贝马斯认为,资本主义统治正是利用这种"自下而上"的社会劳动获得了新的合法化:

一方面,这种新的合法性来源于对生活世界的传统解释的反思,它被要求具有科学性;另一方面,它保持着使表象下的权力不受质疑、不被民众意识到的合法性功能。我们可以这样理解:因为意识形态就代表着现代科学技术,它也就取代了传统的政治统治的合法性,并且从意识形态批判中获得了存在的合法地位。④ 从本源上讲意识形态与意识形态批判没有区别,从这种意义上说,根本没有什么前资产阶级的"意识形态"。现代科学技术具有一种独特的功能,现代的经验分析科学自从伽利略以来是按照同一种方法论发展起来的,这种方法论本身就体现了技术支配的可能性立场。

从 19 世纪末开始,在发达的资本主义国家在发展中呈现出两个特点:国家运用行政力量干预社会的活动大幅度增加了,这种前所未有的干预活动确实保证了资本主义制度的平稳运行;科学与技术之间的相互依存、相互促进日更为明显。⑤ 晚期资本主义发展的这两个崭新特点打破了制度框架和目的理性活动的子系统的旧格局,而在资本主义的自由发展阶段这种原有的格局曾经促进过资本主义的发展。于是哈贝马斯断言马克思针对自由资本主义阶段提出的原本正确的政治经济学批判不适用了。他认为马尔库塞的观点(科学

---

① (德)哈贝马斯:《作为意识形态的技术与科学》,李黎、郭官义译,译林出版社 1999 年版,第 49 页。
② (德)哈贝马斯:《作为意识形态的技术与科学》,李黎、郭官义译,译林出版社 1999 年版,第 54 页。
③ (德)哈贝马斯:《作为意识形态的技术与科学》,李黎、郭官义译,译林出版社 1999 年版,第 63 页。
④ (德)哈贝马斯:《作为意识形态的技术与科学》,李黎、郭官义译,译林出版社 1999 年版,第 57 页。
⑤ (德)哈贝马斯:《作为意识形态的技术与科学》,李黎、郭官义译,译林出版社 1999 年版,第 58 页。

技术具有政治统治的合法性功能)为分析理解变化了的格局提供了启示。①

哈贝马斯指出,科学技术的发展使自身变成了一种"独立"的剩余价值来源,与这种"独立"的剩余价值来源相对照,马克思在政治经济学批判中获得的剩余价值来源,即直接的生产者的劳动力,在生产力中的作用大大降低了②。

由此,哈贝马斯认为"科学和技术的相对独立的进步,在生产力诸要素中表现为独立的变量;而且在影响生产力的各个系统中是最重要的变量,资本主义社会经济的增长,实际上取决于科学和技术的这种独立的进步。"③这就产生了一种观点:社会的发展好像由科技进步的逻辑来决定。科技进步的内在逻辑,好像成了事物发展的必然性,而遵循社会需要的政治统治,自然也就遵守这种所谓的必然规律。这显然是一种"技术统治论"的命题,许多理论家曾从科学技术的角度做过多元化的描述。技术统治论的命题作为隐形意识形态,甚至能够渗透到非政治化的居民的意识之中,进而发展资本主义社会的合法性力量。④ 这种意识形态的独特作用使社会的自我理解与交往活动的体系,以及同以符号为中介的相互作用的概念发生分离,而且,最后被科学的模式取而代之⑤。与此同时,在主体目的理性活动和对应的行为范畴下,人的自我物化也取代了人对生活世界进行的文化上原有的自我理解。⑥ 技术统治的要求作为意识形态具有两方面功能:一方面,它为履行技术使命的、排斥实践问题的政治统治服务。另一方面,它可以潜移默化地影响制度框架的健康发展。⑦ 哈贝马斯认为晚期资本主义社会已经是一个失去实践规范的社会形

---

① (德)哈贝马斯:《作为意识形态的技术与科学》,李黎、郭官义译,译林出版社1999年版,第62页。

② (德)哈贝马斯:《作为意识形态的技术与科学》,李黎、郭官义译,译林出版社1999年版,第63页。

③ (德)哈贝马斯:《作为意识形态的技术与科学》,李黎、郭官义译,译林出版社1999年版,第63页。

④ (德)哈贝马斯:《作为意识形态的技术与科学》,李黎、郭官义译,译林出版社1999年版,第63页。

⑤ (德)哈贝马斯:《作为意识形态的技术与科学》,李黎、郭官义译,译林出版社1999年版,第63页。

⑥ (德)哈贝马斯:《作为意识形态的技术与科学》,李黎、郭官义译,译林出版社1999年版,第63页。

⑦ (德)哈贝马斯:《作为意识形态的技术与科学》,李黎、郭官义译,译林出版社1999年版,第64页。

态,它被外在的技术手段操纵的社会。① 虽然直接的暴力压迫消失了,但以虚假的刺激实施间接控制的情况却显著增加了,表面上看,晚期资本主义社会给予主体的自由增多了,例如选举权利的获得、消费选择的自由、自由支配的闲余时间的增加等。但劳动(目的理性的活动)与相互作用之间的差异也就在主体的科学意识和自身的意识中消失了。哈贝马斯指出,技术统治论的意识形态所具有的作用就在于它掩盖了这种必要的差异。

在晚期资本主义社会,在传统社会和自由资本主义社会出现过的制度化的阶级对立变得不那么重要。而特权集团和弱势集团之间交往变得更加重要,二者之间的交往关系处于非正常、畸形的状况,科学技术作为意识形态遮盖着的社会不合理状况不会受到质疑。② 国家掌控的科学技术成为"第一位的生产力",科技进步本身已经成了统治的合法化基础。与以往社会相比,这种新的合法化方式,显然已经丧失了旧意识形态的基本特征:一方面,作为意识形态的技术与科学同以前的其他意识形态相比较,意识形态性较少,因为它不再具有看不见的迷惑人的力量,并且那种迷惑人的力量只能使人得到的虚假的利益。另一方面,今天占主导地位的、以科学为偶像的隐形意识形态,人们更加难以抵御,范围也更为广泛,因为它不仅掩盖实践问题,而且为统治阶级统治利益辩护,压制民众合理的解放需求,同时它也有损于人类要求解放的利益。③

哈贝马斯进一步指出,技术与科学作为意识形态因为摆脱了旧的意识形态的特征,它很难成为主体反思的对象。但毫无疑问,不管是这种新的意识形态形式,还是旧的意识形态,本质上都是用来阻止人们反思资本主义社会存在的基本问题的。④ 在自由资本主义时期,国家暴力机器直接为资产阶级和无产阶级之间不平等的关系保驾护航。而在今天作为意识形态的技术与科学承担了维护资本主义社会制度的任务。新旧两种意识形态的可以做两个方

---

① (德)哈贝马斯:《作为意识形态的技术与科学》,李黎、郭官义译,译林出版社 1999 年版,第 65 页。

② (德)哈贝马斯:《作为意识形态的技术与科学》,李黎、郭官义译,译林出版社 1999 年版,第 66 页。

③ (德)哈贝马斯:《作为意识形态的技术与科学》,李黎、郭官义译,译林出版社 1999 年版,第 69 页。

④ (德)哈贝马斯:《作为意识形态的技术与科学》,李黎、郭官义译,译林出版社 1999 年版,第 70 页。

面的区分①：第一，由于资本主义制度需要民众的忠诚确保其合法性，它就只能放弃原有的阶级的压迫形式。技术与科学作为意识形态也放弃了旧意识形态的集体压制。第二，对个人需求的"补偿纲领"是建立民众对资本主义制度的忠诚度的基础。新旧意识形态的区别在于：新的意识形态把辩护的标准与相互作用分离；也就是说，将辩护的标准非政治化，取而代之的是把辩护的标准与目的理性活动的功能密切联系。因此，"科学的物化模式变成了社会文化的生活世界，并且通过自我理解赢得了客观的力量。技术统治意识的意识形态核心是实践和技术的差别的消失。"②这意味着技术和科学作为意识形态使"技术的兴趣"掩盖了"实践的兴趣"。

哈贝马斯认为，科学技术进步的制度化与社会的不断合理化相联系。现代经验科学及其技术迅速渗透到社会的各种制度之中，并使这些制度发生了显著的改变，这就使晚期资本主义社会原有的合法性削弱了，科学技术成为一种区别于旧意识形态的新型意识形态。

三、科学化的政治和公共领域

在哈贝马斯那里，政治和公共领域的科学化倾向是经验分析科学的又一实践后果，它直接影响着今后资本主义乃至世界的发展方向。哈贝马斯并没有对这种倾向的利弊做出结论，而是分析了这种倾向产生的根源以及如何引导这种倾向合理发展。

哈贝马斯在学术生涯的早期就开始关注"政治和公共领域"的问题。在《公共领域的结构转型》一书中，哈贝马斯将社会作为一个整体进行研究，主要是要对自由资本主义社会的公共领域的结构和功能的形成和转换进行了系统分析。他论证了资本主义社会公共领域与个人领域的两极分化及其相互渗透的趋势，有力揭露资本主义社会存在的矛盾，力求寻找诸多社会问题的解决办法。在《作为意识形态的技术与科学》一书中，哈贝马斯又讨论了晚期资本主义社会政治科学化的倾向。他认为恰恰是科学技术的成就掩盖了那些决定主体生活行为的实践取向。

---

① （德）哈贝马斯：《作为意识形态的技术与科学》，李黎、郭官义译，译林出版社 1999 年版，第 71 页。

② （德）哈贝马斯：《作为意识形态的技术与科学》，郭官义、李黎译，译林出版社 1999 年版，第 71 页。

哈贝马斯相信,虽然政治的完全科学化时至今日还没有变成客观现实,但这样一种发展趋势已经表露无遗。为了证实这一判断,哈贝马斯列举了晚期资本主义社会的一些现象来说明。①

由国家投资的科学研究的领域和国家机关进行科学商谈的规模迅速扩大,是政治科学化发展的标志。"二战"结束后,当代国家的行政官员、军人和政治家大都严格按照科学专家的建议来履行自己的社会职责。因此这使现代国家进入了马克斯·韦伯所理解的"合理化"的阶段。马克斯·韦伯认为,现代国家官僚化统治的过程就是一个合理化过程。② 这当然不能说是科学家攫取了国家的行政权力,不过,国家权力行使的确依据了新的技术进步和科学战略的客观规律性。马克斯·韦伯主张,技术专家的职能和政治家的职能应严格区分。准确地说,政治活动应该是在不同的价值法则和信仰力量之间做出合理决断。但由于科学专家的专业知识能够使行政行为更合理,政治决策往往依赖于科学原则。这样虽然达到手段选择的合理性,却与价值目标选择和实践的需要背道而驰。某种意义上说,政治家成了科学专家决策的执行者。正是这些科学专家,提供了可以利用的技术和资源以及最佳战略和控制手段的必然规律性。在科学技术先进的资本主义国家中,政治家的决策实质上被科学专家的决断架空。科学专家提出的建议就转化成了对行政决策的科学分析和技术选择。哈贝马斯指出,这种技术统治论的模式是有严重问题的,一方面,这一模式首先假定了技术进步具有强制性,而技术进步却把这种虚幻的独立性与自发推动技术进步的社会利益相联系。另一方面,这种模式无法全部解决技术问题和实践问题相联系的致命缺陷。③

有鉴于此,哈贝马斯探讨了第二种模式——决定论的模式。赫尔曼·律伯把资本主义合理化的新阶段理解为决定论的模式。他认为,科学专家们在政治决策的优势地位是由于他们拥有专业知识,虽然科学专家一再强

---

① (德)哈贝马斯:《作为意识形态的技术与科学》,李黎、郭官义译,译林出版社1999年版,第76页。

② (德)哈贝马斯:《作为意识形态的技术与科学》,李黎、郭官义译,译林出版社1999年版,第98页。

③ (德)哈贝马斯:《作为意识形态的技术与科学》,李黎、郭官义译,译林出版社1999年版,第99页。

调他们按照客观规律提供建议,但实质上做出的仍然是政治决断。① 这明显吸收了马克斯·韦伯和卡尔·施密特的技术知识与政治统治权力的对立的观点。当然,这种模式对依据科学技术信息做出决断的实践来说的确具有"描述性价值"②。哈贝马斯以美国的政治实践为例说明了这一批判。在美国,人们进行的这种实践活动就遵循"技术统治论"的规则。但这并不意味着我们就不需要对此深入反思。因为客观事实经常被决断所代替,所以决定论的模式对于它本身的理论目的来说并不充分。从人类整体利益中派生而来的价值同用来满足价值目标需要的技术之间,具有一种相互依存的联系。倘若价值目标失去了与满足它的导向的技术需求的联系,那么它将成为丧失生命力的意识形态。与之相反,新的价值系统总是能够随着新技术在变动的整体利益中形成。杜威认为,技术决断与政治实践之间的联系需要接受一种实用主义的检验:利用不断增加和改进的技术,不但需要无条件接受价值导向的限制,而且应使传统的价值接受一种实用主义的验证。③ 因此价值观念只有与可运用的和能够得到的技术相联系时,并且可以加以控制时,才能允许它的存在。

在第三种模式——实用主义的模式中,科学家的职能和政治家的职能之间的严格区分被一种批判性的关系取代了。这种批判性关系的替换,不但使依靠意识形态进行的政治统治失去了以往的合法性基础,而且使其整体上接受以科学为指导的对话,进而使资本主义的政治统治发生了本质性的变化。④ 在这种模式中,一方面,科学家不必如技术统治论者那样服从于必然规律,并取代政治家行使实质的行政权力。另一方面,政治家也不必如原先那样在合理化的实践领域之外,为自己保留着一个特权领域。换句话说,科学家和政治家之间进行相互交往是可能的和必要的,"科学家们向做出决断的行政当局

---

① (德)哈贝马斯:《作为意识形态的技术与科学》,李黎、郭官义译,译林出版社 1999 年版,第 100 页。

② (德)哈贝马斯:《作为意识形态的技术与科学》,李黎、郭官义译,译林出版社 1999 年版,第 101 页。

③ (德)哈贝马斯:《作为意识形态的技术与科学》,李黎、郭官义译,译林出版社 1999 年版,第 102 页。

④ (德)哈贝马斯:《作为意识形态的技术与科学》,李黎、郭官义译,译林出版社 1999 年版,第 102 页。

提供建议,反过来,政治家们按照实际需要给科学家们交付任务"①。在这种情况下,从社会利益的要求中产生的新技术和科学战略的发展,将被价值系统所控制;反映在价值系统中的社会利益将通过达成社会利益的技术可能性和科学手段进行控制。因此,社会利益的一部分被认可的同时,另一部分被否定,也就是说,这些社会利益要么得到充分体现,要么失去其应有的地位和对社会实践的合理诉求。哈贝马斯认为,我们可以把晚期资本主义时期科学技术知识和政治统治的关系分为以上三种模式。而只有实用主义的模式与民主进程必然相关。② 如果科学专家和政治领导人之间的权力划分依据决定论的模式,那么,领导集团的合法性必然会支配民众行使政治职能的公众社会。因为分配具有决断权的政治职务是公民投票表决的目标,而非任职后决断本身的方针和路线,结果民主选举过程并没有导致公众的交往讨论,而是成为装点资本主义民主制度的外衣。根据决定论的论述,决断本身应该避开公众讨论。这种理论把民主的政治决断的形成过程操作成为对民主程序任命的政治人物的公开赞扬。资本主义以这种方式得到合法化,但政治统治本身无法获得合理化。③

科学化的政治的"技术统治论"模式为上层建筑辩护。当政治领导人遵循事物发展的客观时,行使政治职能的公民社会可以使行政人员获得合法地位,并判断领导人的专业能力,在相同素质的情况下,无论哪一个领导集团来执政,原则上并不重要。④ 如此一来,社会的技术统治论的行政管理使民主陷入失去对象的尴尬之中。

按照实用主义的模式,如果要把技术成就和科学战略有效地转化为实践,那么就必须依靠政治的公共领域为媒介。⑤ 这是因为科学专家与政治决策

---

① （德）哈贝马斯:《作为意识形态的技术与科学》,李黎、郭官义译,译林出版社1999年版,第102页。

② （德）哈贝马斯:《作为意识形态的技术与科学》,李黎、郭官义译,译林出版社1999年版,第103页。

③ （德）哈贝马斯:《作为意识形态的技术与科学》,李黎、郭官义译,译林出版社1999年版,第103页。

④ （德）哈贝马斯:《作为意识形态的技术与科学》,李黎、郭官义译,译林出版社1999年版,第104页。

⑤ （德）哈贝马斯:《作为意识形态的技术与科学》,李黎、郭官义译,译林出版社1999年版,第105页。

机关之间的有效交往,其出发点必须是生活世界的社会利益和价值取向。资本主义国家行政决策机关的利益需要和价值导向实际上决定着技术进步的方向,反之,它又以实际需求得到满足的科学技术的可能性来权衡和评价这些利益和价值导向。这是一种只有从解释学上方能解释的前理解、它在共同生活的市民的商谈中体现的意识。所以在实用主义的模式中所界定的、导致政治实践科学化的交往的形成依靠在政治实践科学化之前进行的交往。对政治的科学发展来说,科学与社会舆论的关系是基础性的。杜威强调,科学专家和资本主义国家之间的相互指导和启发可能出现于资本主义社会公共领域的交往之中。哈贝马斯认为这种实用主义的态度其实导致了理论与实践的分离。而马克斯·韦伯认为,对社会实践的价值导向和利益需要的评价和衡量,科学的态度应该是中立的。这种科学中立主义显然是针对一种错误立场:科学专家拥有的技术知识和被操控的民众之间有密切的联系,也是针对科学信息源于被扭曲的公共领域的状况。哈贝马斯认为,马克斯·韦伯"科学中立主义"的解释值得赞赏。哈贝马斯指出,执行政治决策的官员与科学机构中负责科学专业的科学家之间的交往,既是把社会实践问题转化为科学问题的标志,也是把科学信息转化为实践问题的典范。[1] 如在许多大型的军事科研项目中,军事部门训练有素的联络官员首先向研究机构下达一种模糊的、大致的军事技术要求,然后二者经过沟通明确问题并达成对问题的一致解释,接着在组织科学研究过程中一致保持高密度的信息交流,最后完成科研任务并得到军事部门认可,这种交流才告中断。这种两方的交往,伴随整个实践问题和技术问题相互转化过程之中。实际上,进行政治决策行动的社会集团的利益的满足,取决于是否掌握相应的技术。因此相当多的政府研究项目并非依据实践中产生的问题制订的,而可能是根据科学家向政治家们提出来的建议做出决定。当然,能否掌握某些技术是可以根据当时科学研究水平来预测。也只有如此才有可能讨论科学技术同实践需求的联系。如今大量为政府服务的科学咨询机构的巨大影响力再次证明了科学发展转化为政治实践的趋势。"这是控制技术进步

---

① (德)哈贝马斯:《作为意识形态的技术与科学》,李黎、郭官义译,译林出版社 1999 年版,第 106 页。

和社会生活世界之间自发的联系的尝试。"①这说明,技术进步的方向主要由优势社会集团的社会利益决定;对技术进步的方向,公众并没有展开反思。科学技术的力量就潜移默化地侵入了社会的生活方式之中。

哈贝马斯论证了科学专家与政治家之间保持对话的必要条件②:一方面,应从传统状况和社会的整体利益出发;另一方面,又必须立足于科学技术和工业生产的现有水平。科学家与政治家之间的对话当然会使政治家们把握社会技术能力的既有水平,修正他们原本仅考虑利益的态度,同时使他们能够实事求是地判断局势,确定科学技术的未来发展方向。这样的对话永远不会中断。因此,政治家只有充分理解社会的技术能力,使我们实践的需要遵循现实的社会状况时,我们才能确定发展技术能力的未来目标。哈贝马斯认为,科学和实践之间的相互转化过程,和公众舆论密切相关。依据理性的交往标准,以科学为工具的政治决策,必然产生于成功沟通的公民本身的认识。哈贝马斯断言:"一个科学化的社会,作为成熟的社会,似乎只有随着科学和技术通过人的头脑而与生活实践相沟通时才能建成。"③

正如法国著名社会学家布迪厄所言,"社会科学只有在拒绝沦为社会的合法化或社会控制工具的要求时才能构建独立的自身。社会科学家只能通过自己研究的逻辑来确定自身的地位,可能他们会为此痛心,但除此以外,他们无法采用其他的逻辑,也不能接受他人委托的工作或赋予的使命"④。因为这些所谓的"其他"责任,有可能会损害社会科学的科学性或自主性。而只有依靠这种自主性,社会科学才能利用各种精确客观的手段,从而获得自身的重要地位和潜力。

---

① (德)哈贝马斯:《作为意识形态的技术与科学》,郭官义、李黎译,译林出版社1999年版,第108页。

② (德)哈贝马斯:《作为意识形态的技术与科学》,郭官义、李黎译,译林出版社1999年版,第115页。

③ (德)哈贝马斯:《作为意识形态的技术与科学》,郭官义、李黎译,译林出版社1999年版,第115页。

④ P.Bourdieu, *In Other Words: Essays Toward a Reflexive Sociology*, Cambridge: Po lity Press, 1990, pp.27-28.

第三章 实践的兴趣:历史—解释的科学

在哈贝马斯看来,科学只不过是一种知识类型,其目的只是为了满足人类利益的一个方面。哈贝马斯假设了三种囊括人类所有理性领域的基本知识类型:经验—分析的科学(自然科学),即旨在理解物质世界规律的科学;历史—解释的科学(精神科学),即致力于理解历史意义的科学;批判的社会科学,即致力于揭示人类遭受压抑和统治的条件的科学。①

哈贝马斯提出的"历史—解释学的科学"的概念首先是建立在经验分析的基础之上的,但却不能简单地还原为经验分析的科学;它是建立在批判的意义上的,但却不是传统的形而上学;它是立足于实践之上,但却以人的解放为目的。而这种科学则是在一种不同于经验分析科学的方法论框架中获致其知识的。对于历史解释的科学而言,研究命题有效性的意义不是依据技术控制的参考框架而确定的,它对事实的了解不是通过观察而是通过对意义的理解来达到的。哈贝马斯提出,在理解意义的过程中,解释者首先就要具有一种让具体的"精神生活事实"能够清晰呈现出来的主观意愿。但是这种解释的目的不是为了获得与这种兴趣毫无关联的"客观"知识,而是为了在解释的过程中让将来的论断满足实践的兴趣。哈贝马斯认为,在理解过程中,往往有一种"预理解";当根据文化传统所留存下来的"世界"以及解释者个体的"世界"对解释者来说都成为清楚明了的事实的时候,解释者方能掌握以"文本"作为中介的传统世界中所蕴含的"意义"就这一意义来说,理解其实就是在两个"世界"之间展开一种成功的交往,一种彼此间的沟通。对解释本身的结构来说,对于一种意义的理解,总是包含一种使活动着的主体间达成一致的可能条

---

① (德)哈贝马斯:《理论与实践》,李黎、郭官义译,译林出版社 1999 年版,第 267 页。

件;而这种决定着理解方向的、目的在于达成主体间意见的一致性的可能条件,就是我们所说的"实践的兴趣";而以这种认知兴趣为基础构成的知识体系,就是历史—解释的科学。这种历史—解释的科学所关心的并不是普遍自然规律的概括,也不是着力于增加技术性控制的效果。

通过反思社会科学知识的三种思路(实证主义、实用主义、历史主义),哈贝马斯分析了晚期资本主义时期科学的危机概念以及社会科学的意义理解问题,阐述了自己对于历史解释的科学的理解。

第一节　历史解释科学的不同思路

哈贝马斯认为在历史解释的科学发展历史上具有三种不同的思路,即实证主义、实用主义和历史主义,这三种思路各有利弊,均为社会科学的发展做出了自己的贡献。

一、实证主义的批判

针对波普尔的逻辑实证主义,哈贝马斯论证了他对社会科学以及社会科学研究的理解,批判了实证主义的唯科学主义倾向,并从认识和兴趣的关系角度,进一步抨击了它的缺陷。哈贝马斯认为,唯科学主义的倾向否认哲学反思的价值。同时,他关注到解释学的研究路向,以批判解释学把旨在理解的解释学方法和旨在说明的实证方法相结合。所以实证主义批判成了哈贝马斯"批判性社会科学"的方法论与认识论的基础,构建"批判性科学"的重要一环。

实证主义可谓当代西方社会科学研究的主流,它主张社会知识的客观性必须建立在价值中立之上,而且坚持两个基本假设:一是由于自然科学具有纯客观并能获得经验论证的特征,它的研究模式理应是社会研究的范本。社会科学要不断发展,就必须使用在自然科学中大获成功的方法;二是客观世界独立于人的存在之外,理论的真伪决定于该理论能否与外部世界相契合,这就是符合真理论。实证主义产生以来,这种研究模式就逐渐渗入社会学、经济学、人类学、心理学等社会科学研究之中。人们为了解释认识的意义,提出了"认识何以可能"的问题。而实证主义者认为,由于现代经验分析科学的发展,这个问题变得毫无意义。实证主义的成功有赖于唯科学主义原则的确立:自然科学成果决定认识的意义,所以可以用方法论的分析,充分地解释认识的意义。

在哈贝马斯看来,实证主义是以知识学代替了认识论,标志着认识论的终结。① 实证主义对科学的唯科学主义的理解与科学本身显然不同,并且实证主义将科学对科学本身的信仰绝对化了,因此实证主义具有阻碍科学研究不受认识论的自我反思影响的作用。实证主义用知识学代替认识论,也导致认识的主体不再具有在认识中的中心地位。② 实证主义的知识学却对认识的主体的问题视而不见,而仅仅关注科学本身,或者说仅仅关注理论赖以建立和检验的各种科学知识上。这样,因为主体的活动被降格为按经验进行的人的活动;主体的活动相对于认识的过程失去了意义。哈贝马斯反对依照自然科学的模式规范社会科学研究的做法。自然科学知识源于控制自然的认识兴趣,倘若它越出自然领域而运用于社会时便会歪曲我们对客体的理解,科学理论也就歪曲了社会本身。社会科学一定要保证其客体范畴的适当性。社会自身就是处于一定历史的生活背景之中的,它无法由那些能够重复的经验分析科学的命题来阐释,所以社会科学无法接受经验科学的规范。只有关注个别现象对总体的依存性,关注客体的历史背景的意义,关注实践问题的价值,才能纠正把理论与历史、科学和实践相分割的社会科学研究的实证主义错误。

哈贝马斯认为,实证主义的社会科学研究立场无视自然科学和社会科学研究原本存在的方法论区分。"曾经一度由新康德主义所激起并热烈讨论,关于自然科学和社会科学研究途径的方法论差异,现已被遗忘;这个造成方法论差异的问题似乎不再和当代有所牵连。科学意识使得各种科学方法论途径之间,基本和持续的差异变得模糊不清,流行于科学家之间实证主义式的自我理解,采取单一科学的论点;从实证主义的立场,科学的二元论过去一直被认为是科学探究逻辑的基础,现在已退缩为不同发展层次之间的差异而已,同时由单一科学纲领的策略已经变得无可争论的成功,这些因果规律性的科学,它们的主要目标是籍形成假设,验证假设,以便产生控制经验规则的定律,这种探究的途径,已经从自然科学的领域,扩展到心理学、经济学、社会学和政治学

---

① (德)哈贝马斯:《理论与实践》,李黎、郭官义译,译林出版社1999年版,第66页。
② (德)哈贝马斯:《理论与实践》,李黎、郭官义译,译林出版社1999年版,第67页。

等学科。"①

自律性和自足性是社会科学研究的重要特征,如果为自然科学的研究模式所替代,表现的仅仅是实证主义的客观性,这种客观性根植于社会研究应在价值中立的基础上依据自然科学的模式理解客观的社会的信念之上,"价值中立只有经由描述的(descriptive)和规范的(normative)陈述的逻辑分离才能获得保障"②。实证主义固守事实和决定、描述性知识与规范性知识的二元论,在这种二元论要求之下,价值判断失去了理论陈述的合法性,描述性语言的陈述无法转换为规范性语言,"是"和"应该"被严格区分。这种二元论导致在科学研究逻辑中认知与评价相分离,在方法论上,就是用经验科学的分析模式统摄自然与社会发展过程。这种二元论彻底把社会生活的实践问题逐出科学的殿堂。哈贝马斯引证维特根斯坦的著名论断来说明实证主义式的分裂是有问题的:"我们可能会发现,甚至于当所有科学问题都有了答案,生活问题还根本未触及。"③在哈贝马斯眼中,倘若科学认识不涉及社会实践的意义,规范内容与生活背景脱离,将假设与预测构建在论证和经验的意义上必然是毫无意义的。因此,实证主义坚持的价值中立已经使自身脱离了科学发展的根基。即使科学研究者可以做到价值中立,但其本身也就是一种价值标准,因为实证主义在坚持价值中立的时候,其实已经将价值作为一个能够在知识中存在或不存在的绝对物,它其实就是实证主义的价值体系的组成部分,何况价值中立根本无法回答社会生活实践对它的指责。哈贝马斯相信,只要人们理解了认识与兴趣的关系,实证主义的客观科学的假相可以被辨别和根除。哈贝马斯赞成胡塞尔的立场:"客观主义不会被一种新的理论的力量所破坏,而只能被客观主义所掩盖的那种东西的说明所破坏,即被认识和兴趣的联系的说明所破坏。"④哈贝马斯认为,认识就是一种兴趣,兴趣不但先于认识,而且指导认识,同时兴趣也只有依赖于认识的力量才能得以实现。"在人类科学结

①　(德)哈贝马斯:《论社会科学的逻辑》,杜奉贤、陈龙森译,结构群文化公司1991年版,第1页。

②　(德)哈贝马斯:《论社会科学的逻辑》,杜奉贤、陈龙森译,结构群文化公司1991年版,第18页。

③　Eodor W.Adorno,Karl R.Popper.etc,*The Positivist Dispute in German Sociology*,Heimarm Educational Books Ltd.1976,p.199.

④　(德)哈贝马斯:《哈贝马斯精粹》,曹卫东选译,南京大学出版社2004年版,第229页。

构中,它是根深蒂固的——它怀疑束缚着我们的毫无必要的关系,并衷心渴望解脱掉——这种价值取向深深地内建于人类生活的繁衍中,所以我不同意把它仅仅看成是一种主观态度。"①实证主义认为认识摆脱了兴趣的干扰,但这不过是一种假象,"这种假象用合乎规律的结构化的事实的自在现象蒙蔽科学,掩盖这些事实的构造,从而使人们无法意识到认识和生活世界的利益是相互交织在一起的"。②

在哈贝马斯看来,实证主义建构了科学主义的方法论,阻碍了主体用合理的方式去探究人的行为,根本原因在于实证主义不承认哲学反思的意义,因此哈贝马斯立场鲜明地指出:"为了确保全面的理性,戳穿实证主义的幻相,我应该相信反思的力量。"③反思需要两个维度:一种是对知识何以可能的条件的反思。在《认识与兴趣》中,哈贝马斯从探讨认识批判的危机的角度阐明了这一点,在他看来,哲学的核心问题始终如一,即如何获得可靠的知识。在康德提出了先验逻辑问题后,认识论问题才真正地展现出来。康德提出的要求看起来很简单,就是认知主体在获取真正的知识之前,需要明确可能认识的条件,只有依据判断的有效性这一可靠标准,才能真正验证知识的真实性。倘若这种批判本身就是认识,那么人们在认识以前如何可能用批判的态度探究认识能力呢? 在黑格尔那里,认识的真正起点不是一个抽象的自我,而是认识形成过程的现象学的观察点。然而黑格尔仅仅是在绝对精神的同一性哲学的前提下提出了认识的自我反思,却没有坚持进行这种反思,而是把认识批判自身相对化。最后,黑格尔获得了思辨科学的概念,进而导致了抛弃形而上学、回归科学理论的实证主义立场。

在运用黑格尔的反思经验对实证主义进行批判的同时,哈贝马斯已经开始关注解释学理论。哈贝马斯认为,狄尔泰开创的解释学对科学作了彻底的反思,却没能实现克服实证主义的目的,原因在于他没有把自己方法论理解为科学的自我反思,这种反思即是一种把主体从潜藏的压制中解放出来的批判

---

① (德)哈贝马斯:《现代性地平线——哈贝马斯访谈录》,李安译,上海人民出版社1997年版,第90页。

② (德)哈贝马斯:《哈贝马斯精粹》,曹卫东选译,南京大学出版社2004年版,第217页。

③ Theodor W.Adomo,Karl R.Popper.etc,*The Positivist Dispute in German Sociology*,Heimann Educational Books Ltd,1976,p.199.

性反思。在哈贝马斯那里,实证主义就是预设了一种在技术上能够利用的知识的生产中可以预测和控制的兴趣,并断言一切称得上科学的知识都是这一类型的知识。其错误在于把"技术兴趣"当作唯一认识的兴趣,忽视了其他兴趣对"技术兴趣"的约束。"技术兴趣"是人们希望通过技术占有或操纵外部世界的兴趣,这种兴趣的意旨是将人类从自然界的压制中解放出来。此外,还有"实践的兴趣"与"解放的兴趣"。实践的兴趣就是维系主体间的互相理解以及保证人的统一性的兴趣,它指导精神科学的发展,解释人类的历史。解放的兴趣就是主体对自由、独立和主体性的兴趣,其意向就是将主体从依附于对象化的力量中解放出来,它包括在以批判为导向的科学之中,即心理分析、意识形态批判以及一些反思性的哲学之中。解放的兴趣目的在于实现反思本身,在自我反思之中,人们才可能做出独立清醒的判断,理性本身就是遵照解放的兴趣。所有批判性的科学都是在解放兴趣的基础上建构起来的,技术兴趣与实践兴趣必须与理性反思的解放兴趣相联系,才能不受科学主义的影响,可是这一点并未得到实证主义的认可。①

二、实用主义的批判

第一代法兰克福学派的理论家(以霍克海默为代表)严厉地批评了美国实用主义哲学,而以哈贝马斯为代表的第二代法兰克福学派学者则对美国实用主义哲学抱有浓厚的兴趣。哈贝马斯科学观就深受美国实用主义思想家,特别是皮尔士、米德(Mead)和杜威(Deway)的影响。

作为美国本土哲学的实用主义哲学,始创于19世纪70年代,皮尔士是它的开创者。他受到实证科学方法的启发,创立了以行为的"实际的差别"确定概念的意义,用"实验的方法"作为建立信念的根本方法;这样就将至高无上的上帝和笛卡尔的"自我"概念弃之不理,而以生活、经验、效果作为思考问题的出发点。詹姆斯深受皮尔士的影响,他将理论的生活意义视为至高无上。真理走下了被人顶礼膜拜的神坛,它只我们行动的指南;也没有永恒的真理,仅有具体的现实的真理。② 詹姆斯将皮尔士的"实用主义准则"升华为一种价值,一种哲学路向。在皮尔士那里,行动仅是明确概念意义的一种方式,而在

---

① (德)哈贝马斯:《认识与兴趣》,郭官义、李黎译,译林出版社1999年版,第87页。
② 陈亚军:《实用主义:从皮尔士到普特南》,湖南教育出版社1999年版,第2页。

詹姆斯那里,它成为整个认识方向的基础。杜威是古典实用主义的集大成者,他将古典实用主义的思想发展到极致,追寻哲学的源起,探究哲学的性质,并因此批判传统哲学的空泛。依据达尔文的进化论,杜威将人置于与环境交互作用的背景中,将知识视为人适应环境、改善环境的工具,与詹姆斯相比,杜威非常关注社会环境对人的行为的影响,深入研究了认识的具体方法与结构。①

哈贝马斯对实用主义的批判集中于皮尔士和杜威两位理论家。在批判实证主义的基础上,美国的皮尔士也看到了这种唯科学主义观点的理论价值:科学的进步使我们有可能把科学作为典范的认识来思考,而且,科学进步本身就是科学的典范,自然科学认识的进步获得了人们一致的公认的事实也说明了现代经验分析科学的优越性②。然而皮尔士的观点不同于实证主义,他认为方法论不能仅仅解释科学理论的逻辑结构,还需要解释程序的逻辑,运用程序,我们才能获得有效的科学理论。皮尔士强调,现代科学的成就不在于它产生了事实的客观陈述,而在于科学依赖科学方法获得的自由的和持久的共识。

在皮尔士看来,那些通过充分思考而提出的问题,只要遵循可靠的科学方法进行充分的研究,就会获得解决。科学陈述包括两个方面,科学方法的彼此联系一方面确保了个别描述的可修改性;另一方面保证了最终解决所提出的科学问题的可能性。他从现代科学的进步这个公认的事实出发,用演绎的方法,把这个目前没有重大争议的事实归纳为原则。他指出,随着科学研究过程的规范化,主体之间取得广泛共识的一些观点便被牢固地确定下来,因为这些观点没有强制地、长期地得到了主体的一致认同。③ 这些取得共识的观点就是我们所称的"科学知识"。如果科学研究的过程没有结束,我们就不能区分这些观点中的正确陈述和错误陈述。因为我们确信科学认识的进步这一事实,所以可以得出这样的结论:科学的客观对象的范围,随着科学研究的持续发展而不断扩大;将来的科学研究过程总体上是可以预测的;在这种预测中,所有能实现预期目的的观点一定是对客观现实的正确陈述。皮尔士从科学进步的经验事实推及人类的学习过程,他认为,这个集体的、有目的的学习过程在研究阶段上使用了科学方法,这些科学的方法能够确保研究性的学习获取

---

① 陈亚军:《实用主义:从皮尔士到普特南》,湖南教育出版社 1999 年版,第 4 页。

② (德)哈贝马斯:《认识与兴趣》,郭官义、李黎译,译林出版社 1999 年版,第 88 页。

③ (德)哈贝马斯:《认识与兴趣》,郭官义、李黎译,译林出版社 1999 年版,第 90 页。

规律化的进步成果。哈贝马斯赞赏皮尔士站在科学理论与社会实践相统一的角度理解科学问题,哈贝马斯指出,皮尔士对科学的方法论的研究采取了逻辑研究的形式,也没有将自己限定于符号关系的分析,摒弃了康德认识论的维度,皮尔士科学研究的逻辑似乎介于形式逻辑与先验逻辑之间。皮尔士科学研究的逻辑说明了真理的方法论意义,它说明的是能够使人获得客观现实的正确陈述的规则,科学研究的逻辑和先验的逻辑一样,都与涉及认识的结构相关,不过,作为一个严密的科学研究过程,这样的逻辑联系是在充分掌握经验事实的条件下起作用的。① 因此我们不应该将科学作为既得的知识,而应该把它作为发现主体的生活真理的过程。在哈贝马斯看来,皮尔士科学研究逻辑的实在概念有别于康德的先验的自然概念、孔德的实证主义的事实概念。准确地说,皮尔士的科学研究逻辑的实在概念依赖于一个科学研究过程,这一研究过程以提出充分考虑的问题开始,而且依靠科学的方法使人们遵循一种可靠的研究过程,以获取明确的观点。哈贝马斯认为,皮尔士不但反对经验主义思维,而且反对理性主义。皮尔士相信感性感知的自明性会用最终给定的事物来蒙蔽主体;同样,绝对真理的确定性也会用最终获得论证的事物来欺骗我们。如果主体具备以直觉理解一些客观存在物的能力,我们就必须以直接的可靠性区分直觉与论证性的知识。在皮尔士看来,科学研究过程不但应该遵守科学方法论的规则,而且这一研究过程不是靠主观想象来实施,而是被经验事实推动的。② 毋庸置疑,所有的科学认识都依赖推论,因此主体的思维活动无法超越中介的限制。

皮尔士指出,主体是按照客观实在的规律性推动科学研究过程向前发展,并形成对客观事实正确的理解,这样客观实在的规律性也就得到了说明。客观实在的规律性就成了补充科学研究过程的一个概念。就客观实在这一概念来说,客观现实的规律性在一个时期内,意味着存在于客观现实和主体对客观实在的理解之间的存在一定的分歧。皮尔士试图从语言逻辑上论证二者之间存在分歧的状况,并认为语言具有两种不同的功能:语言的表述功能与符号功能。③ 但是,哈贝马斯认为皮尔士的方式并不能成功地解决分歧。

---

① (德)哈贝马斯:《认识与兴趣》,郭官义、李黎译,译林出版社 1999 年版,第 93 页。

② Justus Buchler, *Charles Peirce's Empiricism*, p.100.

③ (德)哈贝马斯:《认识与兴趣》,郭官义、李黎译,译林出版社 1999 年版,第 101 页。

哈贝马斯相信,"客观实在"这一概念原本仅作为科学研究过程的有关概念被提出的,科学研究过程确保了主体不断积累真实有效的科学描述。由此,哈贝马斯认为,皮尔士的科学实在论实质上是科学方法论问题的本体论化。①皮尔士把普遍和特殊的关系问题作为传统以外的问题,并非科学逻辑的本体论的问题,而是与科学方法论的真理概念相关联的科学研究逻辑的问题。在自然科学不断取得认识进步的鼓励下,皮尔士提出"真理"的定义,"普遍的命题,甚至,并且首先可能是真的;在科学研究过程完成之前,关于单个观点的明确有效性的论证可能是不可靠的;随着科学的不断进步,诸种观点虽然客观上在积累,但是这些观点的有效性,直到科学研究过程结束,总体说来不再会被修改。"②科学迅速发展的社会现实使皮尔士在论证整个科学研究过程的未来结果中确立普遍的命题的真值,而且也使他意识到,在科学研究过程完成前主体实际上也能获取越来越多的真的陈述。也许在这些真正的陈述的真实性上还残存着主观的不可靠性。倘若确实如此,我们原本就可能够依据有限的特殊事实推导一种普遍有效的事实。从科学研究逻辑的角度考虑,这种综合的推论当然是可能的,因为这实质上就是科学方法论的必然要求。虽然皮尔士从科学方法论的真理概念中推导出客观实在的概念,但他被迫把普遍性的存在与描述普遍性的普遍陈述相联系。哈贝马斯指出,皮尔士实质上是用语言逻辑规定的客观实在概念来替代科学研究逻辑的基础。皮尔士据此得出结论:客观现实是依靠普遍陈述的语法形式条件形成的。③

皮尔士从真理的方法论概念推导出概念和客观事物的同一性,而且他将这种同一性理解为对科学进步的说明。在哈贝马斯看来,他将科学方法论本体论化的做法有些操之过急,论证过程也十分接近黑格尔的唯心主义。④ 现实在科学研究过程中被客观化,主体可以依据个别情况推论出普遍事实,也就是依赖有限的特殊事实来推导出普遍的命题的有效性。那么,在先验论的影响下,皮尔士以普通实在论的语言逻辑讨论事实普遍性的存在的做法是无意义的。恰恰相反,我们是按照科学研究过程所设计的方法论框架来明确可能

---

① (德)哈贝马斯:《认识与兴趣》,郭官义、李黎译,译林出版社1999年版,第127页。
② (德)哈贝马斯:《认识与兴趣》,郭官义、李黎译,译林出版社1999年版,第107页。
③ (德)哈贝马斯:《认识与兴趣》,郭官义、李黎译,译林出版社1999年版,第128页。
④ (德)哈贝马斯:《认识与兴趣》,郭官义、李黎译,译林出版社1999年版,第129页。

的经验对象的。因此,科学现实往往是在普遍和特殊的特定情况中为主体所认识的;这种情况能够在科学方法的推论中得到解释,科学研究的进步从逻辑上讲取决于科学推论的程序。

哈贝马斯进而认为,主体间的所有交往都不能理解为个人隶属于抽象的一般,更不是个人对达成共识的、所有人可理解的独白的原则(即自然科学原则)的无条件屈从。所有对话都应该是在主体间相互承认之上进行的;主体在社会中互相认同,而又保持其非同一性特征。哈贝马斯相信,个体自我的概念,包含着仅靠工具活动的理解无法想象的由一般到特殊的交往关系。根据技术支配的先验观点,科学进步是依靠科学研究者之间的交往取得的。科学共同体的反思恰恰是与实用主义的科学理解相反,这种科学研究者视角的反思提醒我们,科学研究过程的主体一定是在主体间性的基础上形成的,而主体间性本身显然已经超出了工具活动的解释范围[①]。科学研究者之间的正常交往,需要一种被符号为中介的"相互作用"的框架限定的认识,这种认识是获得有效的科学知识的前提。

三、历史主义的批判

哈贝马斯对"精神科学的自我反思,是通过对狄尔泰的批判而阐发的"[②]。狄尔泰认为,真正科学的哲学(并非强调实证主义特点的"科学哲学")应该对社会科学的地位、方法与概念以特别的关注,让它们成为自己的思考对象,从而建立关于"人的知识"的科学,也就是"精神科学"的哲学。"精神科学"的概念是指包括社会科学和人文科学在内的、几乎所有与人的知识有关的学科,具体说来,它们包括经济学、政治学、社会学、人类学、历史学、心理学、法理学、文学,甚至哲学。[③]

实证主义依据经典物理学的科学逻辑模式,将科学研究与全部认识画等号。虽然主体间性必须以严格的经验科学作为前提,但是却不能使用严格的经验科学的方法进行分析。我们不禁要问这样一个问题:精神科学的研究,难

---

① (德)哈贝马斯:《认识与兴趣》,郭官义、李黎译,译林出版社1999年版,第131页。

② (美)托马斯·麦卡锡:《哈贝马斯的批判理论》,王江涛译,华东师大出版社2010年版,第87页。

③ 霍桂恒:《〈精神科学引论〉第一卷总序》,童奇志、王海鸥译,中国城市出版社2002年版,第7页。

道只能使用自然科学的方法论进行研究,而且只能用技术的认识兴趣来指导?

19世纪50年代,德国历史学派逐渐形成了精神科学的研究准则。沃尔夫、洪堡、尼布尔石、艾希霍恩、萨维克尼、波普、斯赖希马赫和格里姆等人参与了研究,他们一致认为,在自然科学之外,还有一些把人类生活作为共同研究对象的科学知识(如历史、国民经济学、法学和政治学、宗教学、文学和诗歌的研究、室内艺术和音乐的研究、哲学的世界观和体系的研究等),这些科学知识都和人类紧密相关。因此这类科学知识就形成了与自然科学区分的可能性。

哈贝马斯认为,人的科学和自然科学对待"理解"的态度有明显区别。前者将理解视为自己的研究领域,后者只是把理解作为前提。科学研究者之间和研究团队之中,一般是以日常语言所表达的前知识为基础实现协调合作的。①

虽然"从很大程度上说,有关自然界提供的和得到自然科学探索的各种条件的知识,可以为研究各种精神事实提供基础。"②但是,狄尔泰明确指出,自然科学和精神科学是两种"不同的行为方式",他从客体化本身来理解自然科学的"行为方式"同精神科学的"行为方式"之间的区别的,即是说,如果我们可以利用具有普遍规律的自然的观点来描述自然,那就必须排斥经历着自然,而不研究自然规律的主体。③ 在狄尔泰看来,主体在精神科学中是不受经验限定的,这是精神科学的重要特征。自然被客体化的深浅程度,与主体认识自然能力的高低是成正比的,客观事实总是从内向外被主体的经验所认识。自然科学和精神科学之所以在经验和理论方面存在明显差异,是因为主体在认识过程中具有不同的地位。如果我们希望那些来自规律性的经验原则获得诠释,我们就要将科学方法论与自然联系起来,而这必须依靠假设才能解决认识问题,这一过程是依据概念完成的,概念是辅助性的假设,这些概念是主体的思维为了获取科学认识创造的。④ 狄尔泰断言,自然对主体而言是一种异

---

① (德)哈贝马斯:《认识与兴趣》,郭官义、李黎译,译林出版社1999年版,第150页。

② (德)威廉·狄尔泰:《精神科学引论》,童奇志、王海鸥译,中国城市出版社2002年版,第31页。

③ (德)威廉·狄尔泰:《精神科学引论》,童奇志、王海鸥译,中国城市出版社2002年版,第33页。

④ (德)威廉·狄尔泰:《精神科学引论》,童奇志、王海鸥译,中国城市出版社2002年版,第36页。

己的力量,相对于认识事物的主体而言是超验的,主体可以利用概念来想象
自然。

　　狄尔泰指出,数学的和力学的假设其实就是通过假设把经验现象概括为
按照给定的科学规律进行的运动的方法。狄尔泰认为,像经典物理学这样系
统的、对象化的经验分析科学,本身必须依靠事先确定的科学方法才能形成。
但是,在精神科学中,理论与事实是分离的。概念和理论并非是事实的再现,
而是模仿性的假设。在自然科学中,科学认识以理论或种种规律的描述而宣
告完成。也就是说,科学理论或规律的描述接受经验的检验;而在精神科学
中,科学理论和陈述却是作为表现主体对自己经历的一种理解。[①] 因为主体
依赖自身积累的前理解,利用角色互换理解了他者的生活。这样一来,狄尔泰
就得出结论:自然科学的研究方法,以理论假设和能够重复的实验检验为特
征;精神科学却以"角色互换"为特征,就是将主体的经历运用于对他者的理
解。[②] 因此,狄尔泰就区分了自然科学和精神科学的不同。自然科学将事实
作为自身的研究对象,并且这些事实是从外界作为现象和给定的东西出现在
主体的意识之中;与之相反,在精神科学中,这些事实是以内部作为主体的一
部分生活联系本身出现的。狄尔泰相信,在自然科学中,自然的联系必然是通
过科学的推论和假设的联系事先确定的;在精神科学中,主体精神生活的联
系,是主体间理解的基础。[③] 我们使用自然科学解释自然,通过精神科学理解
人类的精神生活。对于精神科学来说,主体经历的联系是至关重要的,其次才
是联系过程的各个环节的区分(这种区别是以方法的重大差别为条件);我们
依赖联系与方法研究精神生活,研究历史与社会,我们对自然界的认识也是依
靠方法取得的。

　　狄尔泰将主体历史生活解释为精神生活的具体化。这是一种获取价值和
意义的精神的具体化,人们可以理解和分析这种具体化的过程。当然,有效的

---

　　① (德)威廉·狄尔泰:《精神科学引论》,童奇志、王海鸥译,中国城市出版社 2002 年版,
第 235 页。

　　② (德)威廉·狄尔泰:《精神科学引论》,童奇志、王海鸥译,中国城市出版社 2002 年版,
第 239 页。

　　③ (德)威廉·狄尔泰:《精神科学引论》,童奇志、王海鸥译,中国城市出版社 2002 年版,
第 53 页。

符号联系必须利用主体经历的再假设来解释。

在哈贝马斯眼中，与皮尔士的科学研究逻辑相比，狄尔泰对自然科学的逻辑分析的陈述并不清晰，并且从方法论来看他们理论的相似点颇多。所以，哈贝马斯认为狄尔泰的研究与实用主义并不矛盾。另外，狄尔泰的精神科学的逻辑是他的重要论题，其核心是经历、具体化和理解的相互关系。狄尔泰认为，"经历"的概念，是其精神科学理论的核心范畴。人类作为科学观测的对象与因果分析的认识的对象，一直是自然科学的客观对象的组成部分。但人类从来就不是一个单纯的物质存在，必然是精神科学的客体之一。自然科学的研究对象不是人类，而只是人的历史的与社会的生活赖以存在的客观世界。狄尔泰坚信可以在陈述和分析心理学框架内解释科学逻辑，他通过体验他者心灵生活状况的模式，使理解他者的生活成为可能。因此，主体原来的经历或者他者的经历能够再现于主体本身的经历之中。正是在这种替代经历的理解中产生了一种精神科学的解释学的单子论的观点。哈贝马斯指出，狄尔泰自己也没有完全摆脱这种单子论的观点。如果想要达到对经典作品的相同理解，就必须再现该作品被创造的原初经过，那么这种相同的理解必然不能完全被理解为以本身经历替代他者的经历。① 理解就不能解释为一种心理状况，而是一种新的作品的出现。因此符号联系是解释者理解的直接目标。

在哈贝马斯看来，狄尔泰利用从形而上学借鉴而来的模式，替代了简单的移情说，它是精神科学中经历、表达和理解的方法论的基石：精神的意义就在于，精神在具体化过程中获得外化，同时又可以由生活的反思中回到自身。人类的历史就是与这种精神一体化的过程。社会化了的主体的生活存在体现于经历、表达和理解的相互关系中；经历、表达和理解的关系也就形成了精神科学的研究方法。总而言之，主体是运用理解的过程，从生活内部来说明生活本身的。仅仅当主体把自己所经历的生活放到自身的和他者的生活的表达方式之中时，我们才能真正理解自己和他人。狄尔泰断言，经历、表达和理解的联系是精神科学特有的研究方法，正是借助这种特有的研究方法，人类才能成为人类。② 哈贝马斯也赞成这一观点。

---

① （德）哈贝马斯：《认识与兴趣》，郭官义、李黎译，译林出版社1999年版，第174页。

② （德）威廉·狄尔泰：《精神科学引论》，童奇志、王海鸥译，中国城市出版社2002年版，第358页。

狄尔泰根据以上分析为精神科学划定了研究领域。"一种科学，只有当它的对象通过植根于生活、表达和理解的联系的行为，并为我们所了解时，它才属于精神科学。"①通过借用维科论证的科学模式，狄尔泰形成了自己精神科学的逻辑的核心论述：作为认识的主体也参与其认识对象的生产，"历史的普遍有效的综合判断"是可信的。② 狄尔泰也就此确立了一种理解历史的生活过程的模式，即综合的先验判断明确的是主体的具体化过程和对自己的生活不断反思的精神模式。

哈贝马斯指出，在19世纪后期实证主义处于优势的情况下，不管狄尔泰借鉴意识哲学的思维模式，还是期望从现象学角度进行分析，都无法为精神科学的模式提供有力的论证，这种情形与皮尔士不可能从本体论藏身到普通实在论中一样。③ 哈贝马斯强调，狄尔泰和皮尔士一味模仿传统解释学模式，这使他们的理论陷入了客观主义的误区，也使他们无法对科学研究逻辑展开进一步反思④。只有兼顾方法论的反思，才能把停留在实证主义水平的科学认识向前推进。哈贝马斯断言："创造生活经验的个人，从某种意义上说，是他自身形成过程的结果。因此，最初作为精神科学分析的坐标框架的个人的生活史，本身可以被理解为相互交叉的结构联系和社会系统的功能"⑤。

哈贝马斯认为，皮尔士和狄尔泰分别推进了自然科学和精神科学的自我反思，并促使指导认识的技术和实践的兴趣成为可能。皮尔士发展了以自然科学方法作为科学研究的逻辑、狄尔泰则发展了以精神科学的方法论作为科学研究的逻辑。皮尔士和狄尔泰都认为应该从客观存在的生活联系的角度理解科学研究过程。科学研究的逻辑也就再次回到了原本被实证主义的科学观抛弃的认识论维度。然而，不管是皮尔士的经验分析科学的论证模式，还是狄尔泰解释学所解释的循环的理解活动，从形式逻辑的角度看，都经不起推敲，就算经验分析归纳和理解均是"可能的"，但也无法从逻辑上来表达。⑥

---

① （德）哈贝马斯：《认识与兴趣》，郭官义、李黎译，译林出版社1999年版，第143页。
② （德）威廉·狄尔泰：《精神科学引论》，童奇志、王海鸥译，中国城市出版社2002年版，第35页。
③ （德）哈贝马斯：《认识与兴趣》，郭官义、李黎译，译林出版社1999年版，第174页。
④ （德）哈贝马斯：《认识与兴趣》，郭官义、李黎译，译林出版社1999年版，第176页。
⑤ （德）哈贝马斯：《认识与兴趣》，郭官义、李黎译，译林出版社1999年版，第149页。
⑥ （德）哈贝马斯：《认识与兴趣》，郭官义、李黎译，译林出版社1999年版，第177页。

第二节　历史解释学的"危机"概念

　　对于哈贝马斯来说,他的全部理论就是为了揭示晚期资本主义社会的存在的问题,追求真理与正义,实现人的无压制的政治解放。但当他在"批判的社会科学"中运用"晚期资本主义"一词时,其实包含着一种理论前提,即资本主义发展到国家干预的资本主义阶段时,资本主义社会内部发展出现了大量的矛盾或危机。哈贝马斯把危机概念同客观存在的事实相联系,这种客观上存在的事实使主体丧失了原本具备的控制力。这种主体陷入丧失控制力的状况就是一个陷入危机的过程。在哈贝马斯看来,"把一个过程理解成危机,就是不明确地赋予这个过程以一种标准的含义:危机的解除,能使被束缚的主体获得解放"。①

　　在 19 世纪马克思首次提出了"系统危机"概念。哈贝马斯认为,20 世纪30 年代的经济危机就是马克思这种"系统危机"概念的解释对象。由于资本主义社会能以相对连续的方式提升科学技术的生产力,马克思就将经济危机理解为酝酿着危机的经济增长模式,"危机的第一种形式是商品形态变化本身,即买和卖的分离。危机的第二种形式是货币作为支付手段的职能,这里货币在两个不同的、彼此分开的时刻执行两种不同的职能。"②

　　哈贝马斯也试图在自己的理论中引进一种社会科学的"危机"概念。他设想这种危机概念是根据系统理论规定的。按照卢曼的系统理论,危机可以表达为,在社会系统内容纳的矛盾与问题超出了该系统能自我解决的界限时,危机就产生了,也就是说,危机是系统自我调节的失败。③

　　哈贝马斯极其关注"危机"这一概念在历史解释学中的应用。社会系统是在非常复杂的条件下维持运转的。社会系统在运行中具有较大的张力,当

---

　　①　(德)哈贝马斯:《重建历史唯物主义》,郭官义译,社会科学文献出版社 2000 年版,第297 页。

　　②　《马克思恩格斯全集》第 26 卷,人民出版社 1979 年版,第 582 页。

　　③　Luhmann,Niklas,*Soziale Systeme.Grundriss einer allgemeinen Theorie*.Frankfurt a.M.:Suhrkamp,1984.

系统内部出现问题后,系统通过改变系统因素或主体的理想来调节本身的平衡,使之保持在一个新的控制水平。然而,依据先验的科学概念,危机是相对于主体而言的,当一个社会的大多数成员直接感受到社会构造急剧变化危及他们的生存和社会共识时,他们会认为危机出现了。一个社会的危机就是社会相关制度的崩溃,而传统的断裂是社会系统瓦解的一个标志。从这个意义上说,一个社会的后代在系统的传统结构中不能明确自己的身份归属,社会就失去了同一性。不过,哈贝马斯意识到这种危机概念具有唯心主义的缺陷,一方面,传统的断裂并非一个明确的标准;另一方面,社会成员的危机意识往往并不等同于社会系统的危机。因为危机意识形态与切实的社会危机应该区别对待。哈贝马斯认为,危机过程的客观性为我们区分二者的不同提供了依据,社会系统内部无法自我解决的问题导致了危机的出现。危机与系统问题密切关联,也许主体并没有觉察到系统内部问题的出现,但这些问题的积累产生了一系列的后果,影响了主体的意识,并导致社会系统调节出现失败的可能性。关键在于这些系统内积累的问题何时会爆发。

哈贝马斯指出,一个准确的历史解释学的危机概念,理论上可以规定社会调节与系统调节的联系。社会调节指主体在制度体系下的社会化过程,这里的社会系统指符号化的生活世界;系统调节指系统的自我调节能力,这里的社会系统指适应复杂多变的环境保持现有控制水平的能力。对哈贝马斯而言,"生活世界"和"系统"是两个重要的范式,关键在于怎样把二者结合起来。对生活世界来说,我们关注社会的价值与制度,我们运用社会调节的能力理解我们生存的状态,而这时规范系统的结构无疑是重要的;而对于系统而言,我们关注的是控制能力。我们利用系统调节功能使主体适应社会并实现自己的人生目标。倘若我们将社会系统理解为生活世界,显然控制就会被忽视;倘若我们将社会理解为系统,就会忽略主体理想化的生活要求。哈贝马斯认为,系统论总是从每个社会系统的控制中心来规定其他社会系统的。所以,系统论认为在目前已经发生变化的社会中,作为控制中心的政治系统,享有比社会文化系统和经济系统更高的地位。

哈贝马斯认为,社会系统具有三个基本特点,劳动和相互交往的过程中,社会系统和其周围环境之间通过有效性的话语进行沟通,即社会生产与人的社会化生产都建立在理性的基础之上;当社会生产力与社会系统调节到一定水平后,社会系统中的理想价值即发生了变化,然而,主体世界观发展的逻辑规定了理想价值的变化范围,系统调节的要求对世界观发展的逻辑不起作用,因此,处于社会化中的主体具有相对的独立性;一个社会制度框架容纳的学习能力的高低决定了社会系统的发展水平,也就是说,决定于科学技术问题与实践问题能否合理区分,交往行为模式的学习过程是否出现。社会系统的周围环境包括三类,外部自然即自然界、与社会相关的其他社会系统、内在自然即主体间的相互联系。① 符号是社会系统与其环境区分的标志。外部自然和内在自然之间的交换过程,对于社会文化再生产的特殊形式具有决定意义。自然界即外部自然是在社会生产的对象化过程中被占有的,而内在自然是主体在社会化过程中被占有的。社会系统为了保持自己的生存必然会逐步加强自身的控制能力,社会系统的扩张有两个方向:一是运用科学技术的力量不断增强对自然界的控制;二是运用制度框架的力量不断加强对社会成员的调节。社会系统借助生产力使外部自然社会化。它们利用现有的科学技术知识发展社会的生产力。哈贝马斯认为,社会系统具有特殊的作用,即利用客观真实的语言表述这个中介扩大对自然界的控制,而且劳动或工具行为遵循技术规则,它们所承载的是经验的观点,这中间就包括真实性要求,也就是通过话语承诺和批判检验的有效性要求。社会系统分别用工具行为和交往行为来面对外部自然和内部自然,维持自身的生存。但是不管是工具行为还是交往行为都必须由语言在主体间发挥转换作用。正是这种语言结构在社会系统内发挥着对外部自然与内部自然的控制与整合,也就是在协调着系统社会化的过程。系统整合能力的增强决定于生产力发展和规范结构的变化。科学知识和技术的历史就是系统面对外部自然理解真理的过程,这是一个累积的过程。经验分析的科学知识对于说明科学与技术进步在历史上的累积的特征是必要的,但并不充分。与之相反,我们必须规划出一整套的规范发展科学与技术。这种规范保证了科学技术的发展进步是不可逆转的,任何对规范的偏离都被视为倒退。同样,主体的精神生活同样要考虑规范结构的因素。因此规范结构的变化与科学技术的历史同样也是不可逆转的过程,与自然科学和技术相同,世界观的内在发展也依据一种模式。

---

① (德)哈贝马斯:《合法化危机》,刘北成、曹卫东译,上海人民出版社 2000 年版,第 18 页。

在历史上，社会系统的理想价值是不断发生改变的。当然，我们必须强调一点，理想价值的改变被世界观结构的发展逻辑所限定，但系统控制的增长无法绝对支配世界观结构的发展逻辑。① 面对系统调节能力的增强的要求，规范结构起到一种自我约束的作用。在系统自我调节的结构中，我们可以这样理解，内在自然一方面是系统环境的一部分，另一方面也是系统本身。主体作为有言语和行为能力的个体，既是鲜活的肉体。又是物质的实体。这仿佛是一个悖论。但倘若我们以生活世界和主体间性为更高的观察视角，从开始就将社会化解释为个体化，这样的悖论就不复存在了。社会也属于一种系统，然而它们的发展方向并非绝对依据系统控制的扩张逻辑，与之相反，社会进化是遵循着生活世界的逻辑运行的，其结构取决于语言产生的主体间性。

在哈贝马斯看来，社会进化就是必须不断学习这样一种能动的机制。因为，从社会文化发展的意义来说，要求我们说明的是学习的现象。应该说，这正是人的理性的体现。我们之所以能从形式上区分各种不同的学习层次，依赖于以下事实：我们是在理论与实践两个层面上学习，学习的过程与有效性要求必须紧密联系，并且有效性要求用话语来体现。非反思性学习，往往产生于以下语境：隐晦提出的具有理论性与实践性的有效性要求被自然地看待为天经地义，完全没有通过话语来表达是否接受的想法；反思性学习，往往产生于以下语境：我们用话语将觉得存在问题或受到质疑的有效性要求一一枚举，运用证明来决断是否拒绝。

哈贝马斯认为，社会组织原则决定了一种社会形态能够容纳的学习能力，包括两个方面，一是理论问题和实践问题能否被合理区分，二是非反思性学习能否向反思性学习顺利发展。② 当社会的组织原则迫使具有根本不可调和的要求与意图的个人和群体在这个系统中不断彼此对立时，我们可以肯定这个社会存在着"基本矛盾"，这正是阶级社会的真实写照。只要社会成员没有注意到不同主体的要求和意图的矛盾是根本对立的，社会冲突就潜藏在系统之中。可是，这种容纳着社会冲突的系统必须有一种意识形态为之辩护，以遮蔽系统对社会成员合理要求的压制。这样，社会参与者之间的正常交往就被完

① （德）哈贝马斯：《合法化危机》，刘北成、曹卫东译，上海人民出版社2000年版，第26页。
② （德）哈贝马斯：《合法化危机》，刘北成、曹卫东译，上海人民出版社2000年版，第27页。

全扭曲,因此,这个社会系统的矛盾就表现为一种矛盾的意识形态,这是一种主体自身理解的意图与他们尚未意识到的基本利益之间的矛盾。如果人们意识到矛盾的根本对立,冲突就会爆发。

哈贝马斯认为,社会阶级之间的对立是需要各种意识形态进行调和的,主体生活在被蒙蔽的意识环境中往往具有客观必然性。在自由资本主义阶段,阶级之间的对抗由主体之间转到了生活世界的基础——经济系统之中。一方面,商品拜物教是一种资本主义社会的意识形态,另一方面,它也是在经济系统中发挥实际控制功能基本原则。资本主义社会的经济危机也就丧失了进行自我反思的可能,陷入一种无法避免的客观必然性之中。哈马克思的政治经济学批判明确揭示了这个问题,马克思价值学说的贡献就在于从资本主义自相矛盾的资本积累理论中推导出阶级理论。哈贝马斯指出,将资本主义的经济运行过程转变为阶级间的社会过程是马克思的创举,但他也认为在晚期资本主义时期马克思以经济分析方法替换历史解释学的理解方法遭遇了困境。晚期资本主义社会的危机能否真正得到彻底的克服是一个需要思考的命题。毕竟资本主义的社会矛盾在国家大规模干预的基础之上已经发生巨大的变化,这个经验事实是我们必须面对和解释的。

第三节　社会科学的意义理解

托马斯·麦卡锡认为,"根据哈贝马斯的认识兴趣理论,我们理解生活现实的视角,源于那些依赖于一定的社会组织之类的兴趣结构中。技术兴趣源于局限于工作中的生活方式的命令,而实践兴趣却基于一种社会文化生活的深层命令,即社会个体的生存是与日常语言交往中能够信任的主体间的理解紧密相关。"[①]也就是说,源于实践兴趣的历史——解释学的科学模式必须关注社会科学的意义理解。

在哈贝马斯看来,社会行为的基本概念与社会行为的理解方法是紧密结

---

① (美)托马斯·麦卡锡:《哈贝马斯的批判理论》,王江涛译,华东师大出版社2010年版,第86页。

合的,行为模式的差异决定了行为者与世界之间联系的截然不同,这些不同的联系,对行为的合理性和解释者对这些行为的合理性解释均有重要意义。① 只要拥有一个相同形式的世界概念,社会行为者就能够据此获取共同的认识,从行为者自身来看,这些认识超出了参与者的范围,而且需要外来的解释者遵循服从。以这种行为概念规定的客观世界概念不但对于行为者自身具有效力,而且对所有行为的解释者有效。一个行为的客观目的理性的确定,并不能表明行为者的行为同时也需要具备主观目的理性,然而,我们却能够客观地评判一个主观目的理性的行为。哈贝马斯指出,如果面对一个行为,行为者和解释者有共同认可的客观评价标准,那么我们就可以说这个行为具有一定的目的合理性②,这是客观世界的基础。

在此基础上,哈贝马斯断言其他两种世界(主观世界和社会世界)关联也有相似的基础,因此"规范调节的行为"和"戏剧行为",都可以获得合理的解释,规范调节的行为建立了一种人际关系,从而与社会世界建立了联系。如果行为者确认始终遵守一个有效的行为规范,那么其行为当然就具备了主观的"正确性";倘若该规范在应用范围内被证实是有效的,行为者的行为同时就具备了客观的正确性。③ 然而依据这种行为模式的要求,行为者必须遵守(或违背)这些自认为有效的规范,认同了规范的有效性要求,行为者其实就是接受了一次客观性评价。这就要求解释者不但对一个行为的规范统一性与一个规范的价值进行检验,并且也要求对该规范本身的正确性进行检验。④ 解释者既可以认同这一要求,也可以拒绝这一要求。

哈贝马斯认为规范调节行为的合理解释基础是将一定规范结构的有效性与社会有效性进行对照。如果从道德实践的方面对行为规范进行评判,这样与目的理性行为规范的效果进行对比,那么会使解释者更加难以说明行为规

---

① (德)哈贝马斯:《交往行为理论》第一卷,曹卫东译,上海人民出版社 2004 年版,第102 页。

② (德)哈贝马斯:《交往行为理论》第一卷,曹卫东译,上海人民出版社 2004 年版,第103 页。

③ (德)哈贝马斯:《交往行为理论》第一卷,曹卫东译,上海人民出版社 2004 年版,第104 页。

④ (德)哈贝马斯:《交往行为理论》第一卷,曹卫东译,上海人民出版社 2004 年版,第103 页。

范的有效性。可是,规范调节的行为和目的行为总体上都能够得到合理的解释。戏剧行为的模式与此类似。在戏剧行为模式中,行为者将自己部分地显现在公众之前,而和其主观世界建立起关联性,并且这一形式的世界概念提供了一个行为者和解释者共同使用的评价基础。① 一方面,解释者能够发现行为中的欺骗或自我欺骗,从而对这个行为进行合理化的解释;另一方面,解释者能够将行为者表达的表面意义和行为者的实际意图加以对比,来揭示戏剧行为中的策略特征。此外,解释者还可以说明,虽然参与者的表述在主观上看来是真诚的,但客观上还是隐藏了自己的实际意图,而由此揭露出主体交往过程的扭曲。②

在社会科学研究中,合理的解释方法始终被质疑。对经济学模式、马克思意识形态批判以及精神分析学的怀疑都说明了这一点。哈贝马斯相信,所有这些怀疑的声音大多是建立在不可靠的经验假设基础之上的。③ 哈贝马斯指出,通过意义的理解而进入社会行为的客观领域时,合理性难题的出现是可以预期的,交往行为一直要求获得合理的解释。策略行为者、规范调节行为者以及戏剧行为者和客观世界、主观世界以及社会世界之间的关系,总体上可以获取客观的评价,不但对行为者是如此,而且对于观察者也是如此。④ 对交往行为而言,主体间的互动本身就决定于,参与行为者彼此之间是否可以在主体间性上对他们与世界的联系共同进行有效的评价。按照交往行为模式,互动如果想变成现实,行为参与者彼此间就需要形成一种共识,并且这一共识又决定了他们对于有效性要求所持的肯定或否定的立场。

在哈贝马斯看来,我们必须区分理解符号表达意义的观察者的解释与以沟通机制来调节其行为的参与者的解释。⑤ 在这里,观察者和直接参与者试

---

① (德)哈贝马斯:《交往行为理论》第一卷,曹卫东译,上海人民出版社 2004 年版,第105 页。

② (德)哈贝马斯:《交往行为理论》第一卷,曹卫东译,上海人民出版社 2004 年版,第105 页。

③ (德)哈贝马斯:《交往行为理论》第一卷,曹卫东译,上海人民出版社 2004 年版,第104 页。

④ (德)哈贝马斯:《交往行为理论》第一卷,曹卫东译,上海人民出版社 2004 年版,第106 页。

⑤ (德)哈贝马斯:《交往行为理论》第一卷,曹卫东译,上海人民出版社 2004 年版,第106 页。

图达到的解释显然并不相同,然而观察者和行为参与者独立做出的解释,它们之间的区分也许只是功能方面,而不在于结构。因此交往行为仅能得到一种相对"合理"的解释。

对于社会科学中的意义理解问题,哈贝马斯主要从科学理论、理解社会学两方面进行了分析。

一、科学理论角度

海德格尔在《存在与时间》中将"理解"视为人类此在的基本特征。伽达默尔在《真理与方法》里指出,"理解"是历史生活的基本特征。

哈贝马斯指出,20世纪初以来的数十年,有关社会科学方法论的研究结论都是相同的:社会科学需要寻求一条理解之路以把握其客观领域。① 由于社会科学只有在理解之中才能发现沟通程序,通过沟通程序,才能先行建构起客观领域。哈贝马斯认为,社会科学客观领域包括所有"生活世界组成部分"。"生活世界组成部分"能够由符号对象进行解释,也就是说,我们要想理解"生活世界"就必须依靠言语和行为两个基本的概念,但这又是两个并不明晰的基本概念。②

然而,对于历史—解释科学来说,因为科学家只运用观察是不可能进入由符号先行建构起来的客观领域的,所以在方法论上他们就无法把意义理解与经验观察等同,这样"理解"问题就具有特别重要的意义。③ 在进入生活世界的途径上,社会科学家和外行之间没有根本的区别。作为社会科学家本身需要在一定意义上属于他们打算描述其组成部分的生活世界,要正确描述生活世界,社会科学家就要理解生活世界;要全面理解生活世界,他们一定要专心地深入到生活世界的创造过程之中。④ 但全身心深入的前提是他自己必须属于生活世界,为了保障意义理解的准确,解释者必须把意义问题和有效性问题

---

① (德)哈贝马斯:《交往行为理论》第一卷,曹卫东译,上海人民出版社2004年版,第107页。

② (德)哈贝马斯:《交往行为理论》第一卷,曹卫东译,上海人民出版社2004年版,第107页。

③ (德)哈贝马斯:《交往行为理论》第一卷,曹卫东译,上海人民出版社2004年版,第108页。

④ (德)哈贝马斯:《交往行为理论》第一卷,曹卫东译,上海人民出版社2004年版,第108页。

联系起来。

理解问题内部潜藏着一种二元论的科学概念。① 历史主义(狄尔泰)和新康德主义(文德尔班和李凯尔特)在解释与理解相冲突的层面上为自然科学和社会科学建构起一种二元论。从理解问题的角度来说,我们无法令人信服地证明社会科学具有特殊的地位。与之相反,吉登斯以充分的证据证明社会科学具有一种特殊的或一种双重的解释学任务。② 在社会科学中出现理解问题,不只是由于数据的描述有理论的独立性,或者科学理论语言具有范式独立性。在科学理论形成过程中,理解问题就出现了,即是说,在获取数据时理解问题就出现了,它并不是在使用科学理论描述数据的时候才出现的,原因在于我们能够以理论概念和衡量行为转换为科学数据的日常经验,实际上本身已经具有了符号结构,但没有被觉察而已。

不过,对于科学理解的客观领域的说明在方法论上是有难度的。从 20 世纪中期开始,一些学者就对社会科学的客观领域进行了卓有成效的探讨,斯克杰夫海姆、伯恩斯坦、温奇都就对社会科学客观主义进行了研究。但哈贝马斯指出,斯克杰夫海姆是揭示出了理解问题中的方法论困境的第一人。③

斯克杰夫海姆重视历史解释的科学与经验分析的科学这两种基本立场的分歧。哈贝马斯指出,社会科学家之所以进入交往过程,就是为了理解交往过程;作为交往的一个参与者,他介入了交往过程,也由此使交往过程发生了改变。④

哈贝马斯认为,斯克杰夫海姆对这个问题也没有做出令人信服的回答,然而他的思考却启示了我们未来的研究方向。

哈贝马斯相信,解释者需要通过一种交往取向的言语行为,并且透彻了解了其有效性的基础之上,才能真正理解一种表达;解释者也应明确,只有在这

---

① (德)哈贝马斯:《交往行为理论》第一卷,曹卫东译,上海人民出版社 2004 年版,第108 页。
② (德)哈贝马斯:《交往行为理论》第一卷,曹卫东译,上海人民出版社 2004 年版,第110 页。
③ (德)哈贝马斯:《交往行为理论》第一卷,曹卫东译,上海人民出版社 2004 年版,第111 页。
④ (德)哈贝马斯:《交往行为理论》第一卷,曹卫东译,上海人民出版社 2004 年版,第114 页。

一前提下同表达联系的有效性要求才有被认同的可能性。① 我们只有明确一个言语行为被接受的原因，才能理解它。然而，解释者可能认识到交往行为的意义，原因在于这些行为是以沟通为取向的行为语境为前提的。解释者要密切注意参与者的行为计划在交往过程中的协调一致性。解释者的解释离不开行为语境，在这些行为语境中，参与者对有问题的描述可以有不同的立场，与此相反，解释者假使不能完全理解使参与者采取相关立场的内在原因，也就不能理解肯定或否定的立场。② 由于共识与异议是以相互提出的有效性要求作为衡量标准的，而不只是外来因素的结果，即是说，共识和异议是以参与者掌握的理由为基础的。而这些理由一般来说大都是潜在的，它们伴随着于整个交往过程之中。可是，倘若解释者参与到有效性要求的评判过程之中，他就一定要采取肯定或否定乃至弃权的立场，才能将理由表达清楚。③

在哈贝马斯看来，解释者必须像韦伯那样"对理由做出合理解释"，才能理解"理由"的内容。假如表达者注意到他暂时不能判断理由是否充足，那么，理由的陈述也必须有一种评价④，因此解释者只有对表达采取明确的立场，才能解释表达，这些表达利用能够批判检验的有效性要求和充足的理由相关联，它也就代表了知识。可是解释者倘若缺乏评价标准，或没有掌握某种评价标准，就不能采取立场。在对有效性要求决定立场过程中，解释者必须使用一定的标准，这些标准如果不是解释者自己建立的，那么他也必须接受其为正确的标准。因此尽管是潜在的参与，解释者也必须承担直接参与者的义务：在解释者理解社会问题时，不管是社会科学的观察者还是社会科学的外行，都必须付出同等的解释努力。

意义理解难题让我们毫无争议的科学认识的客观性陷入困境，尽管解释者不需要自己的行为意图，但也要依赖交往行为的介入，而且必须注意到理解

---

① （德）哈贝马斯：《交往行为理论》第一卷，曹卫东译，上海人民出版社 2004 年版，第118 页。

② （德）哈贝马斯：《交往行为理论》第一卷，曹卫东译，上海人民出版社 2004 年版，第115 页。

③ （德）哈贝马斯：《交往行为理论》第一卷，曹卫东译，上海人民出版社 2004 年版，第115 页。

④ （德）哈贝马斯：《交往行为理论》第一卷，曹卫东译，上海人民出版社 2004 年版，第116 页。

的客观领域中出现的有效性要求。解释者需要以合理的解释来对待行为的内在合理结构。解释者如果希望这种解释完全中立，就一定要将自己定位为一个客观的观察者，然而由客观化的立场出发，解释者完全不可能进入意义的内在关系之中，所以，交往行为的理解和合理解释命题之间，一种基本的关联是一直存在的，这种关联具有重要意义的原因在于交往行为无法由两个层面上进行说明，第一个层面是其实际过程，第二个层面就是一种理想型的过程，不需要行为意图的潜在的参与解释者，假如试图通过表达理解实际交往过程的意义，就一定要以他和直接参与者共同达成的标准为前提，来决断他面对的共识与异议、有效性要求以及充分的理由。① 哈贝马斯认为，由于它是社会科学解释者表达交往行为模式的基础，社会科学解释者一定要满足这样的前提。

哈贝马斯指出，"在社会科学研究中，假如我们确认一个行为属于目的行为，实际上我们也就假设了行为者提出了自己的本体论色彩的前提；行为者确认的是一个可以认识与研究的客观世界，而且，我们在观察行为者的时候，也依据主观世界提出了自己本体论的前提。"② 我们其实区分了"世界"和行为者"认识的世界"的不同，即我们运用语言陈述能够区别行为者"眼中的真"与我们主观"认为的真"。假如行为者面对公众明确表达出自己的意见和意图，那么这些意见和意图必然属于行为者的主观世界。我们可以将"意见"和"意图"作为典型性的表达对待，并且这些表达仅仅能从真诚性的角度进行客观评价，即是说，我们将真实性要求和有效性要求中立化了。③ 这些视角的价值在于，行为者的目的行为是在公众关注下完成的。与之相反，假如我们把行为者的行为视为合理而认真对待，那么我们实际上是对他主观认为的效果加以批判，并且批判的前提既取决于我们具有的知识，也取决于我们对目的理性行为的实际过程和理想过程的对照。④

① （德）哈贝马斯：《交往行为理论》第一卷，曹卫东译，上海人民出版社 2004 年版，第117 页。

② （德）哈贝马斯：《交往行为理论》第一卷，曹卫东译，上海人民出版社 2004 年版，第117 页。

③ （德）哈贝马斯：《交往行为理论》第一卷，曹卫东译，上海人民出版社 2004 年版，第118 页。

④ （德）哈贝马斯：《交往行为理论》第一卷，曹卫东译，上海人民出版社 2004 年版，第119 页。

哈贝马斯这样假设：如果我们将一种行为视为规范调节的行为，在陈述过程中，我们其实就假设了行为者面对的是第二个世界，即社会世界，也就是在这个世界中，行为者能够区分符合规范的行为与偏离规范的行为，同时作为观察者，我们能从行为者主观世界的角度提出了一些本体论的前提，我们能够区别行为者所说的社会世界与其他社会成员所言说的社会世界以及我们所说的社会世界。① 怎样在合理解释与描述解释之间进行选择呢？哈贝马斯认为关键取决于我们对于行为者的行为涉及的规范有效性要求采取的态度（我们是认真对待还是把它歪曲为纯粹的主观要求）。

在哈贝马斯那里，"合理解释"意指行为者与我们之间有一种对称的联系。行为者在规范行为模式中，不能一面是话语的参与者，另一面又用假设的立场对规范的有效性加以怀疑。② 假如我们将一种行为视为戏剧行为，而且给予行为者以相应的世界概念，这种不对称的联系并不会消失。我们作为观察者在进行合理性解释时，应该具有判断力，行为者本人却无法做出这种要求，也就是说，行为者在戏剧行为模式中不能拒绝我们的合理解释。③

目的行为、规范调节行为以及戏剧行为的基本概念明确了行为的解释与解释的行为在方法论上是不同的。④ 按照交往行为模式的前提，行为者与观察者本人都具有充分的解释潜能。行为者不但理解三个世界概念，而且能够以反思运用这三个世界概念。也就是说，交往行为的成功与否，决定于一个解释过程，在这一过程中，在三个世界的相关系统中的参与者对语境进行了共同定义，因此一切共识都建立于主体间对于能够批判验证的有效性要求的共识的基础之上，它的前提是交往行为者可以进行相互批判。然而，如果我们给予行为者这样的能力，我们观察客观领域的特权就不复存在了，面对观察到的互动结果，我们不能在陈述性的解释或合理性的解释之间进行选择。倘若我们

---

① （德）哈贝马斯：《交往行为理论》第一卷，曹卫东译，上海人民出版社 2004 年版，第 117 页。

② （德）哈贝马斯：《交往行为理论》第一卷，曹卫东译，上海人民出版社 2004 年版，第 111 页。

③ （德）哈贝马斯：《交往行为理论》第一卷，曹卫东译，上海人民出版社 2004 年版，第 118 页。

④ （德）哈贝马斯：《交往行为理论》第一卷，曹卫东译，上海人民出版社 2004 年版，第 118 页。

给予行为者判断的能力,而作为表达的解释者,我们自己必须拥有这种判断能力。我们注意到,没有自己的行为意图的我们常常被迫采取主观式的立场,介于到我们希望陈述的沟通过程中①。那么,我们实质上对我们的解释进行了反思。

综上所述,哈贝马斯认为我们能够找到对不同行为类型的合理解释。这意味着必须对行为做出一种陈述,而不需要服从合理的解释,对实际行为过程的陈述,需要一种全面的解释,它的目的是要揭示交往行为概念,而且具有合理解释的特征。②

二、理解社会学角度

韦伯说过:"社会学是一门同社会行动的解释性理解有关,并对社会行动的过程与结果的因果联系说明有关的科学。"③这说明,在韦伯那里,社会学就是一门理解社会行为的科学,人的行为能够被理解,主要是因为人拥有意识。④ 哈贝马斯也曾说:"社会科学家和交往行为的直接参与者一样,都是在理解的结构中活动。"⑤即是说,具有言语与行为能力的主体,必须通过学习来掌握一般意义上的交往结构。而这些交往结构也提供了批判的手段,使人们能够深入到特定的语境之中,并从内在超越语境,以便于在需要的时候以实际达成的共识来改正错误和纠正曲解等。当然,这些理解结构也使沟通过程可以通过反思进行自我控制。社会科学家充分运用了交往行为自身当中潜藏着的批判力,因此作为潜在的参与者的社会科学家立足于日常行为语境,并由这些语境出发,对其特殊性进行批判。哈贝马斯认为,贯彻这种理解社会学的方法论有三条路径。

1. 社会现象学方法

20世纪60年代后期,社会现象学作为一种反自然主义的社会科学理论

---

① (德)哈贝马斯:《交往行为理论》第一卷,曹卫东译,上海人民出版社2004年版,第119页。

② (德)哈贝马斯:《交往行为理论》第一卷,曹卫东译,上海人民出版社2004年版,第119页。

③ 周晓虹:《西方社会学历史与体系》,上海人民出版社2002年版,第353页。

④ (法)雷蒙·阿隆:《社会学主要思潮》,葛志强、胡秉诚等译,华夏出版社2000年版,第337页。

⑤ (德)哈贝马斯:《交往行为理论》第一卷,曹卫东译,上海人民出版社2004年版,第120页。

在美国兴起。20 年代,舒茨首先探讨了利用意义理解介入由符号先行建构的现实领域的意义。舒茨认为,在我们选择采取何种行为理论的基本概念时,一般在方法论上预设了三种规定:第一,我们将客观现实领域当作一个从直接参与者的解释活动中形成的日常世界结构;第二,意义理解是生活世界成员拥有的一种特殊经验,社会科学家必定要运用这种经验。这些经验是社会科学家进行意义理解的基本依据。第三,"理解"概念是社会科学家提出命题的依据,它一定要和所有参与的成员说明自身状况和行为关系应用的前理论概念相互联系。[1]

在舒茨看来,要想使社会科学理论在依赖具体的社会世界概念的同时还能摆脱其特殊性,社会科学的解释者就必须使用一种科学理论立场,使他超越自身和自己的研究对象(即社会的生活世界)。作为生活世界的一员,我们在生活世界的系统中占有自己特殊的位置,并和他者之间进行交往活动,还能接受文化的自我理解。舒茨认为,理论立场是中立性的观察者的立场,它本身和日常的生活世界拉开了距离。

哈贝马斯指出,舒茨用意义系统的相互联系来说明了生活世界的观察角度的中立化,然而,他认为舒茨这种解释并不令人信服。[2] 哈贝马斯认为,科学家用科学的价值系统替代日常生活实践的价值系统,这样才能形成客观的理论立场与主观立场的相互联系。[3] 哈贝马斯还认为,假如交往行为中潜藏着修正被误解的交往经验的可能性,那么社会科学家就无法保证其认识的客观性,也就是说,社会科学家承担了"不偏不倚的观察者"的中立化角色,因而被阻挡在交往空间之外,进入虚幻的乌托邦空间。与之相反,他只有进入交往过程的一般结构中获取理解的客观性基础,才能明确自己能否利用对这些前提的理解而确定他通过反思参与说明的意义。[4]

---

[1] Alfred Schutz, *The Phenomenology of the Social World*, 1967 by Northwestern, University Press,p.66.

[2] (德)哈贝马斯:《交往行为理论》第一卷,曹卫东译,上海人民出版社 2004 年版,第122 页。

[3] (德)哈贝马斯:《交往行为理论》第一卷,曹卫东译,上海人民出版社 2004 年版,第123 页。

[4] (德)哈贝马斯:《交往行为理论》第一卷,曹卫东译,上海人民出版社 2004 年版,第123 页。

2.人类学方法论

一方面,人种学方法论者认为参与者的日常解释实践具有特定的渐进特征;另一方面又根据如下事实得出了方法论的结论——即社会科学家原本就是参与者。①

在日常生活中,表述的意义源于特定的语境。言语者假定听者会理解这个语境。解释者也要作为互动的参与者参与到这样一种关系之中。如果不参入语境的形成与发展过程中去,解释者就不能获得对语境的前理解,而这种前理解是理解一定语境当中的表达所必不可少的。即使社会科学观察者也不享有进入客观领域的特权,他需要使用直觉上的解释程序,而这些解释程序则是他作为一个普通社会组织的成员原本就有的。②

哈贝马斯认为,如果社会学家认识不到上述事实,他就和社会科学的门外汉处于相同的地位,而且假设社会现实是一种自在物。因此传统的社会学家只能把他所面临的行为语境客观化,他将行为语境作为自己的信息来源。他无法意识到,作为互动的参与者,他已经进入了造就他所理解的行为语境的队伍行列。

哈贝马斯指出,人种学方法论的批判从不同的角度研究"混淆来源与主题"的问题。它想揭示的是,普通的社会科学结构与外行的日常生活结构在本质上毫无区别。③

当然,只要人种学方法学家开始建构社会科学理论,这种方法论批判就会成为他们的问题。哈贝马斯认为人种学方法学家应对这一困难大致会有三种反应:

第一种反应是将方法论批判推向极致,运用到自身。其结果就是历史解释科学只有放弃提供理论知识。意识到对行为语境的解释的前提是参与和建构这个语境,也仅能使人们觉察到悖论的存在,而无法消除悖论。所以社会科

---

① (德)哈贝马斯:《交往行为理论》第一卷,曹卫东译,上海人民出版社 2004 年版,第123 页。

② (德)哈贝马斯:《交往行为理论》第一卷,曹卫东译,上海人民出版社 2004 年版,第125 页。

③ (德)哈贝马斯:《交往行为理论》第一卷,曹卫东译,上海人民出版社 2004 年版,第125 页。

学研究只能是许多生活方式之一。另外，为了不走向一种自我消解的相对主义，人们试图运用庸俗化的手法消除悖论。第二种反应是传统社会科学的代表人物接纳了客观理想的要求，即社会科学研究方法进行大幅度的改进，以使日常理论不经反思不能进入测量行列。① 人种学方法学家第二种反应的目的，是要从方法论的角度关注解释者的完成行为式立场，即是说，重视解释者对想要解释的文本的参与状况，并对社会科学研究进行改造，以使其更符合自身的客观性理想。

在哈贝马斯看来，只要人种学方法论不再体现为一种方法批判，而是体现为一种理论，一种形式语用学的纲领也就清晰可辨了。当然，这样还会出现新的问题，因为我们还不知道怎样才能保证从方法论上对一般的交往前提进行反思。要么为自己指出一条进入客观领域的特殊道路；要么必须证明，社会科学的分析怎样才能在依赖日常分析的前提下，运用反思超出日常解释与各自的语境，以便能够对一般的交往前提进行重建。哈贝马斯断言，大多数的人种学方法论者在两种选择前都举棋不定。他们无法选择第一条路，因为这样就一定会和他们的方法论批判观点产生冲突；他们只有选择第二条路，因为这样他们就只能深入到以有效性要求为取向的行为的内在合理结构中去。②

哈贝马斯相信，如果社会科学研究者关心的仅是参与者的前提，并以反思的立场面对解释对象，他就会深入他所探讨的交往关系之中，把交往关系推向极致，并且他所运用的方法是其他参与者能够掌握的。

3. 哲学解释学方法

在哈贝马斯看来，人种学方法论探讨言语者的解释潜能的目的在于明确在共同解释的过程协调行为的内在机制。人种学方法论研究对象是理解，而理解是交往参与者的渐进过程，即人种学方法论研究的是语境解释和保持共识的具体细节。③

---

①　(德)哈贝马斯：《交往行为理论》第一卷，曹卫东译，上海人民出版社 2004 年版，第126 页。

②　(德)哈贝马斯：《交往行为理论》第一卷，曹卫东译，上海人民出版社 2004 年版，第127 页。

③　(德)哈贝马斯：《交往行为理论》第一卷，曹卫东译，上海人民出版社 2004 年版，第130 页。

与之相反,哲学解释学探讨的是言语者的解释潜能问题,即一个具有言语和行为能力的主体如何理解在一个崭新的语境中的表达。哲学解释学所研究的理解是往往出现于沟通环节受阻的情况之下。譬如,出现了崭新的语境、新的文化等,也就是出现了违背常态的生活领域。哈贝马斯指出,现象学和人种学一直忽视了对这类问题的研究。①

哈贝马斯把交往障碍的原因解释为交往互动参与者之间进行沟通的语言前提没有获得满足。分析参与者所使用的语法命题,而且是他们共同掌握的语言。解释学最有代表性的方法就是对传统文本的诠释,因此,解释者要区分自己对语境的理解与作者对语境的理解。在解释过程中,解释者常常把自身对语境的理解等同于作者的语境理解,然而,他很可能用自己对语境的理解代替了作者原本的理解。哲学解释的任务在于,以作者和接受者的"生活世界"为出发点,对形成传统文本前提的语境进行解释。②

众所周知,生活世界其实形成了交往的背景。在沟通行动中,交往参与者对生活世界中的事物或形成共识或发生分歧。因此,解释者能够假定自己可以介入作者及其同代人与生活世界之间的联系之中。解释者要想真正理解作者的意图,就必须获得作者表达个人意图的合理性基础。这种情况下,也会出现某些特殊之处,即使由作者和他的同代人的世界角度出发,一些文本也是不能完全理解的,因此,只有解释者明确作者的言语是真实、正确和真诚的,解释者才能理解一个文本的意义。③ 由于作者及其同时代人肯定拥有一个共同的语境成为他们共同的知识背景,所以解释者一定要明确文本发生的语境。只有如此,作者的文本在自己的时代才不致出现理解的问题。如果解释者要揭示文本的意义,就必须将作者同时代的文化知识背景作为依据,因为它们正是作者和他的同代人在理解文本时的依据。然而后代的解释者倘若不能明确自己对文本的有效性要求的立场,也就不能认识到这些前提条件。解释者认为,

---

① (德)哈贝马斯:《交往行为理论》第一卷,曹卫东译,上海人民出版社 2004 年版,第130 页。

② (德)哈贝马斯:《交往行为理论》第一卷,曹卫东译,上海人民出版社 2004 年版,第131 页。

③ (德)哈贝马斯:《交往行为理论》第一卷,曹卫东译,上海人民出版社 2004 年版,第131 页。

所有的表达，尽管起初是不明晰的，但只要它们是同一个主体的表达，并且这个主体的资格是确定的，那么这些表达必然有其内在合理性。解释者不能把握作者陈述的充足理由，就不能理解文本的内涵和意义。哈贝马斯认为，理由的充足性和主观上认为理由是充足的，二者之间截然不同，解释者必须对理由进行评判。

如果解释者试图理解一种模糊的表达，就一定要明确出现理解模糊的原因。即作者可能已经在文本中给出了理由，我们却没有领会。假如解释者实际上并没有提出有效性问题，我们就能够质疑他是否在进行解释，即是说，他能否消除作者及其同代人与我们之间被阻碍的交往。①

按照哈贝马斯的理解，伽达默尔所说的"率先达到完美"，就是针对以上情况的描述。解释者可以假设传统的文本虽然起初难以理解，但它仍是一种合理的表达，即在满足一定的条件下，这种表达具有论证的可能性。我们可以说，伽达默尔这里所运用的是理性意义上的"真理"概念，其中包括命题的真实性、规范的正确性、本真性以及真诚性等。哈贝马斯指出，只要解释者把交往以及有效性要求作为取向，而且以主体间性的世界联系作为自己解释的基础，即以一种非中心化的世界观为基础，他们就拥有这种理性。② 这种基本的共识将主体联系起来，而且能够以获得的共识来进行批判检验。那么历史解释学认为，我们可以在一个共同的生活世界中实现普遍对话的结论。当然，这只能是一种不切实际的幻想。

哈贝马斯认为，成功的解释往往隐含着这样一种立场：假如作者及其接受者想要明白我们对文本的理解，就只能以一种了解我们解释过程的学习过程来尽量缩短"时间上的距离"。在这样的学习过程中，作者也需要超越其同代人的视野，如同我们作为解释者运用他的文本拓展我们的视野一样。③ 因此伽达默尔就创造了"视界融合"的概念。但哈贝马斯认为伽达默

---

① （德）哈贝马斯：《交往行为理论》第一卷，曹卫东译，上海人民出版社 2004 年版，第132 页。

② （德）哈贝马斯：《交往行为理论》第一卷，曹卫东译，上海人民出版社 2004 年版，第133 页。

③ （德）哈贝马斯：《交往行为理论》第一卷，曹卫东译，上海人民出版社 2004 年版，第133 页。

尔的解释模型是片面的。倘若我们作为潜在的参与者采取一种主观的立场，并且我们由作者的表达能够判断其合理性，那么，我们不但认可了解释的对象是我们可以学习的对象的可能性，而且也提出了一种作者也会向我们学习的可能性。哈贝马斯批评伽达默尔固执于探究经典文献的语言学家的经验，认为"所谓经典，就是经得住历史批判的一切"①，伽达默尔强调，文本中内涵的知识必然比解释者的知识更丰富。而这样的断言就与人类学家的经验发生了矛盾，人类学家认为，面对传统的文本，解释者并非一定处于劣势。

哈贝马斯承认伽达默尔的哲学解释学方法论取得的巨大成就。解释者可以明确解释的仅仅是身为交往过程潜在参与者的符号表达的意义，并且主观的立场将解释者局限在交往语境的前理解之上。② 然而这种局限性不会损害解释者的理解的有效性；社会科学的解释者能够以反思运用交往行为的合理结构，进而判断合格的交往参与者的资格，文本作者的生活世界和他同代人的生活世界与解释者自己的生活世界之间获得了有机的联系，解释者可以重建那些能够批判检验的表达的潜在判断内涵的解释意义。

在哈贝马斯看来，伽达默尔违背了自己的解释学基本观点，由于他所主张的有关经典文献的精神科学研究模式中，隐藏着对《圣经》的呆板解释，但这种解释显然是成问题的，正是在这样的背景下，伽达默尔仅仅依赖于应用对解释加以理解。③ 哈贝马斯认为，哲学解释学坚持意义问题和有效性问题之间的内在联系是有道理的，理解一种符号表达的意义，表明解释者明白接受表达的有效性要求的条件，然而，理解一种符号表达的意义，并不说明忽视具体的语境就接受其有效性要求。因此，哈贝马斯批评伽达默尔的传统主义解释学过分强调理解与共识的区别。④

---

① Georgia Warnke, *H. G. Gadamer*, Stanford University Press, 1987, p.211.

② （德）哈贝马斯：《交往行为理论》第一卷，曹卫东译，上海人民出版社 2004 年版，第134 页。

③ （德）哈贝马斯：《交往行为理论》第一卷，曹卫东译，上海人民出版社 2004 年版，第135 页。

④ （德）哈贝马斯：《交往行为理论》第一卷，曹卫东译，上海人民出版社 2004 年版，第135 页。

第四节　历史—解释学的方法论

在《论社会科学的逻辑》一书中,哈贝马斯深入研究了19世纪以来西方学界历史解释科学领域里的不同的方法论问题,他主要目的在于将自然科学的说明性方法与解释科学的理解性方法整合为一体。

哈贝马斯指出,逻辑实证主义者相信数学、逻辑对于科学知识的基础至关重要,强调自然科学的研究方法是科学研究唯一的有效标准。虽然这一观点受到人们的广泛的质疑,但是这不就说明注重因果规律性的自然科学方法缺乏用武之地。历史解释的科学领域虽然不可能以自然科学的因果规律性的方法作为自己的研究方法,但也不可能彻底排除自然科学的方法。在哈贝马斯看来,解释学的理解性方法与自然科学的经验分析方法的统一是历史解释的科学特性所要求的。①

历史解释的科学领域有它本身的特殊性。在所有的社会行为、社会历史事件中,我们都无法把人类的指向性意义从中区分开来。哈贝马斯把历史解释学家想象成一部机器,记录一切事件并储备起来进行修改。这一理想的观察者用观察语言记载历史事件。这种理想状况的记载者的典型的目击报告,对于真正的历史解释学家而言毫无意义。由于对事件的期望,将会超过了观察的时间,这种理想的记载者并不处于一个能够陈述指向性行为的视角。当然他也不能建立因果关系。

这种对历史事件和文本的理解在于时间系列上后来的解释者的理解,它是从解释者本身的知识出发的。对于社会历史意义的理解,历史解释学家一定要超越造就历史事件的行为者。哈贝马斯认为,"历史学家并不从行为者的视野来观察。宁可说,他描述事件和行为是在一个历史的经验视域里,这个视域超越了行动者的经验视域。但对事件而言,其意义只有依据可能行动的方案而回顾性的发生,即如果有意义,那是合并了后来产生的知识。历史学家用以表达事件的语言,不是表达原来的观察,而是表达不同阶

---

① 　(德)哈贝马斯:《评伽达默尔的〈真理与方法〉一书》,《哲学译丛》1986年第3期。

段的解释的关系。"①

对于社会历史事件的理解,我们不能脱离历史事件的行为指向性以及解释者本人的知识背景。因为我们可以对历史事件加以有意义的描述,我们也就能够对历史事件进行因果说明。从这个意义上说,我们就不能够排除历史—解释科学领域里的自然科学的方法论的运用。

哈贝马斯认为,在 18 世纪,精神科学的研究普遍采用的是自然科学的方法论,即科学研究结果必须是客观、准确的,而且能够通过实验获得证实,并坚信这一方法是绝对正确的。在哈贝马斯看来,由欧洲的人文主义运动之中原本有可能产生一种区别于自然科学研究的方法论,康德对实践理性的批判就提供了这种可能性,但是费希特与黑格尔的影响令这种方法仅仅止步于可能性。现在许多人依然相信,人文和社会科学的研究对象与自然科学是相同的。② 在费希特及其后继者那里,认识的主体与被认识的客体间的区分是模糊的,主体就是客体,主体和另一主体,就是作为客体的认识的主体相对立。

在哈贝马斯看来,自然科学和社会科学、人文学科具有不同的研究对象,自然科学的对象是经验的、可观察的事实,社会科学、人文学科的研究对象是价值判断,作为社会科学、人文学科的研究对象由社会中的许多主体构成,所以,我们无法将自然科学的方法照搬到人文学科和社会科学之中;其次,人文学科和社会科学的研究不能使用工具理性为指导,其真理性结果不能从结果的有效性的角度考察。

在《经济与社会》一书中,马克斯·韦伯也提出了将自然科学与社会科学区分开来的观点:"在社会科学中将单个的个人作为'细胞'的社会化,或者生物化学反应的一个整体,或者把他的心理生活作为通过(哪怕是特殊的)若干单一的因素构想出来的来理解,可能是有益的,或者必要的。这样一来,无疑会获得很宝贵的认识(因果规律),只是我们无法理解这些因素有规则地表示出来的这种行为本身。在心理因素方面也不理解,而且在自然科学上越是严

---

① Jürgen Habermas, *On the Logic of the Social Sciences*, translated by Shierry Weber Nicholsen and Jerry A. Stark, The MIT Press Cambridge, Massachusetts, p.158.

② Jürgen Habermas, *On the Logic of the Social Sciences*, translated by Shierry Weber Nicholsen and Jerry A. Stark, The MIT Press Cambridge, Massachusetts, p.3.

格地把握它们，我们就越不理解。"①按照马克斯·韦伯的立场，社会科学对个人的行为只能根据其在实施此行为的过程中追求的目的和遵循的价值取向，做出恰当的理解。哈贝马斯赞同韦伯的观点，并对其做了进一步发挥，"社会行为在本质上可视为规范的遵守，而对这一行为加以约束的规范，则体现了一种集体的行为期待。这种期待对于体制化行为来说，是特定文化传统的重要表达。它是象征的集合，规定了某个社会集团通过日常语言所表述的世界图景，并确定了这一集团内部相互交往的可能性框架。"②哈贝马斯相信，获得普遍共识的社会科学的同一性的规范建立在语言的基础之上，全部社会行为的参加者都必须恪守。

哈贝马斯认为经验科学的方法显然无法胜任社会科学研究。哈贝马斯也清醒地意识到法兰克福学派过分排斥现代经验分析科学方法，因此伽达默尔的《真理与方法》一书中阐述的哲学解释学方法为哈贝马斯融通解释学的理解性方法和经分析科学的说明性方法提供了契机。

哈贝马斯得出结论：解释性的理解和说明性的描述相互结合理应成为历史解释的科学研究的正确方法。

---

① （德）马克斯·韦伯：《经济与社会》，林荣远译，商务印书馆 1997 年版，第 47 页。
② （德）哈贝马斯：《重建历史唯物主义》，郭官义、李黎译，社会科学文献出版社 2000 年版，第 127 页。

第四章　解放的兴趣：批判的社会科学

在哈贝马斯看来，三种科学类型中最具批判品格的就是"解放兴趣"指导下的"批判的社会科学"。"解放兴趣"实际上是一种把主体从原有的不合理的压制中解放出来的兴趣。由于所有社会形态中均存在不同形式的对主体的宰制现象，解放兴趣本质上源于人们对行为的理性自主性以及对解除压制的关注。这种兴趣与前述技术的兴趣、实践的兴趣有所不同，它主要建立在人类自我反思的能力之上，对现存的意识形态以及所形成的对主体的限制加以批判。由这类兴趣所形成的科学知识体系，就是哈贝马斯所说的"批判的社会科学"。这说明批判的社会科学与经验分析科学、历史解释的科学并不相同。经验分析科学主要以一种确定且实证的态度去对待事实，但批判的社会科学却是以一种否定的态度对事实进行批判，因此它的理论主旨不是对变化的数量关系的掌握和对普遍规律的探求，而主要是检验其理论描述对一般社会行为规律的理解的真实性，探讨其中蕴含的意识形态性质的关系并进行批判。批判的社会科学在"……方法论框架，是依据自我反思的概念而获得确立的。……但自我反思则是由一种解放的认知兴趣决定的"①。经验分析的科学在技术控制的原则下才相信科学与价值不涉，但批判的社会科学却认为所有事实自身都蕴含有某种价值。

哈贝马斯指出，"批判的社会科学"具有两种典型的模式，分别是马克思的意识形态批判和弗洛伊德的精神分析学。以此为模板，哈贝马斯提出批判的社会科学是一种重构性科学，并建立"普遍语用学"作为"批判的社会科学"的实例。

---

① （德）哈贝马斯：《认识与兴趣》，郭官义、李黎译，译林出版社1999年版，第214页。

第一节 解放性科学的两种模式

众所周知,马克思理论就是一种彻底的、哲学和社会诸学科综合的理性批判。这体现在他对宗教、哲学、政治经济学及具体科学批判之中。法兰克福学派的理论家提出社会批判理论的一个主要理由就是要继承马克思的政治经济学批判。应该说,在法兰克福学派创立初期,马克思的批判精神确实得到了重申。但从 20 世纪 20 年代到 60 年代,社会批判理论的发展方向逐渐偏离了马克思。它越来越少地进行深刻的政治经济批判,而寻求工具理性批判——其典型代表就是阿多诺的"否定辩证法"。发生这种转变的根本原因在于,在科学技术不断发展和国家干预的背景下,自由资本主义逐步向晚期资本主义过渡并带来了资本主义经济的进一步繁荣。

在哈贝马斯看来,从批判理论转向"否定辩证法"严重危及了批判理论对资本主义的解释、诊断功能。因此,哈贝马斯逐渐意识到回到马克思的政治经济学批判的必要性(当然不是全盘照搬)。对哈贝马斯而言,社会批判理论的目的就是利用社会科学中最有前途的发展,并把自己整合进一种批判的社会理论之中,这种社会科学的理论也就是哈贝马斯所说的在"解放兴趣"指导下的"批判的社会科学"[①]。

哈贝马斯认为,目前符合"解放兴趣"的批判的社会科学特征的有两种理论,即弗洛伊德的精神分析学和马克思的意识形态批判理论。

一、弗洛伊德的精神分析学

哈贝马斯认为,作为一种需要从方法上加以自我反思的科学,精神分析学是极其重要的。在对心理分析研究中,弗洛伊德开辟了一条可能通往由科学研究的逻辑本身指引的、被实证主义放弃的批判的社会科学的道路。在哈贝马斯看来,精神分析学是批判性科学的一个范本。

弗洛伊德曾经这样定义他创立的精神分析学,"精神分析之为科学,其特

[①] （德）J.伯恩斯坦:《〈哈贝马斯与现代性〉导言》,孙国东译,《中国社会科学辑刊》2010年秋季卷。

点为方法,而非其所研究的对象。这些方法可用以研究文化史、宗教科学、神话学以及精神医学,都不至丧失其基本性质。精神分析的目的及成就,只在于心灵内潜意识的发现。"①这说明,弗洛伊德在创立精神分析科学伊始,就对这门崭新学科的假设和前提条件进行了反思。

精神分析,一开始仅仅是以一种特殊的解释的形式产生的;它为理解符号的关联赋予了理论依据和技术规则。弗洛伊德一直以来用语言解释为模型来研究梦,甚至,他常常将梦的解析与翻译外国文学作品相提并论。② 但是,精神分析科学家的解释工作与语言学家的解释工作还是有本质的不同。二者对特殊客观领域的划分不同;精神分析要求关注一种特殊的解释学。

哈贝马斯认为,弗洛伊德和狄尔泰都注意到了批判的必要性,因为运用批判可以将被曲解了的原文"净化"③。精神分析的解释探究的是主体自身在非语言的表达中发生错误的符号联系,它关联到使主体产生错误理解的原文。在这些原文中,不仅有明显的内容,也有作者本人还未理解的、异己的,却属于他希望理解的潜在的内容。弗洛伊德利用"内心的外部世界"这种表达形式表达主体自身理解的外在特征。弗洛伊德认为神经病症状就是主体所遭遇的、不能理解的,被曲解的原文造成的伤痕。梦就是这种原文的非病理学的典型。显然,做梦者造就的梦的原文是一种意向联系。但一觉醒来后,主体也就无法理解自己梦的原文了。主体梦中所有的语言活动只是被想象出来的,因此,表达错误与神经病症状不能解释言语表达和非言语表达间的差异。这样,弗洛伊德就将梦解释为病态情感的"正常模式",梦的解析一直是解释病理上被扭曲了的思想的模式。④ 另外,由于弗洛伊德以解释学的方法解释梦的原文,遭遇了患者的心理防卫机制与精神病形成的机制的障碍,所以梦的解析在心理分析的进步中就居于核心地位。

弗洛伊德认为,精神分析家对梦的解析必须采取解释者的严格态度,但仅

---

① (德)弗洛伊德:《弗洛伊德的心理哲学·精神分析》,刘烨编译,中国戏剧出版社 2008 年版,第 62 页。

② (德)弗洛伊德:《弗洛伊德的心理哲学·精神分析》,刘烨编译,中国戏剧出版社 2008 年版,第 189 页。

③ (德)哈贝马斯:《认识与兴趣》,郭官义、李黎译,译林出版社 1999 年版,第 216 页。

④ (德)弗洛伊德:《弗洛伊德的心理哲学·精神分析》,刘烨编译,中国戏剧出版社 2008 年版,第 235 页。

仅诉诸解释学的理解也是不充分的。对作者自身来说，梦是以一种异己的和不可理解的原文出现的。精神分析家必须理解梦的原文的显而易见的内容，进而理解其中所表达的潜在的梦的思想。① 梦的解析的技术，只有它能够再现弗洛伊德所说的"梦的活动"时，它才能称得上是优于解释学的艺术。梦的解析导致反思，而反思的过程就是梦的原文再现的过程，因此梦的解析与梦的活动是相辅相成的。精神分析学家依靠的是对梦的内容的大胆联想和对最初表达的梦的原文的事后的补充。精神分析家通过联想和补充梦的关键内容可能带来对梦的认同和否定，但这仅是梦的正面形象被二次改造的结果，并且梦的改造是在梦的回顾成为做梦者清醒的意识中的客体后才能进行的。② 这种改造目的是试图将梦境中凌乱的内容合理化，是尝试修补漏洞和理顺矛盾的梦的第一个层次；梦的第二个层次可以理解为未完结的白日残余上；最后是梦的深层次，这个层次特有的符号内容能够抗拒解释工作。弗洛伊德认为这种深层次才是真正的梦的象征，也就是梦的表象，正是这些表象通过比喻或别的系统性的掩饰来表达潜在的内容。③ 我们利用梦的象征得到的最新信息就来自特殊的抗拒的经验（即梦的象征让抗拒与解释对立）。弗洛伊德将梦的稽查视为这种抗拒的源头。

"人的意识深处存在一种时刻监控人的所有行为的力量，而在入睡时它就放松了对言行的控制，正是它压制着主体行为动机；这种力量运用它从交往中获取的相关的解释—表象和符号的方法，压制它所反对的动机的实现。这种交往由一般的相互作用构成，但相互作用却被运用语言交往的社会的规定"④。社会交往的制度框架仅仅许可一部分行为动机，而它压制另外一部分受语言解释规定的主体的需求兴趣形成明显的行为，它或者运用直接的暴力，或者运用共识的社会规范进行制裁，以达成自己的目的。这些主体的表面冲突，如果不能被自觉地获得解决，它们将在主体的内在世界不断扩大。主体由

---

① （德）弗洛伊德：《弗洛伊德的心理哲学·精神分析》，刘烨编译，中国戏剧出版社2008年版，第237页。
② （德）弗洛伊德：《弗洛伊德的心理哲学·精神分析》，刘烨编译，中国戏剧出版社2008年版，第213页。
③ （德）弗洛伊德：《弗洛伊德的心理哲学·精神分析》，刘烨编译，中国戏剧出版社2008年版，第207页。
④ （德）哈贝马斯：《认识与兴趣》，郭官义、李黎译，译林出版社1999年版，第224页。

心理上拒斥自己反对的需求兴趣的最有效办法,就是将与这些兴趣相关联的解释从社会的交往中清理出去。弗洛伊德将这些被拒斥和被压制的符号以及因此被压抑的动机理解为无意识的或下意识的愿望。社会的语言运用中实际存在的有意识的动机,通过压抑机制而成为无意识的、好像不能言说的动机。在睡梦中,稽查活动因行为动机的削弱而放松时,被压制的动机却获得社会许可的符号的联系,获取一种自己的语言,虽然这是一种私有化的语言。在杂乱无章的梦的语言中,梦的语言联系利用材料的重复、交叉和压缩来构建,也就是运用材料的"凝缩"来形成的。① 梦的原初语言适于将意义的重点表达出来,而由此移换原本具有的意义。"移换"的机制帮助稽查的力量扭曲原本的意义,移换的另一机制是清理梦的原始语言中简陋的那一部分。弗洛伊德通过梦的分析在梦的疏漏与移换中发现了两种截然不同的防卫战略:即狭义上的压抑(目的在于压制主体的压抑)和伪装。

哈贝马斯相信,弗洛伊德正是首先在肢解和曲解梦的原文的过程中发现了这些防卫战略,即是说,防卫就是针对主体行为动机的理解的。行为动机的这种理解,因为符号(符号制约着需求兴趣)从社会交往中消解为无害的理解。所以,弗洛伊德将"稽查"的概念定义为:与官方的稽查相同,它不但压制人运用的语言材料,而且压制人运用语言材料表达的各种意义。②

弗洛伊德将自己由正常的、典型的梦中的原文中获取的结论,扩展到符号意义被扭曲的生活现象之上。而且弗洛伊德把病人出现的各种精神症状只视为阶段性行为错误的病理学上的特别情况,它们或者产生于正常的范围之内,有的自身就应看作正常的现象。可以这样说,所有背离了行为动机与语言所表达的意向的交往活动的语言活动模式的行为,都属于"差错"。交往活动的语言模式中不允许出现那些被分裂的语言符号以及相关的需求兴趣。弗洛伊德指出,这种语言活动模式仅在没有社会压制的情况下才可能得到普遍运用。③ 因

---

① (德)弗洛伊德:《弗洛伊德的心理哲学·精神分析》,刘烨编译,中国戏剧出版社 2008 年版,第 233 页。

② (德)弗洛伊德:《弗洛伊德的心理哲学·精神分析》,刘烨编译,中国戏剧出版社 2008 年版,第 217 页。

③ (德)弗洛伊德:《弗洛伊德的心理哲学·精神分析》,刘烨编译,中国戏剧出版社 2008 年版,第 75 页。

此在阶级社会条件下,对这种模式的背离行为是极为正常的现象。由于这些语言符号既不遵循语法规则,也违背活动的规范与大家熟悉的文化表现模式,所以它们是不可理解的。

一般来说,解释者的任务就是沟通运用不同语言的两个人之间的交往。解释者将一种语言翻译成另一种语言;他也需要克服对话双方在相互理解上具有的困难。然而精神科学的解释学模式无法用于心理分析的解释工作,即便在神经病患者受压抑的条件下,也在关注日常理解的主体通性的保持,而且遵守获得共识的期望。

由此出发,心理分析的解释学区别于精神科学的解释学,其目的不是对整个符号联系的理解,精神分析的解释学从事的理解活动是自我反思。[①] 精神分析的认识,就是典型的自我反思这一命题,这一点由弗洛伊德对分析技术的探讨中可以得到证实,即是说,精神分析的方法不能脱离反思的经验。在主体自我意识的形成过程中,解释学具有重要意义。显而易见,将解释学仅仅理解为对原文的翻译是不准确的,通过翻译“把无意识翻译成有意识”其实就是反思。哈贝马斯相信,意识形态的压制必须依赖于反思来消除,精神分析的方法试图解决的问题是治疗,即消除健忘症,也就是说,消除痛苦的原因就是消除一切压抑。[②] 弗洛伊德的精神分析科学的出发点是抗拒的经验,这种经验与被压抑的内容的自由的和公开的交往相对立。精神分析的意识活动表达的就是反思的过程。

分析性的认识即是一种自我反思。弗洛伊德不同意将精神分析与化学分析加以对比。像化学分析那样将化合物分解成更简单的构成部分,永远无法导致可以重组在一起的要素的多样性。弗洛伊德认为这种表达不能解释自我反思的特殊性,而精神分析性的解释自身,在自我反思中就是综合,就是重组被破坏的统一性。[③] 哈贝马斯认为,以下的三个特点能够证实精神分析性的认识就是自我反思。

第一,在精神分析学的认识中包括认识的要素与激发情感的要素。精神

---

① (德)哈贝马斯:《认识与兴趣》,郭官义、李黎译,译林出版社1999年版,第229页。

② (德)哈贝马斯:《认识与兴趣》,郭官义、李黎译,译林出版社1999年版,第229页。

③ (德)弗洛伊德:《弗洛伊德的心理哲学·精神分析》,刘烨编译,中国戏剧出版社2008年版,第83页。

分析学的认识,自身就包括消除主观主义立场的分析的力量,那么我们可以理解为分析的认识就是批判。① 批判通过实际改变需求,批判在改变激发情感的基础上结束。如果批判不以批判的激情作为动力,批判就不可能获得揭示虚假意识的力量。

第二,精神分析性的治疗必须在禁欲条件下进行。② 一般来说,病人在治疗过程中总是急于以没有痛苦的替代性的满足去代替症状,患者的这种要求在一般治疗中确实是不合理的,但这种要求在心理分析的治疗却是具有意义,因为精神分析治疗的成功不决定于医生运用有效的医疗技术使患者的机体恢复健康,而决定于患者的自我反思过程,所以弗洛伊德力图阻止患者的替代性满足。只有对患者进行抗拒的动机的分析与认识患者对自我认识的兴趣的推动,患者才能进行自我反思。

第三,任何人倘若原先没有学习精神分析理论,他就不能从事精神分析。这种要求与人们对医生的素质要求是一致的。弗洛伊德一直强调,精神分析性治疗中的患者,在看待其疾病时不能像对待肉体上的病痛一样,患者一定要意识到,自身所患的疾病就是他自身的一部分,他不能将自身所患的症状及其病因作为外部的事物,而应意识到自己要在一定程度上对疾病负责。③

在哈贝马斯看来,精神分析学的知识亦是一种伦理学知识,因为在主体自我反思的活动中,理论理性和实践理性的统一仍起作用。但是避免"粗野的"精神分析的要求比接受充分的精神分析教育的要求更为重要,即是说,精神分析学家为了让自身可以摆脱他作为精神分析者要治疗的疾病,他本人也必须从病人的角色进行分析。④

弗洛伊德在青年时期就对"人的关系"的科学抱有浓厚的兴趣,甚至远远超过了其对自然科学的兴趣。但是在大学时期弗洛伊德就在生理学方面获得了充分的发展,这种互相矛盾的兴趣帮助弗洛伊德建立一门崭新的科学,但是他却一直将人文科学视为自然科学的一部分,不但如此,弗洛伊德的精神分析理论模式的关键部分显然是由神经生理学中借鉴而来的,正是在神经生理学

---

① (德)哈贝马斯:《认识与兴趣》,郭官义、李黎译,译林出版社 1999 年版,第 234 页。
② (德)哈贝马斯:《认识与兴趣》,郭官义、李黎译,译林出版社 1999 年版,第 235 页。
③ (德)哈贝马斯:《认识与兴趣》,郭官义、李黎译,译林出版社 1999 年版,第 236 页。
④ (德)哈贝马斯:《认识与兴趣》,郭官义、李黎译,译林出版社 1999 年版,第 236 页。

之中,他掌握了运用医学的自然科学方法研究人文科学的重要问题。弗洛伊德始终坚信心理学就是一门自然科学。主体的精神活动相当于能够观察到的自然现象,也应作为研究对象看待。在弗洛伊德看来,心理学构成的概念与自然科学构成的概念在意义上完全等同。① 因为即便是物理学家也无法解释电的本质,而是仅仅是使用"电"这一概念,如同心理学家将"本能"视为一个理论概念一样。在哈贝马斯看来,弗洛伊德并不忌讳将精神分析与自然科学相等同的结论。弗洛伊德相信,心理分析在治疗上可能最终会被生物化学在药物学上的运用所替代,心理分析这种自然科学的自我理解提出了在技术上应用科学信息的模式。②

在青年时期,弗洛伊德就按照神经心理学中他熟知的神经活动模式提出了一种心理学(实际上弗洛伊德不久就与之背离)。弗洛伊德试图建立一门直接作为自然科学的心理学,他设想焦虑、发泄、激动和压制这些范畴,都与人体神经系统中的能量分配以及依据固体力学所构想的神经的活动过程相关联。但是,弗洛伊德不久就放弃了这个"物理学"的研究课题,以促进自己对狭义的心理学理论的探索。在弗洛伊德看来,狭义的心理学理论即保留了神经生理学的语言,也使这种语言的基本描述与无声的、心理再解释相通。

哈贝马斯认为,由于弗洛伊德起初就陷入了唯科学的自我理解之中,他也落入了客观主义陷阱,这种客观主义让弗洛伊德从自我反思的阶段直接回到马赫的实证主义。③ 弗洛伊德所建立的精神分析的学科框架是由分析情况与梦的解析的经验中获得的;他的论述不但具有心理学研究的意义,更具有一种科学方法论的意义,就是说,他预设的理论框架是在开放的交往的条件下进行的,并且,脱离了交往的条件,我们因为无法理解这些范畴与联系。这种交往的条件对医患双方来说也同样具备可能加以分析认识的条件。假如弗洛伊德的精神分析的理论框架在科学的逻辑上,是与被割裂和扭曲的原文解释的假设相关联,那么他的理论构成必然是与自我反思相联系。在严格经验分析科学的理论框架内重新描述精神分析的假设的实验,才为主体提供一种选择的可能性,如此一来,精神分析的理论就在行为主义所建构的认知心理学的框架

---

① (德)哈贝马斯:《认识与兴趣》,郭官义、李黎译,译林出版社1999年版,第246页。
② (德)哈贝马斯:《认识与兴趣》,郭官义、李黎译,译林出版社1999年版,第246页。
③ (德)哈贝马斯:《认识与兴趣》,郭官义、李黎译,译林出版社1999年版,第250页。

内获得了新的表达,而且接受一般的检验过程。哈贝马斯指出,弗洛伊德通过这种途径默认了自己的元心理学就是能量分配模式的经验分析科学的严格描述。① 不过,弗洛伊德对元心理学的态度也是自相矛盾的。只要心理学将自己定位为严格的经验科学,就无法满足于一种遵守物理主义的语言使用方法,并不能严格地获得可操作的假定的模式。

哈贝马斯猜想弗洛伊德也许并没有意识到这种限制的方法论意义,由于弗洛伊德将分析性的对话作为一种具有准实验性质的活动,他把临床的经验基础解释为对以实验来检验的合理的替代。② 弗洛伊德认为,天文学不是以天体来做实验,而是限于对它的观察,并以此为依据反驳人们的不同观点:心理分析不能以实验来证明。哈贝马斯认为,天文学的观察与分析性的对话之间的区分在于,天文学的观察,允许对所预测的事件进行监督性的观察,而在分析性的对话中,却缺少有效控制工具活动层面。③ 为了继续发展元心理学和证明精神分析理论的正确性,弗洛伊德坚持分析性的谈话,并且将这种对话作为唯一的经验基础。

弗洛伊德其实已经注意到,"自然科学的"的心理分析模式的彻底实现,很有可能会以"意向"的丧失为代价,但精神分析学存在的基础在于理解的意向,按照这种意向,自我理应产生于本我。但弗洛伊德并没有因此而完全放弃自然科学的模式,他把元心理学理解为一种元解释学,认为元心理学与自然科学以及精神科学的方法论相类似。它们都不仅将分析性认识的先验框架当作有组织的研究过程,而且也当作自我研究过程的客观联系来反思。但这条道路最终未能开通。

正因为弗洛伊德将精神分析误解为一种纯粹的自然科学,从而削弱了精神分析的批判力量。不过,哈贝马斯也指出,因为精神分析必须将解释学与自然科学相联系,所以弗洛伊德的这种误解也是情有可原的。④ 但二者在方法论层面的区分是显而易见的。一方面,普通的解释与经验分析科学的理论相同,在经验基础上,直接接受经验的检验;另一方面,有关交往活动、畸形语言

---

① (德)哈贝马斯:《认识与兴趣》,郭官义、李黎译,译林出版社1999年版,第251页。
② (德)哈贝马斯:《认识与兴趣》,郭官义、李黎译,译林出版社1999年版,第252页。
③ (德)哈贝马斯:《认识与兴趣》,郭官义、李黎译,译林出版社1999年版,第252页。
④ (德)哈贝马斯:《认识与兴趣》,郭官义、李黎译,译林出版社1999年版,第253页。

和行为病理学的元解释学的基本假设产生于对可能的精神分析认识条件的事后反思，而且只能间接地，在研究过程的全部范畴的成果中获得证明或遇到失败。① 自然科学的方法论，在其自我反思阶段上可以阐明语言与工具活动之间的特殊关联；精神科学的方法论，在其自我反思阶段上可以阐明语言与相互作用之间的特殊联系，而且将这种联系当作客观联系来理解和通过这种联系的先验作用来取代这种联系。所有正确的解释，包括精神科学的解释，由于其重构的是一种被扭曲的理解的主体间性，因此它只能处于解释者及其对象共有的语言中才有可能的。所有正确的解释理应对主体与客体具有同等效力，但这一观点虽然对形成过程的一般解释发生影响，却不会对精神科学的解释发生影响。即就是说，普遍的解释与普遍的理论都需要进行因果的解释和有条件的预测。与严格的经验分析科学相比，精神分析并没有在方法论上明确区分客观领域同理论描述的范围的差异。②

哈贝马斯指出，弗洛伊德的精神分析学实际上使用了一种经验分析科学的形式，其深层解释学不但讨论了曲解，而且探讨了主体的自我欺骗。③ 弗洛伊德的精神分析，其实就是患者在分析学家的启发诱导下进行自我反思，并且精神分析的成功取决于患者这种自我反思的成功：一个案例的说明只同这种自我反思的过程有关，但并不要求患者的陈述和行为绝对正确。哈贝马斯强调，通过精神分析的过程让患者追溯其病的源头，从而消除或减弱了病源带来的病症。④ 从方法论的角度来看，这种精神分析和历史解释学的意义理解是密切相关的，这里理解成为可解释性的。

综上所述，哈贝马斯认为，精神分析学从真正意义上将知识和兴趣相联系，是"批判的社会科学"的一个典型。

二、马克思的意识形态批判理论

马克思的意识形态批判理论是马克思理论的重要组成部分。马克思在对资本主义政治学、经济学、哲学以及民众意识的深刻批判过程中，逐渐形成了意识形态批判理论。哈贝马斯将马克思的意识形态批判理论视为"解放性科

---

① （德）哈贝马斯：《认识与兴趣》，郭官义、李黎译，译林出版社1999年版，第254页。
② （德）哈贝马斯：《认识与兴趣》，郭官义、李黎译，译林出版社1999年版，第259页。
③ （德）哈贝马斯：《认识与兴趣》，郭官义、李黎译，译林出版社1999年版，第260页。
④ （德）哈贝马斯：《认识与兴趣》，郭官义、李黎译，译林出版社1999年版，第271页。

学"的典范,主要原因有以下三个方面。

首先,科学的实践观是马克思意识形态批判理论的出发点和根本原则。在马克思看来,意识形态批判实质上是一种实践批判,这种批判的意旨就是由实践的维度揭露意识形态维护现存资本主义制度的本质,揭示意识形态遮蔽的现实世界存在的实际矛盾,并通过实践促使现存世界走向合理化。实践是马克思意识形态批判理论的根本。而且马克思把实践视为一种超脱实存、面向未来的感性活动来加以理解的。与此同时,社会生活实际上也是实践的。意识形态来源于实践,它其实就是人们在实践的基础上构建的思想观念体系。马克思强调,理论矛盾的解决,只有通过实践方式,只有借助于人的实践力量,才是可能的。① 凡是将理论导致神秘主义方面去的神秘的东西,都能在人的实践中以及对这个实践的理解中得到合理的解决。② 只有运用实践的观点,才能真正理解各种意识形态的本质。马克思认为,批判的武器无法代替武器的批判③,脱离实践的原则对意识形态进行批判是不彻底的。马克思认为,意识的一切形式和产物不是可以用精神的批判来消灭的,也不是可以通过把它们消融在自我意识中化为幽灵、怪影、怪想等来消灭的。④ 马克思坚称,真正的革命批判,必须建立在实践的基础上,化批判为武器的批判。

其次,马克思将历史性思维与整体性思维有机结合,创立了唯物主义的科学形态,并使之成为意识形态批判的基本方法。马克思在意识形态批判中坚持以历史性的思维方法反思人类社会。马克思认为,只有到社会历史中去考察,才能识别虚假的意识形态。马克思说,"人们首先必须吃、喝、住、穿,然后才能从事政治、科学、艺术、宗教等等"。⑤ 因此意识形态的根源一定要从人类的物质生产和再生产及其历史中去探求,只有由历史上特定的物质生活条件出发,才能对意识形态加以科学的批判。马克思也强调运用整体性的思维方法进行意识形态批判。唯物史观将社会看作一个不断运动着的有机整体,强调必须运用多样性统一的理性来掌握社会整体。在意识形态批判上,也必须

① 《马克思恩格斯全集》第 42 卷,人民出版社 1960 年版,第 127 页。
② 《马克思恩格斯全集》第 3 卷,人民出版社 1960 年版,第 50 页。
③ 《马克思恩格斯全集》第 1 卷,人民出版社 1960 年版,第 460 页。
④ 《马克思恩格斯全集》第 3 卷,人民出版社 1960 年版,第 43 页。
⑤ 《马克思恩格斯全集》第 3 卷,人民出版社 1960 年版,第 574 页。

将意识形态纳入整体之中,详细地研究其在整体中的地位及与其他部分间的关系。马克思在评论费尔巴哈对宗教的批判时曾说:"费尔巴哈是由宗教上的自我异化,从世界被二重化为宗教的、想象的世界和现实的世界这一事实出发的。他致力于把宗教世界归结于它的世俗基础。他没有注意到,在做完这一工作之后,主要的事情还没有做。这主要的事情就是说明世俗世界是如何逐步引出宗教世界的问题。只有做了这主要的事情,才能真正寻找到解决宗教异化的出路。而做这样的事情,就必须采取整体性的思维方法,分析对象的起点、中介和终点及其实际的上升关系。"①马克思理论其实是在整体的思维中,由起点向终点的逐步上升演进,以获得对象以理性具体的形式在思维中呈现。

最后,以科学实践观为基础,马克思意识形态批判理论是价值批判和科学批判的统一。在马克思看来,站在唯物主义立场对意识形态加以批判并不是抛弃价值批判。马克思相信,真正的科学批判与价值批判是紧密相连的。在科学批判中,马克思一直坚持进行价值批判,从而使他的科学批判具有浓烈的人文色彩。科学批判与价值批判的结合是马克思意识形态批判理论的基本方法论特征。马克思在批判资本主义意识形态时,一方面科学地分析它的历史必然性与历史作用;另一方面也揭露它对社会现实的遮蔽和歪曲。在马克思的意识形态批判中,价值批判和科学批判是统一于科学实践观基础之上的,马克思的批判与超越也是归于社会实践之上的。

在哈贝马斯看来,马克思的意识形态批判理论是一种能够导向人类解放的反思性科学理论,尽管它也存在缺陷。哈贝马斯认为,马克思尽管始终没有明确界定作为意识形态批判的"人的科学"的确切含义,但马克思通过批判的形式创立了人的科学,马克思指出,"自然科学往后将包括关于人的科学,正像关于人的科学包括自然科学一样:这将是一门科学。"按照马克思的想法,人的科学与自然科学可以构成一个统一体,由于自然科学属于社会劳动体系的先验条件,但人的科学,理应对社会劳动体系的构成改变加以反思。严格意义上的自然科学正缺乏这种反思,但反思是批判的必然要求,批判探索的是社会主体自我产生的自然历史过程,并使主体也意识到自身的产生过程。只要

① 《马克思恩格斯选集》第 1 卷,人民出版社 1972 年版,第 214 页。

人的科学是对人的形成的分析,它就一定包含认识批判的科学自我反思。哈贝马斯认为"人的科学本身就是批判,并且必须始终是批判。"①

在马克思看来,资本主义的鲜明特征是它将意识形态纳入社会劳动的体系中。在自由的资本主义阶段,统治的合法性是由市场机制的合法性推导出来的。② 哈贝马斯认为,马克思对商品拜物教的批判,就揭示了这种合法性,哈贝马斯认为它是马克思社会理论的核心。③ 社会劳动系统在与阶级对立的客观联系中才能获得发展,社会生产力的发展与批判的历史相互交织。然而这种固定为社会制度框架的阶级对抗成为辩证法的再现,首先可以看作一个反思的过程。社会主体在占有外部自然的基础上,反思过程形成了阶级的意识形态,反思是随着自然科学技术对自然界的控制能力不但增加而发展的。生产力的发展必然使制度上保证的压制与客观上必要的压制不能同步,而导致社会系统的崩溃。哈贝马斯认为,一方面,人的科学通过体现出来的阶级意识的自我反思为出发点。人的科学接受反思经验的指导,重现的是社会劳动系统的进步展示出来的意识的过程。另一方面,人的科学必须将自己包括于自身所经历的形成过程中,当然,主体的意识还应该对自身进行意识形态批判。④ 倘若自然科学仅是以方法论的形式来扩展技术上可用的知识,那么人的科学则通过方法论的形式扩大着反思知识。

自然科学的技术上能够运用的知识与对人的历史的规律的认识,都属于主体的自我产生的同一种客观联系。主体对自然界的认识——由实用的日常生活知识到现代科学,都是由人与自然界的斗争中发展起来的。当然人关于自然界的认识成为生产力以后又可以作用于社会劳动体系同时推动它的发展。人关于社会的认识也能够如此解释,社会主体的自我意识取决于这种认识。社会主体的同一性无疑在生产力发展的每一个阶段上重新形成,并且是控制生产过程的条件,因此马克思说,"固定资本的发展表明,一般社会知识,已经在多么大的程度上变成了直接的生产力,从而,社会生活过程的条件本身

---

① (德)哈贝马斯:《认识与兴趣》,郭官义、李黎译,译林出版社 1999 年版,第 55 页。
② (德)哈贝马斯:《认识与兴趣》,郭官义、李黎译,译林出版社 1999 年版,第 53 页。
③ (德)哈贝马斯:《认识与兴趣》,郭官义、李黎译,译林出版社 1999 年版,第 53 页。
④ (德)哈贝马斯:《认识与兴趣》,郭官义、李黎译,译林出版社 1999 年版,第 54 页。

在多么大的程度上受到一般智力的控制。"①只要生产规定着认识的形成和认识的功能赖以得到解释的理想框架，人的科学也就属于人所掌握的知识范畴。能够支配自然过程的知识，在社会主体自我意识的阶段上转变为能够控制社会生活过程的知识。②

哈贝马斯指出，社会劳动的转变将青年马克思的构想化为现实，自然科学包含人的科学，人的科学也囊括自然科学。一方面，社会生产的科学化被当作一种活动，这种科学活动催生了对社会生活过程的认识，而且也调节着这一过程的主体的同一性，所以人的科学包括着自然科学；另一方面，自然科学也可以解释为人的本质力量的展示，因此，自然科学包含人的科学。③

由于社会劳动体系取决于社会生产力的发展水平，任何社会成员的生活离不开实际上能够支配的技术知识对自然界的控制程度。社会的同一性就是在科技进步的基础上形成的，这种同一性显然与社会主体的自我意识相联系。然而，我们知道，类的形成过程与科技进步这个主体的产生并不完全相同。在劳动领域和阶级领域这两个领域发展的所有阶段，其特征都表现为摆脱压制，就是说，一方面体现为摆脱外部自然的强制，另一方面体现为摆脱内部自然的强制。因此，我们说，作为社会形成标志的，不是科学技术进步，而是反思的过程，通过反思过程能够使主体摆脱意识形态的蒙蔽，能够使制度框架的压制转化而且使交往活动成为交往活动获得解放。哈贝马斯断言，这种反思的目的就是构建以自由对话为基础的社会系统，可以说，主体的自我反思与可以应用的科学技术知识的增长的一致性逐渐提高，足以使主体的批判意识能够摆脱意识形态的遮蔽。④

哈贝马斯认为，我们可以将压制与重构主体间性的过程理解为辩证的，而不能将自由对话的主体间性自身理解为辩证的⑤，割裂的符号联系导致主体间对话关系的扭曲。马克思理解的社会形态将阶级对立与劳动契约的制度紧密联系，意识形态是劳动的商品形式，它不但遮蔽了主体对社会的正确理解也

---

① 《马克思恩格斯全集》第 31 卷，人民出版社 1979 年版，第 102 页。
② （德）哈贝马斯：《认识与兴趣》，郭官义、李黎译，译林出版社 1999 年版，第 55 页。
③ （德）哈贝马斯：《认识与兴趣》，郭官义、李黎译，译林出版社 1999 年版，第 44 页。
④ （德）哈贝马斯：《认识与兴趣》，郭官义、李黎译，译林出版社 1999 年版，第 49 页。
⑤ （德）哈贝马斯：《认识与兴趣》，郭官义、李黎译，译林出版社 1999 年版，第 52 页。

压制了自由的对话关系。

哈贝马斯认为马克思的意识形态批判就是"解放兴趣"指导的批判性科学的典范。然而他也批评马克思始终没有概括出"人的科学"的概念,马克思某种程度上将批判的科学和自然科学相等同,甚至扬弃了"人的科学"的概念。哈贝马斯相信,假如马克思没有将"相互作用"与"劳动"混为一谈,而是把工具活动和交往活动联系起来,那么"人的科学"的概念可能就不会因为马克思将其等同于自然科学而无法明晰①。

第二节　构建解放性科学

在参照马克思的意识形态批判和弗洛伊德精神分析学的基础之上,哈贝马斯构建了自己心目中的"解放性科学"——批判的社会科学。哈贝马斯认为批判的社会科学之所以可能,是因为它植根于"生活世界",批判的社会科学将"生活世界"中的人作为关注的中心,其实就是一门"生活世界"的科学。

一、"解放性科学"的基础

在胡塞尔看来,生活世界应该是所有科学和哲学的前提与基础。我们现在需要的是一门生活世界的科学,这是一种一般性科学,而不是专门科学。因此,它有自己独特的科学性,不是客观、逻辑的科学性,而是生活世界自身所要求的并按照普遍性所要求的科学性。②

哈贝马斯借用了胡塞尔的"生活世界"概念,并将它引入自己的交往行为理论之中。在哈贝马斯看来,"生活世界"是"交往行为理论"的重要组成部分。③ 哈贝马斯认为,现代西方社会的根本特征是"系统"和"生活世界"的区分,这也是他诊疗现代西方社会病的研究框架。

"生活世界"是胡塞尔创立的一个理论概念。胡塞尔认为,生活世界是我

① (德)哈贝马斯:《认识与兴趣》,郭官义、李黎译,译林出版社1999年版,第56页。
② (德)胡塞尔:《欧洲科学危机和超验现象学》,张庆熊译,上海译文出版社1988年版,第115页。
③ (德)哈贝马斯:《交往行动理论第二卷——论功能性理论》,洪佩郁、蔺青译,重庆出版社1994年版,第165页。

们直观地发现人们生活在其中而且从中获取生活意义的世界。胡塞尔坚信，我们由生活世界出发，可以对科学，进而对哲学的原始动机、可能的方法和合理的目标进行新的探索。他的终极目标是构建一整套科学的哲学方法以理解人存在的真正意义。①

胡塞尔"生活世界"概念的提出背景是"欧洲科学的危机"。近代以来，自然科学的巨大成功使其成为哲学等人文学科顶礼膜拜的对象。20世纪30年代，科学自身却陷入了危机。这个危机不是内部的危机，而是一个外部的危机，科学观念被实证地简化为客观事实的科学，科学危机是生活危机的表征：生活意义的丧失。前现代科学原本就是让人生活得更美好，科学在"求真"的同时也积极"向善"，科学中的"真"与"善"并举，从未分离。但现代自然科学却标榜"价值中立"，只见物（客观事实）不见人，孜孜于"求真"，而忽视了"向善"。造成这种危机的根本原因在于现代自然科学的客观主义及其变种（这里指实证主义、二元论、怀疑论）对文化的影响日益增加，而导致现代经验科学仅仅看到与人相关联的"生活世界"的一个维度——客观世界，并把它视为关注的中心，使追求理性的、普遍性的理性日益没落，从而造成了科学的危机，导致世界失去了它们的本来面貌，前科学的生活世界被遗忘。

哈贝马斯指出，C.P.斯诺的《两种文化》一书重新开启了经验分析科学与精神科学关系的辩论。② 赫黎胥也卷入了这场论战之中，他在《文学和科学》（"Literature and Science"）一文中，首先从科学与文学研究的特殊经验角度来区分两种文化。文学主要是对个人经验的描述，科学则是对主体间性上相通的经验的描述。科学的陈述能够以形式化的语言来表示，并且形式化的语言依据一般的规定，对所有人都可以产生约束力。然而文学语言一定要表达无法重复的事情，而且按照具体情境构建达成共识的主体通性。其次，赫黎胥认为无法言传性作为文学表达的要素，其基础不是个人经历，而是在生活环境和历史环境的范围内形成的经验。科学的规律假说研究对象是各种事件之间的联系，这些事件尽管能够在同一时空中进行描述，但它们自身却不是世界的组成要素。反之，科学的对象不包括社会的生活世界的内容。哈贝马斯指出，赫

① （德）胡塞尔：《欧洲科学危机和超验现象学》，张庆熊译，上海译文出版社1988年版，第85页。

② （英）C.P.斯诺：《两种文化》，陈克艰、秦小虎译，上海科技出版社2003年版，第47页。

胥黎区分了只有事实的宇宙和社会的生活世界的不同。然而哈贝马斯认为赫胥黎并没有从科学经由技术的中介作用而进入社会的生活世界这个意义上来研究两种文化的关系。赫胥黎认为科学与文学理应等同，以使科学本身获得鲜活的形象。哈贝马斯认为，赫胥黎的这一观点是错误的，严格意义上的经验分析科学，仅仅在将它运用到技术之上时，只有当作技术知识时，才有可能进入社会的生活世界，在社会的生活世界中，严格的经验分析科学客观上拓展了主体支配技术的力量。① 因此严格的经验科学与社会集团的明确行为导向的自我解释，建立在各自的基础之上。科学知识对文学中体现的社会集团的实践知识来说，没有媒介就是无关紧要的，即是说，科学知识只有依赖于技术进步的实践力量才能获得自身的意义。所以经验分析科学与精神科学两种文化之间的分裂是必然的。

"如何将技术上能够运用的科学知识转化为社会的生活世界的实践意识？"②这显然是研究科学与文化关系的一个重要问题。哈贝马斯认为，怎样对技术进步与社会的生活世界间放任自流的关系加以反思并将这种关系归于理性控制③，这是我们目前必须解决的问题。哈贝马斯强调，一方面技术知识在社会的各个层面得到了更为广泛的应用；另一方面许多技术知识开始具备科学的形式，也就是说，出现了技术科学化的趋势。④

哈贝马斯进一步指出，技术知识的发展和社会传统的解释学理解，已经无法满足主体在社会生活实践中所进行的反思。⑤ 技术进步和生活世界的关系是最近才被人们关注的。19 世纪的大部分学者曾经认为科学能够通过两个不同的路径影响人的生活实践：第一个途径是通过科学信息在技术上的应用，第二个途径是通过个人的科学研究的形成过程。时至今天，科学研究过程与

---

① （德）哈贝马斯：《作为意识形态的技术与科学》，郭官义、李黎译，学林出版社 1999 年版，第 86 页。

② （德）哈贝马斯：《作为意识形态的技术与科学》，郭官义、李黎译，学林出版社 1999 年版，第 87 页。

③ （德）哈贝马斯：《作为意识形态的技术与科学》，郭官义、李黎译，学林出版社 1999 年版，第 87 页。

④ （德）哈贝马斯：《作为意识形态的技术与科学》，郭官义、李黎译，学林出版社 1999 年版，第 87 页。

⑤ （德）哈贝马斯：《作为意识形态的技术与科学》，郭官义、李黎译，学林出版社 1999 年版，第 88 页。

技术知识的转化和经济方面的充分利用紧密相关,科学与晚期资本主义社会中的生产和行政统治切相关,科学知识在技术中的广泛运用和技术上的发展又推动了科学研究的进步。不过哈贝马斯提醒人们注意,人们由科学中获得的操纵自然的能力,与人们希望具备科学素质的人的生活能力与行动能力尚有差距,①具备科学素质的人控制着社会行动的方向。因此科学的经验可以获得理解,而且也可以转化为实践的能力,即反思的意识。但依据实证主义的标准,自然科学的经验无法转化为实践。经验分析科学虽然使人获得了操控自然的能力,却与启蒙的力量相去甚远。

哈贝马斯认为,上述原因并不能成为科学不再掌握社会行动导向的理由。因为社会生产过程的变革首先是通过科学方法的运用取得的;其次,希望技术知识起到正确作用的要求也被运用于社会领域;社会领域随着主体劳动的工业化获得了独立的地位,社会领域与有计划的社会组织是对应的。自然科学已经赋予了技术操控自然的力量,现在这种操控能力开始扩大到社会领域。

在哈贝马斯看来,自然科学通过技术解决了的操控自然界的问题,又以相同的规模造就同样多的生活实践问题。科学不但控制社会过程,而且控制自然过程,然而,社会冲突要得到解决,社会利益要进行合理分配,生活世界的问题要获得合理的解释必须通过言语行为和对话才能解决。技术对于人的行为的控制与自然对人的行为的控制并无不同,而把这种控制人类行为的科学技术运用于生活世界的做法,就更需要进行科学的反思。②

哈贝马斯认为将科学信息转化为反思的意识并不容易。在这里处理好科学技术与民主的关系显然是重要的。社会运用技术控制社会再生产的过程,而且依据联合起来的个人的意志和认识,民主地进行这种控制。马克思将公民社会的实践认识的作用和技术相提并论。哈贝马斯指出,在对社会的生活条件的科学控制与民主的意志形成的整个过程中都会出现冲突。科学技术的发展的确极大丰富了我们的物质生活,使我们的生活看上去更加轻松愉悦,然而马克思所理解的那种社会解放,并不必然随科学技术带来的物质条件与社

---

① (德)哈贝马斯:《作为意识形态的技术与科学》,郭官义、李黎译,学林出版社1999年版,第88页。

② (德)哈贝马斯:《作为意识形态的技术与科学》,郭官义、李黎译,学林出版社1999年版,第91页。

会条件同时出现。① 由于工业化的社会发展能够依赖于科学技术获得调控——而不是依照工具的模式加以解释。哈贝马斯指出,从今天晚期资本主义科技发展的现实来看,按照自身规律发展起来的科学研究过程与技术过程,是缺乏事先规划的,我们总是在事后才为新的技术"发现"具体的用途,这就导致科学技术的发展有失控的危险。② 哈贝马斯认为那种科技与民主会自然协调发展的观点是错误的,当然,他也指出,技术与民主截然对立的悲观主义观点是有问题的。这两种观点最后都无助于形成科学技术进步和生活世界之间的合理关系。其实马克思很早就断言生产力和社会制度之间存在紧张的关系,而今天科学技术与社会实践之间存在的紧张关系明显加剧了,人们对科学技术进步的方向自身并没有进行反思,也没有将之和占统治地位的社会集团所宣称的政治的自我解释相对照③,也就是说,在晚期资本主义时期,科学技术完全服务于资本主义的生产关系,服从于资本主义制度,它们没有经过认真的反思就进入了我们的"生活世界"。哈贝马斯警告我们,为了进一步发挥科技的作用,为解决新的问题创造条件,倘若不能对占统治地位的整合形式进行革命,那么整个社会就处于危机之中。④

哈贝马斯指出,科学技术进步已经在社会与文化上造成了无法预料的后果,人们在抱怨自身的社会命运的同时,必须懂得把握自己的社会命运。科学技术对人类社会造成的严重后果,不是只用运用科学技术本身就能消除的。即是说,我们要进行一种充分的对话,它不但可以启发政治决策者理解技术上可能的与可行的条件,纠正他们自身那种想当然的态度,而且政治家们将可以依据这种讨论获取的认识,对我们将在什么方向和在多大规模上发展科学技术,做出切近事实的判断。哈贝马斯强调,仅仅当我们以政治意识来判断和解决这种辩证的关系时,我们才能够确立科学技术进步与生

---

① (德)哈贝马斯:《作为意识形态的技术与科学》,郭官义、李黎译,学林出版社 1999 年版,第 92 页。

② (德)哈贝马斯:《作为意识形态的技术与科学》,郭官义、李黎译,学林出版社 1999 年版,第 93 页。

③ (德)哈贝马斯:《作为意识形态的技术与科学》,郭官义、李黎译,学林出版社 1999 年版,第 95 页。

④ (德)哈贝马斯:《重建历史唯物主义》,郭官义译,社会科学文献出版社 2000 年版,第 155 页。

活世界之间的合理关系。① 毕竟科学技术上具有功用的知识的传播进步不可能替代反思的巨大的力量。

哈贝马斯是立足交往理性解释"生活世界"这一概念的，并就"生活世界"的背景进行研究。哈贝马斯以为，不论是个体还是集体，都需要理解生活世界背景，为自身的合理行为指明方向。② "生活世界"背景是一种"非主题的知识"。他说，"与一切非主题知识一样，生活世界的背景也是潜在的，通过前反思才能表现出来。"③也就是说，生活世界不可以成为任何特定的、具体的科学研究的对象，它不能被"对象化"，而只能是一个不言而喻的前提性存在，而且所有的科学均要以生活世界为基础。④ 在哈贝马斯那里，生活世界是人们进行反思的基础与前提。⑤ 在哈贝马斯看来，交往行为的主体必然在生活世界之中形成共识，他们的生活世界是由各种背景观念构成的。这样的生活世界背景具有三大特征，绝对的明确性，他说，"它只是在被言说的瞬间才和批判的有效性相联系，才可以被转化为可能出错的知识"⑥，这种背景知识与可能的问题之间没有内在的联系；生活世界背景具有总体性，"我们总是在一个主体间所共有的世界里，集体共同居住的生活世界就像文本与语境一样相互渗透，相互叠加，直到构成总体性的网络"⑦；生活世界背景具有整体性，这与生活世界的绝对性、总体性密切相关，生活世界的整体性是指生活世界"如同一片各种不同要素混杂的灌木丛，只有用不同的知识范畴，依靠问题经验，才能把它们分离开来"⑧。

哈贝马斯强调，上述非主题知识的三个特征能够解释生活世界具有"悖论"的特点的原因，即"接近经验的偶然有限性"。这种"悖论"的基础在于

---

① （德）哈贝马斯：《作为意识形态的技术与科学》，郭官义、李黎译，学林出版社1999年版，第110页。

② （德）哈贝马斯：《交往行动理论第二卷——论功能性理论》，洪佩郁、蔺青译，重庆出版社1994年版，第166页。

③ （德）哈贝马斯：《后形而上学思想》，曹卫东、付德根译，译林出版社2001年版，第79页。

④ 夏宏：《面向生活世界的社会批判理论》，中国社会科学出版社2011年版，第94页。

⑤ Jurgen, *Habermas*: *Nachmetaphysisches Denken*, Frankurt and Main: Suhrkamp Verlag, 1988, S.79.

⑥ （德）哈贝马斯：《后形而上学思想》，曹卫东、付德根译，译林出版社2001年版，第79页。

⑦ （德）哈贝马斯：《后形而上学思想》，曹卫东、付德根译，译林出版社2001年版，第79页。

⑧ （德）哈贝马斯：《后形而上学思想》，曹卫东、付德根译，译林出版社2001年版，第79页。

"世界知识和语言知识在生活世界基础上是整合在一起的"①。

生活世界的组成部分,如文化、社会以及个性结构等,共同编织了一个互相关联的复杂的意义语境,虽然它们的表现形式各异。② 文化知识体现为符号形式,表现为运用对象与技术,语词和理论,书籍与文献,也包括行为。社会体现在制度秩序、法律规范以及复杂而有序的实践与应用上。个性结构则体现为人的组织基础。哈贝马斯指出,我们不能将生活世界的这些组成部分解释为共同构建周围环境的系统,通过共同的日常语言媒介,它们彼此之间密切关联,如果这种媒介之中尚未分化出金钱或权力之类的特殊符号,那么生活世界的分化取决于能够不断发挥多种功能的日常语言。作为一种由符号构成,且贯穿着不同表现形式与功能的意义语境,生活世界就是由三种同时发生且密切关联的要素组成的。③

哈贝马斯认为参与交往行为者都将各自的生活世界理解为一个共享主体间的整体背景。生活世界是由文化传统和制度秩序以及社会化过程中达成的共识所组成的,因此,生活世界既不是由个体成员组成的组织,也不是由个体成员组成的集体,恰恰相反,生活世界是日常交往实践的中心,它是植根于日常交往实践的文化再生产、社会调节以及社会化相互作用的基础之上的。哈贝马斯进一步指出,个人也是符号结构,虽然个体把这种由符号构成的基础当作自己的肉体,然而,这种符号结构始终属于个体的外在本质,它与生活世界的物质基础是相同的。④

在哈贝马斯看来,批判性科学面临的任务就是纠正一种根深蒂固的错误,即人们大都认可自然科学的客观实在论,但对人文学科和社会科学的可能性表示怀疑。造成这种现象最重要的原因就是,自然科学在社会中体现着愈来愈显著的成功,并且自然科学的实在论大多是由确定性的理论先定的(如原子、电子、分子,细菌等),而在社会科学、人文学科的领域内这些基础性的东西就只能是不确定性的。但是这并不意味着我们必须要放弃对人文学科、社会科学进行客观实在的理解的理想。

① (德)哈贝马斯:《后形而上学思想》,曹卫东、付德根译,译林出版社2001年版,第80页。
② (德)哈贝马斯:《后形而上学思想》,曹卫东、付德根译,译林出版社2001年版,第82页。
③ (德)哈贝马斯:《后形而上学思想》,曹卫东、付德根译,译林出版社2001年版,第85页。
④ (德)哈贝马斯:《后形而上学思想》,曹卫东、付德根译,译林出版社2001年版,第86页。

综上所述,在哈贝马斯那里,生活世界是与人密切关联的世界,"生活世界"与人的存在经验不可分割,它永远是"我的"或"我们的"世界,通过我和我们的共同视界构成的。① 正是"生活世界"具有事先的"被给予性",它才成为一切科学存在的基础,经验分析科学的"求真"和人的科学的"向善"相统一,共同创造一个面向合理化的"美的世界"。

二、重构科学的实例:普遍语用学

在哈贝马斯看来,解放性自我反思依赖于对理性的普遍性条件的合理重构。重构科学是阐述"前理论"知识的深层语法与规则的科学,批判的社会科学是一种重构性科学,它必须区别于以自然科学为代表的经验分析的科学模式。

哈贝马斯认为自己的"交往行为理论"就是一种重构性科学(哈贝马斯有时也称之为"普遍语用学")。伯恩斯坦认为,交往行为理论拥有比语言学和精神分析理论更大的力量,因为它试图分析、识别并阐述人类交往所要求的条件②,哈贝马斯的"交往行为理论"使我们能够理解"解放性科学"的基础或理据。③

哈贝马斯认为,所有形式的社会行为都可以看作是以理解为目的的行为的产物,因此以理解为目的的行为是最为重要的。语言是理解社会文化发展的中介,那么把具有明确意义的语言从各种类型的交往行动中区别出来,确定并重建理解的一般条件,就是哈贝马斯创立的普遍语用学目的所在。④

在哈贝马斯看来,交往中的主体,实施一切言语行为都需要遵循普遍的有效性要求而且假设它们是能够被证实的。只要主体试图进入一个以理解为目的的交往过程,他就必须承担起一系列的有效性要求的义务,表达某种可以理解的意义;为听者提供某种东西去理解;让自己成为可理解的对象;最后达成与另一主体的共识。⑤ 哈贝马斯指出,"理解"一词本身就是模糊的,可以从狭

---

① 夏宏:《面向生活世界的社会批判理论》,中国社会科学出版社 2011 年版,第 93 页。

② (德)J.伯恩斯坦:《〈哈贝马斯与现代性〉导言》,孙国东译,《中国社会科学辑刊》2010 年秋季卷。

③ (德)J.伯恩斯坦:《〈哈贝马斯与现代性〉导言》,孙国东译,《中国社会科学辑刊》2010 年秋季卷。

④ (德)哈贝马斯:《交往与社会进化》,张博树译,重庆出版社 1989 年版,第 2 页。

⑤ (德)哈贝马斯:《交往与社会进化》,张博树译,重庆出版社 1989 年版,第 3 页。

义和广义的角度加以分析,狭义的"理解"指两个以上的社会成员以相同的方式理解一个言语行为;而广义的"理解"则指在相互认同的规范背景有关的话语正确的基础上,两个主体间达成某种一致;另外,也可以指两个交往过程的参与者可以就生活世界中的某物形成共识,而且相互让自己的想法被对方所理解。① 理解的达成其实是一个在彼此认同有效性的前提下形成共识的过程。在日常生活世界中,彼此理解的目标就是获取一个可以使所有交往行为参与者形成共识的新定义,假如这种努力失败了,交往行为就必然会中断。

在哈贝马斯那里,主体的交往行为中,交往参与者必须预先假设他们接受共同提出的认同的意义。倘若主体间可以依据一种分享的情景划分而由此交感式地进行交往,那么这种背景必然包括三项内容②,假如确切地知道某种交往行为存在,言说者与听者都知道他们彼此之间必须提出有效性要求;交往双方必须能预设他们可以验证自己的有效性要求;交往双方之间必然存在一种共识。

哈贝马斯主张以"普遍语用学"来指称一种以重建言语的普遍有效性基础为目的的批判性科学,这种科学研究必须包含以下主要内容③,明确划分普遍语用学的对象领域;明确合理重建的程序(区别于经验分析的科学程序);明确这种重建性科学的地位导致的科学方法论上的困境;明确普遍语用学是一种反思性理论还是一种具备经验内容的重建性科学。

1.普遍语用学对象领域的初步界定

哈贝马斯认为,如同结构主义语言学一样,语言的逻辑分析对自己对象领域的划分,其实就是将对象领域从语言的语用特性中概括出来,然后,对结构的语言与过程的语言进行区分。由此,语言就能被解释为某种完成表达而建立的规则系统,并且任何构造完美的表达均能被视为是这种语言的要素,而有言说能力的主体在参与交往行为时,又可以应用这样的表达。④ 他们可以用句子进行表达,也能理解并对被表达的句子形成自己的认识。语言学规则系统能够合理重建的现实,并不是把规范分析限制于该对象领域的依据。哈贝

---

① (德)哈贝马斯:《交往与社会进化》,张博树译,重庆出版社1989年版,第3页。
② (德)哈贝马斯:《交往与社会进化》,张博树译,重庆出版社1989年版,第4页。
③ (德)哈贝马斯:《交往与社会进化》,张博树译,重庆出版社1989年版,第5页。
④ (德)哈贝马斯:《交往与社会进化》,张博树译,重庆出版社1989年版,第6页。

马斯坚称,语言和言语都是能够进行规范分析的,如同语言的要素(句子),言语的要素(话语)可以在用某种重建性科学的方法论进行分析。① 哈贝马斯指出,自 C.莫里斯的《符号学》以来,交往理论已有一定的发展。他认为这些发展对普遍语用学的贡献虽大,但缺陷也十分明显,这些缺陷直接导致了理解的条件分析被抛弃的可能性。原因在于②这些普通语用学的研究还是以个别的经验事实推导出结论的,也就是说研究的先决条件并不具有普遍性。大部分语言学研究就是如此:它们将自己局限于在逻辑和语法的工具手段里,以至于无法真正厘清语用关系;它们把人们引导入一个基本概念的形式化领域之中,这一领域目前并没有得到详尽的分析;它们由一种孤立的、由目的—理性的模型出发,因而无法以一种合适的方式,在同一性意义的理解中,重构有关相互关系的特殊要素。哈贝马斯认为,普通语用学在一定程度上克服了以上缺点。

2.普遍语用学合理重建程序的说明

虽然哈贝马斯主张运用了规范分析以合理重建程序的科学,并以此反对经验分析的程序,但是他也认识到重建程序对经验分析研究来说具有重要意义。他认为,重建的科学最显著的特征就体现在它们系统地重构有能力主体的直觉性认识。③ 哈贝马斯认为,应该由区别知觉性经验或观察与交往性经验或理解出发,而后明晰关于经验分析与重建性科学之间的区分:观察的对象是能够感觉到的事物和事件(或状态),理解的对象则是话语的意义。④

在经验分析的科学研究过程中,观察者基本上是独立的。相反,以理解意义为目的的解释者在和其他个体建立起来的符号化主观际联系的基础,基本是作为交往过程的参与者从事理解的,虽然它其实可能仅仅是和一本书、一份文件、或一部文学作品进行沟通。哈贝马斯指出,重建性理解区别于有关内容的理解,它必须依赖于有交往能力的主体自身完成的符号化客体。⑤ 因此重建活动必然与某种普通的前理论认识、与一种一般化的潜能相关联,而不只是和特定集团的特殊条件或特殊个体的才能相关联。在被重建的前理论认识表

① (德)哈贝马斯:《交往与社会进化》,张博树译,重庆出版社 1989 年版,第 6 页。
② (德)哈贝马斯:《交往与社会进化》,张博树译,重庆出版社 1989 年版,第 7 页。
③ (德)哈贝马斯:《交往与社会进化》,张博树译,重庆出版社 1989 年版,第 9 页。
④ (德)哈贝马斯:《交往与社会进化》,张博树译,重庆出版社 1989 年版,第 9 页。
⑤ (德)哈贝马斯:《交往与社会进化》,张博树译,重庆出版社 1989 年版,第 9 页。

现出一种普遍能力,表达出一种一般认知的、语言的、相互作用的素质时,那种通过意义解释为起点的工作,就必然以类似素质的重建为目的。① 在范围与性质上,这种重建可以与一般性理论相提并论。

3. 与经验主义语言学相对的重建性语言学

哈贝马斯认为,必须在资料、理论和对象领域、理论与日常认识以及方法论等四个方面区分经验分析的语言科学和重建性的语言科学。

在资料方面,哈贝马斯认为,经验分析的语言科学资料由语言行为中可以衡量的变量组成。而重建性语言科学的资料是由有言说能力的主体的规则意识提供。因此依据其本体论程度资料能够被区分开来②,经验分析的语言行为是能够感觉现实的一部分,重建性语言行为则以符号化构成物的生产为目的;经验分析的语言科学一般意味着某种特殊事物的知识,而重建性的科学却含有范畴知识;经验分析性语言资料的选择,只是来自语言学者的分析角度,重建性科学资料则是有言说能力的主体自己评价和预先选择可能的资料。

在理论和对象领域,哈贝马斯强调,倘若语言学描述的对象是自然语言,而不是某种可重建的前理论认识,那么语言学理论就只能是一种与其对象领域相关联的经验理论,这种经验理论依赖于法理性假设去分析语言现实中的语言描述。③ 与之相反,假若语言学理论描述的对象是重建的前理论认识,这种语言理论就是一种与对象领域相联系的对被解释者进行的意义解释的重建性科学。在重建性科学那里,对象的语言学特征体现为不同的语言之间是一种解释与被解释的关系,解释的语言理论上与被解释的自然语言属于同一层次。

在理论与日常认识方面,一种狭义上的经验分析理论能在一定程度上驳斥对象领域的日常认识,并且以某种暂时以为真实的、正确的理论知识将其替代。④ 与之相反,重建性科学理论能够较明确地体现前理论认识,但不可能证明其为假。因此,非直觉的证明属于资料的范围,资料仅能被解析,却无法被评判。

---

① (德)哈贝马斯:《交往与社会进化》,张博树译,重庆出版社1989年版,第13页。
② (德)哈贝马斯:《交往与社会进化》,张博树译,重庆出版社1989年版,第15页。
③ (德)哈贝马斯:《交往与社会进化》,张博树译,重庆出版社1989年版,第16页。
④ (德)哈贝马斯:《交往与社会进化》,张博树译,重庆出版社1989年版,第17页。

重建性科学提出了一种本质主义的要求。理论描述在和重建所提供出的被解释的深层结构相似的意义上，和相关的现实结构对应，而且理性的重建要重新建构那种只是在本质论意义上加以解释的前理论认识。① 在方法论方面，哈贝马斯认为，一些学者混淆了经验分析与重建两种不同的语言学研究类型。对此，哈贝马斯有两点异议，一是重建的科学和有能力言说的主体的前理论认识相关联，后者体现在自然语言的句子构造中和语言表达的合语法性的评判之中。重建的对象就是有能力言说的主体构建句子、并使之符合一套语法性语句规则的过程。二是因为自然语言的反思特性，直接或间接地谈到言语成分，原本就属于以理解为目标的正常语言过程。②

4. 与超验解释学相对的普遍语用学

在提出了重建性科学的构想后，哈贝马斯通过普遍语用学的思考对这一构想进行了说明，并进而提出：普遍语用学的重建和超验分析的关系是什么？

哈贝马斯认为，在康德那里，"超验的"这个概念是指辨认、分析经验可能性的先验条件。由皮尔士创立的、将超验性作为方向的实用主义力图证明，在经验与工具性行为间有一种结构性的联系。③ 但源于狄尔泰的解释学却力图对某种附加的先验理解或交往行为进行客观评价。哈贝马斯指出，认同某种先验主义并不需要把自己局限于关于可能经验的条件的逻辑语义学分析，就算我们抛弃超验主义的概念，我们也不需要推翻关于可能经验对象概念的应用的普遍语用学分析，也就是关于经验建构的研究。④ 也就是在这个意义上，阿佩尔提出"超验解释学"或"超验语用学"来体现其研究的主要特征。一方面，具有言说能力的主体的规则意识，对于他自己原本就属于一种先验知识。另一方面，语言学家本身也必须努力获取后验的知识。具有言说能力的主体潜在的知识与知识的语言学描述的形式并不相同，后者运用的程序，在某种程度上和理论科学中应用的程序相类似。⑤

在言语行为理论的争论中产生的一些观念能够成为普遍语用学基本假设

① （德）哈贝马斯：《交往与社会进化》，张博树译，重庆出版社1989年版，第17页。
② （德）哈贝马斯：《交往与社会进化》，张博树译，重庆出版社1989年版，第18页。
③ （德）哈贝马斯：《交往与社会进化》，张博树译，重庆出版社1989年版，第21页。
④ （德）哈贝马斯：《交往与社会进化》，张博树译，重庆出版社1989年版，第22页。
⑤ （德）哈贝马斯：《交往与社会进化》，张博树译，重庆出版社1989年版，第24页。

的基础。哈贝马斯认为,普遍语用学是在下列事实中得以表现的,普遍语用学对话语主题化的倾向与语言学对语言的单位(句子)主题化的倾向相似;重建性语言分析科学的目的在于使具有言说能力的主体遵循这些规则,有利于构造语法性句子并以一种能够接纳形式言说它们①,言语行为理论和语言学共同肩负这项使命。所有具有言说能力的主体都有某种内在的重建性知识,这种假设是语言学研究的出发点,而交往性规则资质是言语行为理论假设的出发点,并进一步假设了交往性资质恰恰具有同语言学资质同样普遍的核心。② 在哈贝马斯看来,由于语法性语句使能理解的需求得到满足,那么一个成功的话语一定要具备三个有效性要求③:对于自身所体现的内容来说,言语行为的参与者必须认为它是真实的;对于表达言说主体目的的一些内容来说,它应该被认为是真诚的;对于话语和社会认同的要求一致性而言,它必须被认为是正确的。

　　重建主体在所有情况下言说句子的能力的基础,是普遍语用学关注的重点。④ 三项基本的语用学功能包括以语句验证世界中的某种东西、表达言说主体的目的、建立合法的人际关系。而这些功能的实现要按照真实性、真诚性和正确性等有效性条件来衡量。因此每一个言语行为都能够由对应的角度进行分析。哈贝马斯认为,在语言的认识应用中,描述内容的真实性占据中心地位;在语言的相互作用中,人际关系的正确性就占据中心地位,在语言的表达式应用中,言说者的真诚性占据中心地位。⑤ 然而在任何一个交往行为的发生现场,全部有效性要求均应该得到满足。这些有效性要求必然是同时被提出的,尽管它们不可能同时居于中心地位。

　　哈贝马斯强调"交往行为理论"的核心就建立在话语的第三个功能之上。因此,他将"言语行为理论"作为他的出发点,即人际关系方面。⑥ 语言是一种媒介,通过它,言说者与听者实现了根本的区分,主体将他自身与外在自然、社

　　① (德)哈贝马斯:《交往与社会进化》,张博树译,重庆出版社1989年版,第26页。
　　② (德)哈贝马斯:《交往与社会进化》,张博树译,重庆出版社1989年版,第27页。
　　③ (德)哈贝马斯:《交往与社会进化》,张博树译,重庆出版社1989年版,第29页。
　　④ (德)哈贝马斯:《交往与社会进化》,张博树译,重庆出版社1989年版,第29页。
　　⑤ (德)哈贝马斯:《交往与社会进化》,张博树译,重庆出版社1989年版,第30页。
　　⑥ (德)哈贝马斯:《交往与社会进化》,张博树译,重庆出版社1989年版,第34页。

会、内在自然、语言区别开来。哈贝马斯认为,这四个领域一般来说是同时出现的。在哈贝马斯那里,外在自然意味着主体可以感知并操纵在现实中客观化了的领域;社会则指主体能够在某种非依从性态度中进行理解的现实生活中前符号化结构的领域;内在自然则指向的是所有的欲望、感觉、意向等;最后,哈贝马斯把导入我们话语的语言中介物当作一个特别领域。① 正是由于语言在我们交往行为及表达的进行过程中具有某种非同寻常的半超越状态,它把自己当作现实中特殊的一个部分展示给言说者与行为者。哈贝马斯指出,这里通过直觉式得出的其实是一种交往模式,通过普遍的有效性要求、语法性句子与现实的三种关系结合,并因此肩负相应的语用学功能,即呈现事实、构建合理的人际关系以及表达言说者的主体性。② 依据这个模式,语言能够当作互相联系的三种世界的中介而被假设,那么对于一个成功的言语行为而言,必然存在三重关系,话语和成为现存物的总体性的"外在世界"的关系;话语与成为一切被规范化调节了的人际关系的总体性的"我们的社会世界"的关系;话语与作为言说者倾向经验的总体性的"特殊的内在世界"的关系。我们能够验证任何一个话语,判断它是否真实、是否正确、是否真诚。对于一个能够接受的言语行为而言,外在自然、社会与内在自然等层面总是同时出来,语言自身也在言语中体现出来。

哈贝马斯断言,由于言语是一种中介物,在言语中,那种被工具性进行运用的语言学含义也是可以被反思的,在言语中,语言话语的符号基质、意义和概指也能够被区分,言语将成为一个特殊的现实,将自身从客观世界、社会世界与主观世界等领域中脱离出来。③

正因为具备以上几个特征,哈贝马斯认为批判的社会科学必然是一种阐述"前理论"知识的深层语法与规则的科学。作为一种重构性科学,批判的社会科学必须是一种区别于以自然科学为代表的经验分析的科学模式。

---

① （德)哈贝马斯:《交往与社会进化》,张博树译,重庆出版社1989年版,第68页。
② （德)哈贝马斯:《交往与社会进化》,张博树译,重庆出版社1989年版,第69页。
③ （德)哈贝马斯:《交往与社会进化》,张博树译,重庆出版社1989年版,第69页。

第五章　科学与哲学、宗教的关系

为了阐明自己的科学思想,哈贝马斯关注科学与哲学、宗教的联系和区别。因为科学与哲学、宗教的关系贯串了科学发展的全部历程。某种意义上说,一个哲学家对科学与其他认识世界方式的关系的理解就是其科学观的呈现方式之一。

第一节　科学与哲学

科学与哲学的关系曾经是一个引起学者们激烈争论的重要问题,迄今为止,这个问题仍未获得真正意义上的解决。一般认为,科学是关于事物本质和规律的研究;哲学是对世界系统化、理论化的观点,是对自然界、人类社会知识的归纳和总结。哲学与科学的关系是普遍与特殊、共性和个性、抽象和具体的关系。哲学发展要以科学进步为基础,从宏观上为科学提供方向和方法。但是我们仔细思考这些传统说法,就会发现一些问题:这里的"科学"究竟是什么含义? 它包括我们常说的"人文社会科学"吗? 如果"科学"也包括"人文社会科学",哲学显然就是"科学"的一部分。前面对二者关系的理解显然是矛盾的。国内学者在探讨科学与哲学关系时,大多将"科学"的概念定位于经验分析的自然科学,仅探究自然科学与哲学的关系;另有部分学者并不界定"科学"的概念,采取"模糊处理"的办法,实质上指的还是自然科学。所有哲学家都会遇到哲学与科学的关系问题,对二者关系的不同理解往往对应了哲学家哲学探索的方向。哈贝马斯将哲学推向社会生活,将哲学变为关注人的现实生存与发展的社会批判理论,而科学作为影响现代社会人类生活的主要力量之一,是哈贝马斯必须认真思考的对象。由于哈贝马斯对晚期资本主义社会科学技术造成的人的异化进行了尖锐的批判,国内许多学者断定哈贝马斯是科学悲观主义者。哈贝马斯在《理论与实践》《作为意识形态的技术与科学》《认识与兴趣》等著作中确实分析了科学无限制发展的后果,提醒人们警惕政治科学化、科学"侵入"生活世界的危险。尽管如此,我们认为并不能就此为哈贝马斯贴上科学悲观主义者的标签,他依据认识与兴趣统一的原则,将自然科学、社会科学以及反思性哲学综合为"批判的社会科学",一定程度上解决了晚期资本主义面临的科学危机,为科学的发展指明了方向。因此,我们认为哈贝马斯对科学与哲学的关系的诠释是较为客观的。

一、科学与哲学关系发展的三个阶段

"科学"和"哲学"的概念都是从西方引入的而在西方科学史上,首先将这两个概念联系在一起的是泰勒斯。"他是第一个哲学家也是第一个科学家,是西方科学——哲学的开创者"①。科学和哲学的关系发展大致经过了三个历史时期。

1. 哲学即科学时期。众所周知,近现代科学脱胎于古希腊哲学。在亚里士多德那里,哲学和科学并无区别,哲学即是广义的科学。在古希腊哲学中,许多哲学家孜孜以求的哲学问题,大都属于近现代意义的"科学"范畴。可以说,按照现代学科划分体系,他们探索的许多哲学问题,是不折不扣的"科学问题"。这一时期,科学与哲学俨然合为一体,二者之间既无明确的界限,也不存在各自固定不变的对象领域,而是共同形成了一个原始的、朴素的知识体系。

2. 科学与哲学的分离时期。西方中世纪末到文艺复兴时期,近代意义上的科学和哲学逐渐形成,它们之间发生了历史性的分化与重组,两者的界限日渐明晰以至走向对立,各自的研究领域也有了较大区别,逐步形成了机械论的科学观和哲学观。随着社会的发展,知识的专门化、精细化和体系化持续演进。在这一时期,因为科学(主要是自然科学)相对于哲学而言具有比较确定和相对独立的研究对象,科学逐渐从原本包罗一切的"百科全书式"的哲学体系中分离独立出来——当然,这经历了一个漫长的历史过程。因此哈贝马斯

---

① 吴国盛:《科学的历程》(第二版),北京大学出版社2002年版,第64页。

指出,在以物理学为代表的自然科学脱离哲学的体系走向独立后,哲学已经无法再对科学进行指导,哲学再也无法为科学提供合理的解释。但哈贝马斯强调,哲学与具体科学之间依然有着或多或少的联系。①

3. 科学与哲学的再认识时期。19 世纪是人类史上第一个科学时代,自然科学在多个领域取得了辉煌的成就。法拉第发现了电磁感应定律、麦克斯韦推导出电磁场的波动方程、无线电通信获得成功。自然科学的进步迫切需要崭新的哲学进行合理化的解释。19 世纪 50 年代,恩格斯根据当时自然科学的最新发展成就,站在马克思主义科学观的立场上编撰而成《自然辩证法》一书。他深刻指出,在科学进步的时代,旧的形而上学思维必须扬弃,应由辩证思维取而代之。只有如此,人类的才能获得确定性的知识。② 在科学技术日益成为"第一位的生产力"的背景下,人类未来命运与科学技术的发展息息相关。科学在给人类社会带来惊人的物质生产力的同时,也造成了一系列社会问题,人类的未来并没有因为科学的进步而变得更加光明。由此,机械论的哲学观和科学观被人们逐渐抛弃,科学和哲学之间原有的严格区分被动摇,二者之间出现了交汇融通的发展趋势。

二、"哲学"与"科学"的概念

我们要正确理解哈贝马斯对科学与哲学关系的思考,必须厘清哈贝马斯的"科学"与"哲学"的概念。

1. "哲学"的概念。在《交往行为理论》中,哈贝马斯指出,"哲学产生以后,它就将运用理性说明复杂多变世界的同一性作为自己的任务。所有哲学学说的共通之处,就在于以理性的原则思考存在的统一性"。③ 哈贝马斯认为,传统哲学对存在的同一性概括源自神话传说。传统哲学总是力图将复杂的、变动不居的世界归纳为"一",构建了"一"与"多"这对基础的辩证关系。"一"意味着事物的本质,也是世界的本源。"多"是由"一"发展演进而来,包

---

① (德)哈贝马斯:《后形而上学思想》,曹卫东、付德根译,译林出版社 2001 年版,第 17 页。

② (德)恩格斯:《自然辩证法》,人民出版社 1971 年版,第 68 页。

③ J.Habermas, *The Theory of Communicative Action*, *Reason and the Rationalization of Society*, Boston:Beacon Press and Cambridge:PolicyPressin association with Basil Blackwell, Oxford, 1984, p.15.

罗一切的多样事物的统一性是"多"的表现形式。①

按照哈贝马斯的分析,追求整体性的传统哲学受到科学发展的冲击。传统的形而上学陷入无法解释自然科学进步的尴尬境地,反而是经验分析科学的强势发展迫使哲学采用了科学的方法论,这就导致哲学变成了一门接受科学方法指导的专业学科。哲学与科学的地位发生了历史性的颠倒,可是这种颠倒却带来了新的问题。哈贝马斯指出,哲学的这种尴尬角色需要我们重新考虑科学与哲学的关系。只要哲学不再把自己视为"第一科学",不再标榜独自拥有真理的解释权,它就可以继续享有在科学体系中的地位,并且它也不需要将自己塑造为经验分析科学的形象。但这并不意味着哲学必须完全放弃自己作为形而上学特征的整体性思维。哲学始终与生活世界保持着紧密的联系,它完全可以胜任科学世界解释者的角色,因此哲学的功能就发生了变化。这就是哈贝马斯的"后形而上学思想"。哈贝马斯坚决拒绝了传统的唯心论和意识哲学观点,不再寻求一种囊括一切的真理的哲学,转而关注对具体的、主体间的言语交往过程的解释,这一过程中真和善的达成是受到主体广泛的质疑和证明的结果。

2."科学"的概念。与其哲学概念相对应,哈贝马斯在《认识与兴趣》一书中,将科学划分为三个类别:技术兴趣指导的经验分析的科学,即自然科学、实践兴趣指导的历史解释学即人文科学、解放兴趣指导批判的社会科学。哈贝马斯认为,人文科学与自然科学的表现形式截然不同:经验分析科学具有一种因果解释的形式,即具备在给定条件下进行预测的功能,它能帮助人们获得技术能力;历史解释学则是一种主体对传统的解释。经验分析科学的目的是达成技术上的支配;历史解释学的目的是达到主体间的相互理解,它能帮助人们获得实践能力。而"批判的社会科学"则超越了技术上和实践上的兴趣,它接受解放兴趣的指导,实质上是一种批判性科学,其目标指向社会解放,试图通过批判反思的方式,在人们之间建立一种没有强制的交往关系,进而在主体间达成一种普遍的、没有压制的共识。

因此,我们可以将哈贝马斯的"批判的社会科学"理解为一种反思性哲学。哈贝马斯自己也将弗洛伊德的精神分析学和马克思的意识形态批判视为

---

① (德)哈贝马斯:《后形而上学思想》,曹卫东、付德根译,译林出版社2001年版,第137页。

这种批判性科学的范本。

三、介于科学与哲学之间"批判的社会科学"

正是基于以上哲学和科学的概念区分，哈贝马斯认为，应该建立一种与已经成为意识形态的科学相反的、批判性的科学。两种科学的本质区分在于，前者是一种为晚期资本主义社会合法性辩护的新型意识形态，后者主张科学应对自我进行反思。哈贝马斯指出，当今社会科学与哲学已经前所未有地交织在一起。但哈贝马斯建议哲学家仍应该"坚持理性的普遍性基础"的意识①，正是这种普遍性意识使哲学与生活世界保持着牢固的联系，因此哲学具有一种科学无可比拟的优势，即能在科学专家文化和日常交往之间担当起沟通诠释的角色。② 哈贝马斯为当代哲学规定的任务就是在科学的所有领域采取自我反思的态度。

为了论证这一点，哈贝马斯首先提出了一个尖锐的问题，"哲学究竟首先是生产力还是虚假的意识？"③

哈贝马斯认为，马克思和恩格斯把那些遮蔽同时又显露出社会基本阶级构成的意识形式，也就是那些确保现实社会法律制度与统治制度合法化的意识形式，才视为意识形态。因此，马克思和恩格斯在断言科学技术是生产力时，也态度坚决地将宗教与道德理解为意识形态。马克思认为，传统的意识哲学一方面是一种虚假的意识反映，另一方面它也以本末倒置的方式展示了理性的内容，因此我们必须对哲学的基本内容进行理性的重建。④

在哈贝马斯看来，随着科学技术成为第一位的生产力，科学主义的观点开始渗入哲学之中，出现了三种不同的发展趋向，一是依据科学主义的原则，哲学原本探讨的自然界和历史统一性问题根本不能成为科学研究的问题；二是与规范的理性抉择相关联的实践问题，根本不具备辨识真理的能力，从原则上讲，价值与判断都是非理性的，不值得确信；三是哲学传统的本质性问题只能

---

① （德）哈贝马斯：《道德意识与交往行为》，法兰克福1983年版，第23页。
② （德）哈贝马斯：《后形而上学思想》，曹卫东、付德根译，译林出版社2001年版，第241页。
③ （德）哈贝马斯：《重建历史唯物主义》，郭官义译，社会科学文献出版社2002年版，第47页。
④ （德）哈贝马斯：《重建历史唯物主义》，郭官义译，社会科学文献出版社2002年版，第48页。

158

诉诸语言分析解决,而且哲学仅限于在逻辑学和方法论方面发挥作用。①

哈贝马斯指出,这种对哲学进行的科学主义理解,在哲学界引发了三种不同的理论反应。第一种反应是在哲学与科学之间寻找一种相对妥协的解决方案。哈贝马斯把这类观点称为"互补哲学"的观点。这种所谓的"互补哲学"大体上认同科学主义的基本立场,但将人的生命问题视为只能由哲学思考解决的问题。哈贝马斯认为,这是哲学放弃了自身对世界本质的反思,是一种无原则的自我否定。他认为由雅斯贝尔斯到早期的萨特,乃至柯拉柯夫斯基的哲学都是"互补哲学"的典型例证。

第二种反应恰恰与以上"互补哲学"相反,希望重拾原始哲学的意向,试图通过改革本体论的方式坚持传统意义上的哲学。哈贝马斯认为,由胡塞尔开创的现象学和海德格尔进行的哲学尝试,在西方学术史上的反响最强烈、影响也最为深远。

第三种反应是斯大林时期建构的教条主义的苏联马克思主义理论体系,即将自然界和世界史理解为一个统一体。它阐明和维护的是一种辩证的方法,这种哲学方法被赋予双重的任务,一是解释自然科学的成就,二是从理论上重建人类的历史。

哈贝马斯认为,只有后两种理论反应,才能一如既往地达成哲学把握世界的统一性的意图。在划分哲学和科学的界线方法上,哈贝马斯指出,我们可以有两种选择,即要么采取守势,要么采取攻势的方法。他认为,在现象学将现象学分析当作独立的、基本的方法与经验分析科学的研究方法区分开来时,现象学无疑处于守势;当辩证唯物主义将辩证法理解为自然、历史和思维的一般规律的理论时,辩证唯物主义无疑采取的是攻势。哈贝马斯认为,我们必须坚持哲学的传统,其目的就在于使人类的实践要求排除科学的影响。因此,现象学利用直观可见的方法,其实是为了以主体的主观能动性占据一个独立的、科学分析无法靠近的领域。而苏联的马克思主义将自然、历史和思维的实质的根本观点教条化,而且排斥了科学的批判,因而无法获得成功。

由此,哈贝马斯将当代哲学任务归纳为三个方面。第一,"哲学的任务就

---

① (德)哈贝马斯:《重建历史唯物主义》,郭官义译,社会科学文献出版社 2002 年版,第50 页。

在于,在科学中去发掘同经济主义的基本原理和归纳主义相对立的强大的战略理论。"①"哲学直到今天仍旧是要求统一和普遍化、独一无二的总督"。②哲学的监管作用不容侵犯,倘若弃之不顾,我们就丧失了对晚期资本主义世界的反思能力,也无法保证科学沿着正确的方向发展,从而给科学带来损失。虽然极力主张放弃哲学这种监管作用的是实证主义,但是实证主义抛弃的恰好是自身存在和发展的合理性。第二,"哲学的任务就是论证在科学中形成的客观化思维的普遍性以及合理的、能够为自身做辩护的实际生活的基本原则的普遍性。"哈贝马斯认为,尽管客观性思维的基本原则和理性的原则,是在资本主义社会发现和确立起来的,然而这些科学的原则并没有发展为资本主义文化的明确特征。今天,资本主义文化正在蛮横地将自己传统土壤中形成的特殊生活方式散布到全世界。事实确也如此,不过我们不能将合理地批判欧洲中心主义扩展到思维与理性生活的普遍的基础之上,这种理性的自我解释和自我辩护,只能由哲学来完成。第三,"哲学的最重要的任务,就是反对任何形式的客观主义,反对思维和制度对它们自己的实际生活的形成联系和使用联系的意识形态的,即虚伪的独立性,就是展示出彻底的和激进的自我反思的力量。"③哈贝马斯指出,哲学最重要的任务,就是坚决抵制科学的科学主义自我理解和否定技术至上的意识。他认为,理论理性与实践理性的统一性,正是在这种哲学反思中确立的,哲学仍然是社会与其成员的形成相互联系唯一的中介,科学永远无法替代。

在《何谓形而上学》一书的导论中,海德格尔将哲学比如成一棵大树,树干是科学,树根则是形而上学。这个比喻来描述哈贝马斯的社会批判理论也许是恰当的。如果哈贝马斯的"批判的社会科学"是一棵大树的话,树干就是经验分析的科学和历史解释学,树根就是反思性的哲学。

哈贝马斯的批判性科学的方法论其实就是一种介于哲学与科学之间的反思批判,这种批判方法的提出显然深受马克思和伽达默尔的影响。哈贝马斯

---

① (德)哈贝马斯:《重建历史唯物主义》,郭官义译,社会科学文献出版社 2002 年版,第51 页。

② (德)哈贝马斯:《重建历史唯物主义》,郭官义译,社会科学文献出版社 2002 年版,第51 页。

③ (德)哈贝马斯:《现代性的哲学话语》,曹卫东译,译林出版社 2004 年版,第 161 页。

在《理论与实践》一书中指出,马克思的批判性学说就是介于科学与哲学之间的社会理论(这里的"科学"显然指经验分析的科学,其中包括自然科学和一部分社会科学),一方面具有经验分析科学的特点,另一方面也具有传统哲学反思的特征。①

在哈贝马斯看来,由于自然科学的强势发展,科学不但从哲学中完全独立出来,而且对哲学享有明显的优越感,取代了哲学原有的地位。他认为,从康德以来,哲学就失去了对科学应有的诠释功能,并批判现代科学已经陷入"科学主义"之中。哈贝马斯指出,实际上哲学和科学都无法专享对知识的理解,二者各有其作用,即知识既不被哲学独自规定,也不被科学定义;知识只有在哲学中才能有效,或者说科学要获得可靠性的知识就必须强调对自身的反思。

综上所述,关于科学与哲学的关系的理解,哈贝马斯既强调反对任何形式的"科学"的科学主义自我认识,也指出哲学的使命就是论证科学发展中形成的客观化思维的普遍性、反思生活世界现存原则的合理性。只要坚持这种理解,哲学与科学之间就能建立一种良性互动,既让科学的发展保持在促进人类进步的轨道之上,又使哲学发挥批判的优势,解释并引领现代科学的发展方向。显然,哈贝马斯的结论过于乐观,科学与哲学之间的关系现实中更为复杂,由于他对理论事实采取了一种简单化的归纳方法,得出的结论虽然明确,但并不令人信服。

我们认为,科学与哲学的关系问题其实是20世纪以来的科学主义和人文主义"两种文化"关系的具体体现,无论如何定位科学和哲学的关系,都无法改变一个事实,即它必然是通过"人"作为连接点发生联系的。哈贝马斯从"批判的社会科学"出发,立足于人类实践对科学与哲学关系的思考深化了我们对这一问题的理解。

"我相信到一定程度人类科学将把哲学问题转变为科学分析问题的能力,它们将日益脱离经验主义的模式,同时,哲学有责任去完善其擅长的理论战略,来对付归纳主义和自然主义。我认为哲学迄今仍是主张统一性和

---

① (德)哈贝马斯:《理论与实践》,郭官义、李黎译,社会科学文献出版社2004年版,第242页。

普遍性的最合适的代表,它或者在人类科学中获得真正的满足,或者一无所获。"①

第二节　科学与宗教

历史上的科学与宗教的关系充满了戏剧性。在中世纪,科学成为宗教的死敌,一些科学家甚至被宗教裁判所送上火刑架;在文艺复兴时期,科学就在神学院的庇护下得以孕育发展起来;启蒙时期,科学成为反对宗教统治最有力的武器;今天的科学与宗教关系又变得复杂而暧昧,甚至宗教也开始利用最新的科学发现为自己辩护。哈贝马斯对宗教的态度可以分为两个阶段,早期受马克思的影响他将宗教视为愚弄民众的"麻醉剂",后期转而将宗教视为科学世界的有益补充,越来越重视宗教在社会中的正面意义。

一、科学时代的宗教

罗素曾在《西方哲学史》绪论的第一页说:"哲学,就我对这个词的理解来说,乃是某种介乎神学与科学之间的东西。它和神学一样,包含着人类对于那些迄今仍为确切的知识所不能肯定的事物的思考;但是它又像科学一样是诉之于人类的理性而不是诉之于权威的,不管是传统的权威还是启示的权威。一切确切的知识——我是这样主张的——都属于科学;一切涉及超乎确切知识之外的教条都属于神学。但是介乎神学与科学之间还有一片受到双方攻击的无人之域;这片无人之域就是哲学。"②这里,罗素对科学、宗教和哲学之间的关系做了一个界定,他认为哲学是负责解释宗教与科学之间的领域,宗教、哲学和科学三者既有明显的差异,也有相同之处。宗教和哲学研究的对象都属于不确定的知识,而科学的研究对象是指能够形成确切的知识或答案的事物。

21 世纪以来,科学技术的持续进步推动着当代社会的世俗化进程,而宗

---

① (德)哈贝马斯:《现代性的地平线》,李安东、段怀清译,上海人民出版社 1997 年版,第21 页。

② (英)罗素:《西方哲学史》上卷,何兆武、李约瑟译,商务印书馆 2004 年版,第11 页。

教组织与宗教势力在世界范围继续存在,在某些地区和国家的社会影响还呈现出扩大化的趋势。可以说,无孔不入的科学生活与顽强生存的宗教共处的局面将长期存在。为了解释这一现象,当代许多学者对科学和宗教的关系展开了思考。

随着现代社会"消费主义"的盛行,拜金主义成为许多人理所当然的选择。人们的精神生活日渐单一贫乏,对物质的欲望却日益扩大,一些人的宗教信仰也为"商品拜物教"所代替。有学者提出,世俗化过程的并没有导致宗教的消亡,而是孕育出一种"商品拜物教"的宗教。宗教界人士对当今社会的科学异化倾向十分不满,他们依旧坚守在伦理、家庭生活、人生观等一系列问题上的固有立场,与世俗公民的观点拉开来了距离,而世俗公民也逐渐意识到精神堕落所引发的严重社会问题,部分民众开始转向宗教寻求帮助,以获得心灵生活的充实。

丹皮尔在《科学史及其与哲学和宗教的关系》一书中指出,"要想关照生命,看到生命的整体,我们不但需要科学,而且需要伦理学、艺术和哲学,我们需要领悟一个神圣的奥秘,我们需要有同神灵一脉相通的感觉,而这就构成宗教的根本基础。"[1]哈贝马斯一直关注宗教在人类解放中的重要作用,尤其到了 21 世纪,他对宗教问题的研究更为深入客观,对科学和宗教的关系有了新的理解。[2]

二、"宗教"的概念

哈贝马斯承认马克斯·韦伯的宗教理论对自己的影响颇大,韦伯认为科学的发展带来了人类认识的飞跃,传统意义上的宗教已经丧失了自身的力量和社会价值,它们被改造成为主体的信仰和保证当代价值观念的对个体具有约束力的伦理学,成为社会合法性的一部分。[3]

作为西方马克思主义阵营中的一员大将,哈贝马斯承袭并重建了自马克思到早期法兰克福学派以来的理论宗旨,将自己的理论看成是带有实践意向

---

① (英)W.C.丹皮尔:《科学史及其与哲学与宗教的关系》,张桁译,广西师范大学出版社2009 年版,第 274 页。

② 童世骏:《批判与实践》,三联书店 2007 年版,第 322 页。

③ (德)哈贝马斯:《理论与实践》,郭官义、李黎译,社会科学文献出版社 2004 年版,第303 页。

的解放学说。在马克思的解放学说中,宗教作为压制解放的因素遭到无情的批判;在早期批判理论家的解放学说里,宗教既是压制的因素,应该被批判,又是人们心灵的寄托,成了现实解放的替代物;而在哈贝马斯的解放的学说中,因为受到马克思和早期批判理论家的影响,他不仅把宗教看成是理性的对立物,对宗教给予了批判,同时又在解放的学说中给予了宗教一定的地位,认为解放、正义、道德、自由等是解放学说的基本概念和主要内容,而这些概念和内容也正是宗教尤其是基督教—犹太教思想的构成要素。

哈贝马斯在《公共领域的结构转型》一书中论证了"公共领域"对社会合理化的重要性,他倡导在公共领域内推广健康和良好的生活方式,而将宗教引入公共领域是达成这一目的的重要手段。哈贝马斯主张将宗教也纳入公共领域的范围,让信教公民和不信教公民互相交流、增进信任,使不同信仰造成的矛盾冲突得以化解,公民间的团结与合作加强,从而有效发挥宗教对社会和人生的积极作用。①

如何保证信教公民与不信教公民之间的平等交流? 哈贝马斯提出,信教公民与不信教公民要双向适应、平等交流。信教公民要认识到公共领域商讨的是大家普遍关心的问题,使用一种大家都能理解的语言将更为有效;不信教公民在理解信教公民的话语时,要从与现实生活关联的角度来思考。为此,宗教语言需要被"翻译"成公共可以理解的语言。

然而,哈贝马斯没有阐明如何把宗教语言"翻译"为公众可以理解的语言。汉斯·施奈德批评这里的"翻译"概念并不妥当。在他看来,宗教语言是一套包括象征符号在内的非常复杂的语言,不可能被等价地"翻译"成由经验判断真伪的命题语言。哈贝马斯试图把世俗社会可资利用的宗教命题含义,与它们的神圣外衣加以分离。因为宗教语言与科学语言涉及不同的生活形式、处理不同的主题,所以把宗教语言"翻译"成命题表达方式的做法既无必要也无助益。

哈贝马斯并未希望通过"翻译"达到宗教与理性之间的一致。理性有其限度,无法对宗教信仰做出肯定或否定的回答,也无法对宗教教义的合理与否做出判断,但它的确能够解读宗教中那些对人生具有积极指导意义的价值观

---

① (德)哈贝马斯:《公共领域的结构转型》,曹卫东译,学林出版社 1999 年版,第 104 页。

念和伦理规范。

三、科学与宗教的关系

早期法兰克学派学者非常重视宗教的社会作用。霍克海默在《批判理论》就把宗教看作抵御工具理性的膨胀,构建一个合理化社会的基础性因素之一。[①]阿多诺也认为,科学自身取宗教之位而代之,并且努力使得艺术的东西科学化。[②] 在科学与宗教关系问题上,哈贝马斯的理解在早期和晚期是不同的。

首先,早期的哈贝马斯将成为一种意识形态的现代科学技术看作取代宗教力量对社会进行合法化解释的基础。

在前资本主义时期,宗教运用神学世界观解释了传统社会的合法性,并指明人们的行为导向。它一方面维护了资本主义的政治统治,另一方面也麻痹了民众,使人们顺从资本主义的政治压制,客观上获得一种精神上的寄托与满足感。因此,宗教是传统社会的合法化工具。到了自由资本主义时期,宗教在社会生活中的地位大大降低,以科学技术为代表的理性力量逐渐占据主导,市场自由交换的原则代替了宗教的合法化角色;到了晚期资本主义阶段,随着科学技术进一步发展成为"第一位的生产力",以宗教为代表的传统世界观在科学的攻势下彻底瓦解,"随着科学的进步,古老的世界图像、宗教观点和哲学解释,都失去了它们的基础。宇宙学和世界的一切前科学解释、行为导向和规范存在的理由,都随着客观化的自然在其因果联系中被认识和服从于技术的支配力量,而丧失它们的可靠性。"[③]

由此,资本主义社会失去了传统的合法化基础,它迫切需要一种新的合法化工具提供合法性依据。在科学与技术的相互促进、共同发展的背景下,科学知识迅速转化为技术的力量促进了生产力的提高,科学以前所未有的速度进入社会实践,影响社会生活的各个方面,进而成为一种新型的意识形态,哈贝马斯认为,"它代替了传统的统治的合法性,因为它要求代表现代科学,并且从意识形态批判中取得了自身存在的合法权利。"[④]哈贝马斯强调,宗教在社

---

① (德)马克斯·霍克海默:《批判理论》,李小兵译,重庆出版社1989年版,第126页。

② (德)西奥多·阿多诺:《否定的辩证法》,张峰译,重庆出版社1993年版,第374页。

③ (德)哈贝马斯:《认识与兴趣》,郭官义、李黎译,学林出版社1999年版,第288页。

④ (德)哈贝马斯:《作为意识形态的技术与科学》,郭官义、李黎译,学林出版社1999年版,第56页。

会生活中的作用并没有消失，毕竟"不管是中产阶级谋求成功的职业精神还是下层阶级的宿命论都需要宗教传统来加以保障"①。它只是在科学的强大压力下，退居公共领域之外，哈贝马斯指出，这些宗教传统通过家庭和社会的教育进入教育过程，形成了资产阶级的个人成就意识和常规的劳动伦理。这其实就是韦伯所说的"新教伦理"，它强调自我克制、赞成世俗化的职业精神，反对不劳而获。需要指出的是，这种宗教传统已经退缩到个人主观信仰的领域，变成一种私人的事情，它与通过正式的学校教育系统进行的科学教育无法相提并论。

在哈贝马斯看来，"在西方工业社会中，宗教思想正在解体，宗教在很大程度上丧失了它的广泛影响，并且因此而在很大程度上丧失了它的意识形态功能；群众性的无神论思想上在清楚地表现出来。"②"随着对外部自然的控制日益增强，世俗知识越来越脱离世界观，世界观也越来越局限于其社会整合的功能，科学最终建立起解释外部自然的垄断权，否定了传统的宗教解释，把信仰方式变成科学主义的态度，只允许人们信仰客观主义的科学。"③

总之，哈贝马斯在早期尽管承认宗教具有一定的社会作用，对资本主义社会产生了一些文化传统上的影响，但主要还是将其视为一种阻碍社会发展的消极力量。

其次，晚期的哈贝马斯使用"后世俗化社会"的概念，更加注重宗教抵御科学时代"意义丧失"的危机的功能。

进入21世纪，随着现代科学的爆发式发展，哈贝马斯在现代生命科学和遗传工程的发展中仿佛看到了一种崭新的根本性的危机正在临近。哈贝马斯原本以为，社会批判理论不必思考未来人类该如何生活的问题，而仅仅需要考虑未来人们应该如何选择自己生活方式的问题④。然而，在未来人们决断自

① （德）哈贝马斯：《合法化危机》，刘北成、曹卫东译，上海人民出版社2000年版，第101页。

② （德）哈贝马斯：《重建历史唯物主义》，郭官义译，社会科学文献出版社2002年版，第47页。

③ （德）哈贝马斯：《合法化危机》，刘北成、曹卫东译，上海人民出版社2000年版，第105页。

④ Jürgen Habermas："The New Obscurity：The Crisis of the Welfare State and the Exhaustion of Utopian Energies，"in Juergen Habermas, *The New Conservatism：Cultural Criticism and the Historian's Debate*，edited and translated by Shierry Weber Nicholsen，The MIT Press，Cambridge，Mass.，1992，p.69.

已应该如何生活的时候,尽管他们采取的决断程序完全符合"交往行为理论"的要求,可还是可能出现在他看来无法接受的结果①。具体而言,一个采用交往行为理论来规定的自由民主的共同体,一方面,有可能因其成员在"做什么"的问题上以立法反对这些成员而遭致自我毁灭——例如,通过民主程序而决断继续消耗资源、污染环境;另一方面,也有可能因其成员以及后代作为在人类个体"是什么"的问题上以立法反对这些他们,甚至反对人类的全体,而走向毁灭——例如,通过民主程序而允许进行生殖性的人类克隆。不言而喻,与"做什么""做怎样的事情"的问题比较而言,"是什么"或"成为什么样的人"的问题,是更为根本的问题。②

在哈贝马斯眼中,人类生命科学中关于克隆工程的研究已经在这一问题上向人类提出了最严峻的挑战。倘若允许人类克隆,就等于承认人与人之间存在本体论上的,而不只是社会学上的不平等,由于那些被克隆技术故意繁衍出的人类个体,实际上是篡夺了在基督教义中只能属于上帝的那个"创造者"的权力。面对这样的科学挑战,哈贝马斯认为他的交往行为理论已经过于软弱。在他看来,"只有宗教语言还能够提供分辨得足够精细的表达"③。也就是说,宗教不只是为特定的信教公民提供精神慰藉,并且可能蕴含着具有普遍意义的内容,以抵御人类科学的无原则发展对人类精神的伤害。

在这种情况下,哲学的任务就是设法对蕴藏在宗教信仰之中的人类自我理解,进行世俗化的翻译,从而让特定宗教的信徒、其他宗教的信徒和无宗教信仰的公民,都能够达到彼此的理解。④

倘若宗教不主动融入公共领域,宗教本身也会变得更加脆弱。因为宗教任由自己退居在私人事务中,信息封闭,它就无法从自然科学、社会科学和哲学的进步中获得养分,及时更新知识,反思自身存在的缺陷。这样一来,宗教逐渐就会变得落伍、偏狭、使人无法理解。它同外界的隔膜毫无疑问就会更加

---

① 童世骏:《"后世俗社会"的批判理论——哈贝马斯与宗教》,《社会科学》2008年第1期。

② 童世骏:《批判与实践》,三联书店2007年版,第323页。

③ Juergen Habermas:"Faith and Knowledge", in Juergen Habermas, *The Future of Human Nature*, p.114

④ Juergen Habermas:"Faith and Knowledge", in Juergen Habermas, *The Future of Human Nature*, p.114.

严重。

宗教只有主动融入公共领域，才能发挥对社会和人生的积极作用。一个宗教组织的信仰和高贵品格的传播，是同它在社会中的贡献直接相关的。宗教语言区别于科学语言，它们涉及完全不同的生活形式和面对不同的主题，也就是说，宗教所关注的是对作为整体的世界的生活态度，但科学则对作为物的总体的世界进行说明。

哈贝马斯运用"后世俗社会"这一概念的确阐明了当代社会的一个重要特征。那即是，科学发展引领的世俗化在全球化背景下加速进行，宗教现象通过各种形式雨后春笋般顽强生存。综合来看，这两种现象之间恰恰存在着紧密联系，正是世俗化、科学化过程对传统"生活世界"的摧毁性破坏，使现代社会很多人失去了丰富的精神生活，他们试图借助宗教的力量寻回失去的精神家园。因此，我们要对宗教传统和宗教观念进行现代生活条件的诠释，缓解宗教和现代科学生活的矛盾对立，充分发挥宗教在科学异化的社会可能的积极作用。①

科学与宗教之间的区分在于，科学的特点在于关注理性，而宗教的特点在于重视体悟；科学重视逻辑论证，可以证伪，随时修正自身的错误在真正的科学理性那里，没有永远的真理；而宗教大彻大悟，以崇高的奉献精神服务于目标。因此，宗教和科学能够互补。科学可以弥补宗教的热情可能带来的狂热，宗教的奉献精神也可弥补科学可能带来的那种只追求工具性知识而忽视人生修养和奉献社会的态度。17世纪的牛顿本人曾经申明，讨论诸如上帝的属性以及上帝和物质世界的关系是自然哲学任务的一部分，因此他的一本名著被命名为《自然哲学的数学原理》，而不是命名为《自然科学的数学原理》，在牛顿眼中，科学与宗教两种旨趣是融为一体的，科学的精神和宗教的目的并无二致。②

因此，乔治·萨顿曾经睿智地指出："确实，大多数的文人，而且我也要遗憾地说还有不少的科学家，都只是通过科学的物质成就来理解科学，却不去思考科学的精神，既看不到它内在的美，也看不到它不断地从自然的内部提取出

---

① 童世骏：《批判与实践》，三联书店2007年版，第326页。

② （英）约翰·H.布鲁克：《剑桥科学史丛书——科学与宗教》，任定成译，复旦大学出版社2000年版，第7页。

来的美。现在我要说,在过去的科学著作中发现的那种没有也不可能被更换的东西,也许正是我们自己研究中最重要的部分。一个真正的人文主义者必须理解科学的生命,就像他必须理解艺术的生命和宗教的生命一样。"①

---

① （英）乔治·萨顿:《科学史和新人文主义》,陈恒六、刘兵、仲维光译,华夏出版社 1989 年版,第 10 页。

第六章 哈贝马斯科学观的理论得失

随着时代的发展,中西方学界对"科学"概念的理解已经超越了传统理解,逐渐指向社会,越来越多关注普通的社会概念,例如民主、自由、价值、解放、存在等。这种对"科学"概念的全新解读无疑与哈贝马斯"批判的社会科学"的立场日益接近。

我们认为,哈贝马斯的社会批判理论内容较为庞杂,是西方马克思主义理论的重要组成部分,其中关于科学观的论述就是其理论体系的一个重要方面。从整体上把握哈贝马斯的科学观,评判其理论得失,对于把握我国科学未来发展的方向,实现科学技术与社会的协调发展,促进我国经济与社会现代化具有重要意义。

第一节 马克思科学观与哈贝马斯科学观的比较

20世纪50年代开始,哈贝马斯一直试图对晚期资本主义的现状进行合理解释。在晚期资本主义社会,科学技术在推动经济发展的同时,强势的经验分析科学的思维方式导致了社会陷入"技术性统治"的危险,生活世界的"殖民化"倾向日益严重。为了破解这个难题,哈贝马斯引入克劳斯·卢曼的系统理论作为解释和反思晚期资本主义的重要方法,即把资本主义社会视为一个系统,这一系统由经济、国家的行政系统、合法化和文化系统四个子系统构成。按照马克思的理解模式,资本主义社会的经济危机将直接导致资本主义社会制度的彻底瓦解。与之相反,哈贝马斯乐观地认为,只要资本主义国家获得合法化基础,在晚期资本主义社会,一个子系统之内发生的危机不一定会对整个社会造成崩溃性影响。① 当然,随着科学技术为代表的工具理性日益成为人们处理社会交往的主要应对方式,哈贝马斯认识到资本主义的危机远未消失,或者说,长期来看资本主义的危机可能更加恶化。资本主义的国家干预只是将经济危机转移到政治系统之中,危机本身的产生根源并未彻底铲除。只有真正改变晚期资本主义社会的潜在阶级结构,危机才能彻底消除,因此资本主义获得合法化的难度愈来愈大。②

正是在晚期资本主义的历史条件下,哈贝马斯对马克思科学思想加以批判和改造,试图由此找到资本主义科学危机的解决方案。

一、哈贝马斯对马克思科学观的继承

哈贝马斯多次宣称自己是一个不折不扣的"马克思主义者",也从不讳言马克思理论对自己的巨大影响。在科学观问题上,哈贝马斯对马克思的继承也是显而易见的。

1. 相同的价值取向

就科学观而言,马克思和哈贝马斯致思的角度并不一致,但他们科学观中人文主义的价值取向是相同的。马克思科学观是建立在自由资本主义时期科学发展的现实之上,简言之,就是科技的进步,生产力的提高并没有导致广大人民政治解放的实现,反之,广大劳动人民在机器大工业条件下,科学技术的应用和进步不但没能将人民从劳动的重压下解救出来,而且科学变成了奴役人的强制力量。科学及应用性的技术原本是人类文明发展的高级形式,它却使劳动者沦为机器的附属物,在冷冰冰的机器生产线上从事单调乏味的工作,这样的劳动形式使人的自由本性被全面压抑,也使劳动者无法自由而全面地发展,人们无法获得人生的幸福感和自我实现的感觉,精神与肉体遭受双重打击。因此,马克思提出,在对科学进行反思的过程中,我们必须持续地关注人及其命运,他第一次把科学的发展与人类的解放相联系。在马克思那里,一切科学都是关于人的科学,关于人的科学与自然科学将是"一门科学"——"一门内容确实丰富的和真正的科学"③。

---

① (德)哈贝马斯:《合法性危机》,刘北成、曹卫东译,上海人民出版社 2000 年版,第 97 页。

② (德)哈贝马斯:《合法性危机》,刘北成、曹卫东译,上海人民出版社 2000 年版,第 120 页。

③ 《马克思恩格斯全集》第 3 卷,人民出版社 2002 年版,第 307 页。

马克思指出,要确保科学的合理发展,真正发挥出科学所蕴含的巨大生产力潜能,资本主义社会的整体框架就必须被摧毁,以一个无阶级压迫的共产主义社会取而代之。只有如此,主体的生命价值才能真正得到彰显。

马克思和哈贝马斯都承认,科学在一定阶段是对主体的一种奴役。尽管哈贝马斯旗帜鲜明地批评马克思将"劳动"等同于"实践"的做法,然而他赞成马克思的劳动异化观点。哈贝马斯认为,在晚期资本主义社会的条件下,社会劳动已经彻底陷入异化之中。"机器对目的理性的活动的完善的功能领域的模拟远远超过一切自然意识的能量,并且代替了人的劳动。技术生产力的解放包括学习和控制机器的建造,与能够在自由的、习以为常的相互关系的基础上,在祛除统治的相互作用中建立起完美的、辩证的伦理关系的规范的形成并非一回事"①。在现实社会中,科学技术在社会生产中的巨大成功,让人们有充足的理由把科学技术的统治模式照搬到社会系统,从而使科学技术侵入社会的生活世界,晚期资本主义社会成为一个以科技为中心的自足系统。因此科学的进步无助于主体的解放,而是恰恰相反。人们通过科学技术对自然的掌控能力大大增强,创造出惊人的物质财富,并形成了一种崇尚工具理性的新型的意识形态,作为意识形态的科学技术使晚期资本主义对人的强制和奴役的合理性得到证明。哈贝马斯相信,晚期资本主义社会科学异化问题的解决,必须诉诸一种新的理论——交往行为理论,才能使人获得解放。

哈贝马斯与马克思都是从"人的角度"反思科学技术在晚期资本主义社会中的作用,他们都以确立人的主体地位为中心目标。通过消除科技的异化,使人民从劳动中解放出来,找回人的本质,促进人的自由而全面地发展。这意味着马克思与哈贝马斯的科学观都具有人文主义的价值取向。

2.相同的理论基础

在西方学界,马克思首先将科学技术视为生产力,而哈贝马斯进一步发展了马克思的这一观点,即认为科学技术不但成为生产力,而且成为"第一位的生产力"。尽管他们对科学技术与生产力的关系理解并不一致,但他们都明确地指出了科学技术就是生产力,这是他们科学观的共同基础。

---

① (德)哈贝马斯:《作为意识形态的技术与科学》,郭官义、李黎译,译林出版社1999年版,第33页。

时至今日,"科学技术是一种生产力"的观点我们已经耳熟能详,但是在马克思的时代,这样的观点却闻所未闻,这无疑是马克思对科学观的一次创新。其实马克思一向关注科学技术对社会的影响。马克思在《机器、自然力和科学的应用》中说:"只有资本主义生产才第一次把物质生产过程变成科学在生产中的应用,——变成运用于实践的科学。"①马克思清醒地认识到,前资本主义的科学发展并没有直接推动社会生产的进步,科学也没能发展成为独立于劳动的伟大力量,正是资本主义制度的需要使科学的潜力迸发出来,成为一种巨大的生产力来源。马克思第一次将科学技术与生产力联系起来思考,并详细论证了科学进步与生产力发展的关系。哈贝马斯毫无保留地接纳了马克思科学技术是生产力的基本观点。哈贝马斯认为,马克思对资本主义社会生产进行的剖析是符合历史发展事实的,正是科学技术的不断进步使晚期资本主义社会能够借助"补偿纲领"摆脱危机,顺利调整生产关系,继续生存和发展下去。② 当然,哈贝马斯并非简单继承这一立场,而是立足晚期资本主义的社会现实,进一步发挥了马克思这一独创性的科学思想。在哈贝马斯看来,晚期资本主义的科学技术已经成了"第一位的生产力"③,他将科学技术的地位提高到一个空前的高度。哈贝马斯进而指出,科学技术不但是第一位的生产力,而且也成为政治统治的合法性基础。哈贝马斯强调,技术和科学作为一种新的合法性形式,已然丧失了传统意识形态的特征,成为一种新型的意识形态,也就是技术统治论的意识。④

哈贝马斯和马克思均将科学技术视为生产力。科学技术生产力理论是他们科学观的共同理论基础。

3. 相似的理论目标

在马克思看来,科学技术在本质上是中性的,无所谓善或恶。在资本主义社会,科学与资本相结合,资产阶级为了资本的积累不断要求科学技术转化为

---

① 《马克思恩格斯全集》第47卷,人民出版社1979年版,第572页。

② (德)哈贝马斯:《作为意识形态的技术与科学》,郭官义、李黎译,学林出版社1999年版,第60页。

③ (德)哈贝马斯:《作为意识形态的技术与科学》,郭官义、李黎译,学林出版社1999年版,第58页。

④ (德)哈贝马斯:《作为意识形态的技术与科学》,郭官义、李黎译,学林出版社1999年版,第63页。

生产力,正是这种来自制度的强大的驱动力促使科技不断地发展。科学技术推动社会生产力的发展,直接导致了资本的飞速增长,资本的累积加剧了资本家对工人阶级的压榨。因此,在资本主义社会,科学技术对人的压制,根源不在于科学技术本身,其本质在于资本主义对于科学技术的运用方式,资本主义制度才是人们遭受压制的罪魁祸首。马克思说,"由于自然科学被资本用作致富手段,从科学本身也成为那些发展科学的人的致富手段。所以,从事科学研究的人为了探索科学的实际运用而相互竞争。"①在资本主义时期,科学技术已经成为资本家对工人进行奴役的主要手段,在《资本论》中,马克思在阐述技术发明是如何控制工人的文本中引用了尤尔的话,"这一发明证实了我们已经阐述的理论:资本迫使科学为自己服务,从而不断地迫使反叛的工人就范"。② 我们可以说,在资本主义社会,科学技术本身就是资本的一个部分。马克思科学批判的目的在于对资本主义制度的批判。

到了晚期资本主义社会,科学与技术的结合更加紧密,它们在经济发展中的作用举足轻重。国家主导的科学技术政策创造了惊人的物质财富,西方发达资本主义国家民众的生活水平得以提高,资本主义生产力也获得了进一步的发展。这些资本主义的新变化使许多西方学者开始大肆抨击马克思学说,认为马克思的理论预测已经失败,资本主义的系统危机是完全能够克服的。在这一点上哈贝马斯始终坚持了批判的立场,基本认同马克思对资本主义社会的批判,尽管他相信资本主义的危机在一定条件下的确有被缓和的可能。哈贝马斯强调,资本主义社会的危机一直处于发展扩大之中,在现行社会制度下获得根本解决的希望微乎其微③。立足晚期资本主义社会的客观现实,他概括了晚期资本主义的发展趋向,力主以"交往理性"代替"工具理性",对现代科学技术异化想象进行深刻反思,以消除科学技术未来发展的潜在风险。在哈贝马斯看来,晚期资本主义社会从本质上来说就是一个畸形发展的社会,社会的异化日益凸显,而且这一社会阶段的异化由劳动及其产品的异化走向总体性异化,这是因为科学技术在各个领域的大量广泛的使用,使技术统治逐步渗透到文化领域和消费领域等。哈贝马斯指出,科学技术成为一种行之有

---

① 《马克思恩格斯全集》第 47 卷,人民出版社 1979 年版,第 363 页。
② (德)马克思:《资本论》第 1 卷,人民出版社 1975 年版,第 478 页。
③ (德)哈贝马斯:《合法性危机》,刘北成、曹卫东译,上海人民出版社 2000 年版,第 68 页。

效的压制工具,成为晚期资本主义社会合法化的基础。①

因此,哈贝马斯科学观的主要目标是消除资本主义社会的科学异化,促使人类走向解放,这与马克思科学观的理论目标基本一致。

4. 相同的科学划界标准

贝尔纳《历史上的科学》中将现代科学的特征归纳为六个方面:一种建制;一种方法;一种累积的知识传统;一种维持或发展生产的手段;作为观念来源的自然科学;科学与社会的相互作用。② 一般认为,科学是运用范畴、定理、定律等思维形式反映现实世界各种现象的本质和规律的知识体系,是社会意识形态之一。由于现代科学的发展越来越呈现出高度分化和高度综合的趋势,科学与非科学的界限仿佛更加模糊。科学划界实际上就是科学的内部方法的体现,它成为科学观研究的基础和主要内容之一,也成为区分不同科学观的重要标志。

科学划界问题主要涵盖科学划界的对象、主体、划界标准等内容。不管是为了防止科学陷入科学主义的自大状态,还是为了避免伪科学披着科学的外衣愚弄世人,科学的划界都是至关重要的。马克思和哈贝马斯都强调科学必须以"实践"为基本标准。

马克思则指出,"自然科学通过工业日益在实践上进入人的生活,改造人的生活,并为人的解放做好准备,尽管它的直接效果是加深人的非人化",③他接着说,"自然科学将失去它的抽象物质的或者不如说是唯心主义的方向,并且将成为人的科学的基础,正像它现在已经——尽管以异化的形式——成了真正人的生活的基础一样;至于说生活有它的一种基础,科学有它的另一种基础——这根本就是谎言。"④这里马克思明确指出"实践"是科学划界的根本依据。

马克思科学观尽管没有系统论及科学划界问题,然而他对科学的实践性质的探讨以及把人的感性实践与科学活动相结合的思想,为科学划界问题指

---

① (德)哈贝马斯:《作为意识形态的技术与科学》,郭官义、李黎译,学林出版社1999年版,第63页。

② (英)贝尔纳:《历史上的科学》,伍况甫等译,科学出版社1959年版,第6页。

③ 《马克思恩格斯全集》第42卷,人民出版社1979年版,第128页。

④ 《马克思恩格斯全集》第42卷,人民出版社1979年版,第128页。

明了研究方向。马克思认为,作为一种在社会历史中具有助推作用的革命性力量,科学和工业、技术紧密相关,因此,马克思一直将科学的产生与发展放在人类生存现实的、本质的实践语境中进行理解和研究。马克思从生产实践的角度论述了人的本质和动物本质的区别,"诚然,动物也生产。……但动物仅仅生产它自己或他的幼仔所直接需要的东西;动物生产是片面的,而人的生产是全面的;动物只是在直接的肉体需求的支配下生产,而人甚至不受肉体需求的支配也从事生产,并且只有不受这种需要的支配时才能进行真正的生产;动物只能生产自身,而人再生产整个自然界;动物的产品直接同它的肉体相联系,而人则自由地对待自己的产品。动物只是依照它所属的那个种的尺度与需要来建造,而人却懂得按照任何一个种的尺度来加以生产,并且明白怎样处处都把内在的尺度使用到对象上去;因此,人也是按照美的规律来建造的。"①马克思指出,正是在改造世界的过程中,人才能证明自己是类存在物,因此"劳动的对象就是人的类生活的对象化:人不只像在意识中那样理智地复现自己,而且能动地、现实地复现自己,从而在他所创造的世界中直观自身"②。由此我们可以看出,马克思科学观的出发点正是劳动实践。西方传统的科学哲学把科学划界问题视为单纯的"认识论中心问题",我们以为,这正是许多科学哲学家在科学划界问题上误入歧途的主要原因之一。马克思强调,科学最初就来源于社会实践的需要,并最终为社会实践服务,因此科学具有鲜明的实践性特征。因此,科学划界问题不是单纯的理论问题,而应当将之视为一个处于社会历史进程中的实践问题。按照马克思的理解,我们应将科学划界问题由片面认识论的理解中区别出来,把它放在社会历史的视野中加以考察与探究,把科学的立足点定位于人的感性活动——实践。

哈贝马斯也力主科学理论与实践的统一。他认为,社会实践先于科学理论的出现,科学理论能够指导实践,而科学危机的根源就在于理论与实践的分离。③ 他在《作为意识形态的技术与科学》一书中指出,科学活动的主体是那些进行科学实践活动的社会人的集合,不但包括科学家和哲学家,还应涵盖一般民众;社会实践一方面是验证科学理论标准,另一方面也是区分科学与非科

---

① 《马克思恩格斯全集》第42卷,人民出版社1979年版,第95页。
② 《马克思恩格斯全集》第42卷,人民出版社1979年版,第122页。
③ (德)哈贝马斯:《理论与实践》,郭官义、李黎译,社会科学文献出版社2004年版,第2页。

学以及伪科学的主要标准。① 显而易见，哈贝马斯继承了马克思科学观的实践立场，把马克思的实践标准视为科学划界的核心标准。哈贝马斯赞同马克思将实践作为科学划界的"硬核"的观点，这里包含着两个互相支撑的重要取向：一是科学是否可以转变为实际的生产力进而推动历史的发展；二是科学是否有利于人类的解放和自由目标的实现。哈贝马斯将科学划分为技术兴趣指导的经验分析的科学、实践兴趣指导的历史解释的科学和解放兴趣指导的批判的社会科学②，从而将自然科学、社会科学和人文学科结合在一起。

综上所述，哈贝马斯与马克思的科学划界的方法均立足于一个在实践中持续发展、具有历史性与可操作性的"系统"之中。

二、哈贝马斯科学观与马克思科学观的差异

如前所论，作为当代西方最有影响力的思想家之一，哈贝马斯科学观部分源于马克思，然而，由于所处时代和理论视角的差异，他们的科学观也有明显的区别，两者的主要区分体现在以下几个方面。

1. 对科学异化本质的认识不同

异化是一种社会现象，它是人的社会属性的体现。其具体表现在于：在一定社会历史时期，人类的物质文明和精神文明的产品，不仅没有增强人类的本质力量，而且成为控制和奴役自己的社会工具。科学技术作为人类精神文明发展的高级形式，原本是人类为发展社会生产力，更好地控制和利用自然的认识体系。由于对社会生产的巨大贡献，自然科学成为其他科学竞相模仿的对象，实证主义的科学观干脆将自然科学视为一切科学的典范，提倡把自然科学的方法运用于社会科学，甚至人文学科，以促进科学的全面发展。但科学进步带来的不只是鲜花和掌声，科学异化问题也日益引起人们的担忧。人们逐渐意识到，科学技术的进步并不必然带来人类的自由和解放，甚至恰恰相反，科学技术带给人们更多的控制与奴役，人们被束缚于其中，失去了自己的思想和自由意识，人与人的关系也并没有因为交通、通信手段的发达变得更加融洽，自私和冷漠充斥世界，人类离政治解放的目标仿

① （德）哈贝马斯：《作为意识形态的技术与科学》，郭官义、李黎译，学林出版社1999年版，第110页。
② （德）哈贝马斯：《认识与兴趣》，郭官义、李黎译，学林出版社1999年版，第201页。

佛更加遥远。

马克思是较早研究科学异化问题的西方学者。马克思关于科学异化的观点可以概括为:科学在现代社会被异化的根本原因是科学技术在资本主义社会的应用,是资本主义制度造成了科学技术的异化,科学的异化实质上是现代社会人对人的奴役,并不在于科学技术本身。马克思指出:"一个毫无疑问的事实是:机器本身对于把工人从生活资料中'游离'出来是没有责任的。……同机器的资本主义应用不可分离的矛盾和对抗是不存在的,因为这些矛盾和对抗不是从机器本身产生的,而是从机器的资本主义应用产生的!因为机器就其本身来说缩短劳动时间,而它的资本主义应用延长工作日;因为机器本身减轻劳动,而它的资本主义应用提高劳动强度;因为机器本身是人对自然力的胜利,而它的资本主义应用使人受自然力奴役;因为机器本身增加生产者的财富,而它的资本主义应用使生产者变成需要救济的贫民。"①在资本主义社会,由于资本积累的需要推动着科学的发展,科学也成了资本力量的一部分,在促进资本主义社会生产力的同时,渗透入社会的各个方面强化了对民众的压制。在马克思看来,"只有资本主义生产才第一次把物质生产过程变成科学在生产中的应用,——变成运用于实践的科学。——但是,这只是通过使工人从属于资本,只是通过压制工人本身的智力和专业的发展来实现的。"②

哈贝马斯虽然也对科学异化现象进行了尖锐的批判,但他明确指出,晚期资本主义社会的科学技术异化的根源在于科学技术本身。立足于"技术统治论",哈贝马斯认为,晚期资本主义的科学与技术的结合极大地提高了生产力,而且不再是一般意义上的生产力,而是"第一位的生产力",但社会生产力的发展并不像马克思所认为的必然带来人类解放③,哈贝马斯指出,在科学技术成为第一生产力的条件下,马克思对科学技术进行的政治经济学分析的基础已经发生了相当大的变化,他的一些许多关于科学技术的论断也不再是颠扑不破的真理。哈贝马斯结合晚期资本主义社会现实,提出了科学技术的发

---

① 《马克思恩格斯全集》第 26 卷,人民出版社 1979 年版,第 483 页。
② 《马克思恩格斯全集》第 47 卷,人民出版社 1979 年版,第 576 页。
③ (德)哈贝马斯:《作为意识形态的技术与科学》,郭官义、李黎译,学林出版社 1999 年版,第 72 页。

展为资本主义提供了合法性基础的观点①：科学技术最大限度满足了人们对物质的需求，以物质补偿的方式使晚期资本主义的统治集团与公众的矛盾得以缓解，并成为晚期资本主义社会的一种新型的意识形态，起着旧的意识形态相同的控制人的作用。但它却不是通过愚弄人民的办法达到的，而是将人们对实践的要求巧妙地转换为对技术手段的要求。这种意识形态毕竟也是对人的一种宰制，这种特性是科学技术本身的发展的内在逻辑决定的。②

我们认为哈贝马斯的这种观点背离了马克思的科学批判立场，客观上走上了一条为现存的资本主义制度进行辩护的道路。

2. 对科技意识形态化的认识不同

"意识形态"总是与政治统治紧密关联，因而是一个非常特殊的概念。在线《大不列颠百科全书》是这样定义"意识形态"的："a systematic body of concepts especially about human life or culture"，即一种关于人类生活或文化的特殊的观念系统；"a manner or the content of thinking characteristic of an individual, group, or culture"，一个个体、一个团体或一种文化的思维特征的形式或内容；"the integrated assertions, theories and aims that constitute a sociopolitical program"，构成社会政治程序的理论和目标的综合认定。③ 马克思在《德意志意识形态》等著作中深入研究了意识形态问题，其主要观点包括三个方面：社会存在决定社会意识形态，意识就是人们社会生活存在的一种反映④；马克思明确承认社会意识形态具有自身的相对独立性，主要表现在它与人类的社会生活并不完全同步，有时滞后于社会的发展，有时又超前于社会经济的发展，具有一定意义上的内在规律性⑤；所有的社会意识都由经济基础决定，都表达着特定阶级、阶层的政治诉求，在资本主义社会里，资产阶级的意识形态占有主导地位⑥。科学技术作为推动社会发展的主要动力，其社会作用一

① （德）哈贝马斯：《作为意识形态的技术与科学》，郭官义、李黎译，学林出版社 1999 年版，第 41 页。

② （德）哈贝马斯：《作为意识形态的技术与科学》，郭官义、李黎译，学林出版社 1999 年版，第 60 页。

③ http://search.eb.com/failedlogin?target=/.

④ 《马克思恩格斯全集》第 3 卷，人民出版社 1979 年版，第 36—36 页。

⑤ 《马克思恩格斯全集》第 3 卷，人民出版社 1979 年版，第 43 页。

⑥ 《马克思恩格斯全集》第 3 卷，人民出版社 1979 年版，第 52 页。

直被马克思高度关注。马克思指出:"自然并没有制造出任何机器、机车、铁路、电报、自动纺棉机等等。它们都是人类工业底产物;自然的物质转变为由人类意志驾驭自然或人类在自然界里活动的器官。它们是由人类的手所创造的人类头脑的器官;都是物化的智力。固定资本底发展表明:一般的社会知识、学问,已经在多么大的程度上变成了直接的生产力,从而社会生活过程的条件本身已经在多么大的程度上受到一般知识的控制并根据此种知识而进行改造。"①这里马克思明确指出科学技术做一种生产力,直接与资本相结合,极大促进了资本主义经济、社会的发展。马克思在《在〈人民报〉创刊纪念会上的演说》中说:"在我们这个时代,每一种事物好像都包含有自己的反面。我们看到,机器具有减少人类劳动和使劳动更有成效的神奇力量,然而却引起了饥饿和过度的疲劳。新发现的财富的源泉,由于某种奇怪的、不可思议的魔力而变成贫困的根源。技术的胜利,似乎是以道德的败坏为代价换来的。随着人类愈益控制自然,个人却似乎愈益成为别人的奴隶或自身的卑劣行为的奴隶。甚至科学的纯洁光辉仿佛也只能在愚昧无知的黑暗背景上闪耀。我们的一切发现和进步,似乎结果是使物质力量具有理智生命,而人的生命则化为愚钝的物质力量。现代工业、科学与现代贫困、颓废之间的这种对抗,我们时代的生产力与社会关系之间的这种对抗,是显而易见的、不可避免的和毋庸争辩的事实。"②在资本主义社会,科学在发展中出现的背离人类初衷的异化现象并不是科学本身出了问题,而是运用科学技术的资本主义社会制度的缺陷造成的,科学技术只是一种工具,它和人类在现代社会条件下被奴役和压迫的状况没有关系。

哈贝马斯在《理论与实践》《作为意识形态的技术与科学》等一系列著作中阐述了的科技意识形态理论。随着现代科学技术的进步,科学技术深刻影响了社会生活世界的每一个角落,极大提高了社会的生产力水平,人类社会经济获得了前所未有的大发展,同时科学技术更渗入人类的思想意识之中,使人们不知不觉地按照技术的方式思考和解决日常生活问题。在哈贝马斯看来,到了晚期资本主义时期,资产阶级为了取得统治的合法化,运用科学技术的力

① 《马克思恩格斯全集》第 2 卷,人民出版社 1979 年版,第 78 页。
② 《马克思恩格斯全集》第 2 卷,人民出版社 1979 年版,第 72 页。

量尽量满足公众的物质需求,并不断为他们创造这种需求,客观上使公众对实践的要求转移为对技术手段的要求,从而用科学技术的"工具理性"代替了"交往理性"①。科学技术就履行了传统的意识形态的功能,因此在晚期资本主义的社会条件下,科学技术已经成为一种新型的意识形态,不过,这种新的意识形态与旧的意识形态相比更为隐蔽,它不再使用蒙蔽和愚弄的方式对待社会公众,而是科学技术给人们带来的真实感受,这些真切的感受也许并不是人们应该追求的,因为它无法带给人们更多的自由与解放。

综上所述,在科学技术的意识形态批判方面,马克思与哈贝马斯是截然不同的。马克思认为科学技术并不是一种意识形态,它是一种相对"中立"的工具,科学异化是科学发展过程的必然现象,根源在于社会制度,它是人类解放的必经阶段;哈贝马斯则主张科学技术本身就是一种意识形态,这种意识形态的特征是科学技术本身的属性决定的,换言之,科技异化的根源就在于科学技术本身。

3.对科技生产力理论的认识不同

对于马克思和哈贝马斯来说,科学技术的生产力理论都是科学观中重要的基础性内容。在分析资本主义现实的基础上,马克思准确把握了科学技术对社会生活的革命性推动,令人信服的得出了"科学技术是生产力"的结论。马克思指出,虽然科学异化困扰着人类生活,但却是科学发展的必经阶段。马克思说:"自然科学通过工业日益在实践上进入人的生活,改造人的生活,并为人的解放做好准备,尽管它的直接效果是加深人的非人化。"②

哈贝马斯赞成马克思"科学技术是生产力"的观点。在他看来,作为生产力的科学技术在社会中发挥着越来越大的作用,而且哈贝马斯更进一步指出,到晚期资本主义阶段,随着科学与技术的结合日益紧密,科学技术已经成为决定社会生产力发展水平最重要的因素,成为影响生产力的"独立的变量",它的作用已经远远大于生产力中的其他要素所发挥的作用,因此哈贝马斯认为科学技术在此时已经成为"第一位的生产力"③。

---

① (德)哈贝马斯:《作为意识形态的技术与科学》,郭官义、李黎译,学林出版社1999年版,第56页。

② 《马克思恩格斯全集》第42卷,人民出版社1979年版,第128页。

③ (德)哈贝马斯:《作为意识形态的技术与科学》,郭官义、李黎译,学林出版社1999年版,第58页。

与马克思相比,哈贝马斯更加强调科学技术对生产力的决定性影响,但他似乎过分突出了科学技术的作用,走向一个无法自圆其说的理论极端。而马克思则是在一个更为宏大的视野中理解科学与人类解放的关系,彰显了更为深邃的科学思考。

4. 对科学发展趋势的不同理解

科学观的一个主要任务就是预测科学的未来发展趋势,确定合理的科学发展战略。马克思指出,科学技术在推动经济发展的同时,也带来一系列的异化问题,甚至使科学技术站到人类发展的反面。这显然完全违背了人类发展科学技术的初衷,严重阻碍了人类解放的实现。然而科学的异化也许正是科学走向统一的基础。"工业是自然界同人之间,因而也是自然科学同人之间的现实的历史关系。因此,如果把工业看成人的本质力量的公开展示,那么自然界的人的本质,或者人的自然本质,也就可以理解了;因此自然科学将失去它的抽象物质的或者不如说唯心主义的方向,并且将成为人的科学基础,正像它现在已经——尽管以异化的形式——成了真正人的生活基础一样。"① 马克思相信,自然科学、社会科学、人文学科在发展过程中的极度不平衡和分裂,必将引起人们的深刻反思,寻求不同知识类型协调发展的途径,最终将使各门科学统一为"一门科学",从而为人类的解放奠定根基。这是马克思科学观对科学未来发展的重要预判。

哈贝马斯对科学技术的未来发展亦有独到见解。他认为,科学技术已经成为一种意识形态,成为晚期资本主义社会的合法化基础,科学的发展为资本主义的发展拓展了更大的空间,使资产阶级有机会缓和与工人阶级的矛盾,延缓了资本主义危机的爆发。② 哈贝马斯指出,在当今社会,科学发展仍存在着失控的危险,其主要原因在于:科学研究专家与公众、行政机构之间、科学家内部之间缺乏一种正常顺畅的交往渠道,科学技术目前按照自身的逻辑不断发展,而每一个重大的科学技术革新产生的后果是无法预知的,这种没有经过公众广泛讨论、并深思熟虑的科学发展状况是极其危险的。③ 因此哈贝马斯主

---

① (德)马克思:《1844 年经济学—哲学手稿》,刘丕坤译,人民出版社 1985 年版,第 57 页。

② (德)哈贝马斯:《作为意识形态的技术与科学》,郭官义、李黎译,学林出版社 1999 年版,第 61 页。

③ (德)哈贝马斯:《作为意识形态的技术与科学》,郭官义、李黎译,学林出版社 1999 年版,第 114 页。

张运用"交往行为"遏制科学的危机,让科学的每一步发展都符合社会公众通过交往而建立共识。当然,哈贝马斯设想的完全畅通的交往沟通在现实中是难以实现的,这是一种乌托邦式的科学预测。哈贝马斯坚信,人类科学技术的不断进步与社会民主的协调发展将铺就人类解放的必由之路。①

第二节 哈贝马斯科学观的合理性与理论缺陷

哈贝马斯科学观属于人文主义思想传统,其产生与发展离不开时代的土壤。对哈贝马斯科学观的评价也应该立足历史事实,才能理解其价值和理论限度。

一、哈贝马斯科学观的合理性

哈贝马斯青少年时代生活在纳粹德国,他亲身经历了德国法西斯的败亡过程,亲眼目睹德国知识界的许多精英沦为法西斯意识形态的走卒,甚至他深深敬重的海德格尔也在"二战"前后为法西斯的存在进行辩护,拒不为自己在战争中的行为忏悔。这让他在震惊之余深感德国精神生活的狭隘和偏执。于是他开始主动寻求外来思想文化的滋养。20世纪初德国科学的快速发展,使德国社会对其他文化形成了一种居高临下的态度,这种自然科学领域的成功导致的傲慢也蔓延到社会科学领域,哈贝马斯指出,正是这种故步自封的优越感助长了纳粹主义在德国的兴起,可以说,科学的发展间接为德国法西斯的存在提供了土壤。② 哈贝马斯对科学问题始终保持了关注。

哈贝马斯认为,科学危机的解决有赖于理论视角的改变。他吸收了马克思的科学技术生产力理论,将科学技术视为"第一位的生产力",并强调"科学技术已经成为一种新型的意识形态"。哈贝马斯试图以"交往行为理论"解决晚期资本主义的科学异化问题。我们认为,哈贝马斯科学观主要具有两个方面的价值。

1. 对科学的划界问题的思考

划界问题是科学观中的一个重要问题,也是科学哲学研究的基本问题之

---

① 童世骏:《批判与实践——论哈贝马斯的批判理论》,三联书店2007年版,第187页。
② 余灵灵:《哈贝马斯传》,河北人民出版社1998年版,第8页。

一。它关系到对科学本质的理解,可以说没有对科学划界问题的思考,科学就失去了作为科学的依据。哈贝马斯对科学划界问题进行了深入的思考,并创造性地走出了传统科学划界方式的藩篱,从更广阔的视角审视科学划界。哈贝马斯在《社会科学的逻辑》一书中对比了自然科学方法和人文科学方法的区别,准确阐释了自然科学与人文学科之间的差异,在他那里,"科学"的概念涵盖了自然科学、社会科学与人文学科,①这一概念体现了现代科学发展交融和会通的趋势。

首先,哈贝马斯对科学划界问题的思考分为外部划界与内部划界两个方面。具体来说,哈贝马斯认为,在科学的外部划界方面,科学领域应为形而上学保留一席之地,保持其一贯的反思性;②在科学内部划界方面,他把科学划分为技术兴趣指导的经验分析科学、实践兴趣指导的历史解释科学、解放兴趣指导的批判的社会科学等三种科学类型,③这样,哈贝马斯就超越了当时占统治地位的逻辑实证主义对科学的内部划界,后者将科学仅仅等同于经验分析的科学,将社会科学、人文学科拒斥在科学的大门之外。就科学与形而上学的关系而言,哈贝马斯的态度明显区别于实证主义者对形而上学的片面拒斥,而是认为形而上学中的玄学部分应被扬弃,保留形而上学的反思性功能,以利于辩证地指导人类的实践活动。他在《重建历史唯物主义》中指出,"哲学直到今天仍旧是要求统一和普遍化、独一无一二的总督;而这种要求要么是科学地得以兑现,要么是根本无法得以兑现。哲学思维的这种总督角色,有着一种固有的尊严,谁废除这种尊严,谁就取消了资本主义世界中的一个基本要素;放弃这种要素的遗产,就会给科学造成损失,推动和实施这种放弃的是实证主义,然而实证主义放弃的恰恰不是社会主义的遗产,而是资本主义世界的资产阶级的遗产。"④哈贝马斯就在一定程度上摆脱了实证主义者仅仅用逻辑阐释科学的偏执做法,有利于我们对科学技术进行多视角、多层面的理解。

---

① Jürgen Habermas, *On the Logic of the Social Sciences*, translated by Shierry Weber Nicholsen and Jerry A.Stark, 1970 Suhrkamp Verlag, Frankfurt am Main, Federal Republic of Germany. Viii.

② (德)哈贝马斯:《后形而上学思想》,曹卫东、付德根译,译林出版社 2001 年版,第 13 页。

③ (德)哈贝马斯:《认识与兴趣》,郭官义、李黎译,学林出版社 1999 年版,第 168—169 页。

④ (德)哈贝马斯:《重建历史唯物主义》,郭官义译,社会科学文献出版社 2000 年版,第 14 页。

其次,哈贝马斯运用由"劳动"和"相互作用"引申而来的"认识与兴趣"理论扩展了科学的构成。哈贝马斯将"兴趣"作为认识论的范畴,就克服了逻辑实证主义者以科学主义①的态度解读科学的局限,而将科学的发现范围作为自己关注的焦点,这种做法显然与历史主义科学观如出一辙。在哈贝马斯看来,正是由于拥有了认识的兴趣,主体的学习才具备了可持续的热情,人们对科学的探索才更加执着与坚韧。② 这种做法至少具备两方面的意义,一方面,哈贝马斯把兴趣作为认识的要素,明确了认识过程中主体价值判断的重要性。哈贝马斯指出,兴趣是主体希望了解某种事物或进行某种活动的态度和倾向,属于人的个体性质的一个维度,一个构成成分。兴趣体现为主体对客观事物的态度选择,对某一活动的需求方面的感情趋向,因此它显示了人们在认识过程中的价值判断;③另一方面,承认"认识"与"兴趣"具有紧密的联系,也就意味着承认了非理性因素在主体认识过程中的重要作用。"认识的兴趣"是包括复杂成分的精神现象,也是知、情、意三者的统一。那么,与理性的因素相同,非理性因素也是形成人类科学认识的内驱力,也是推动人类科学认识不断发生与发展的一个重要因素。这样,哈贝马斯就将非理性因素也纳入科学认识的范围。

最后,从科学方法论方面,哈贝马斯深化了对科学划界问题的探讨,从而使社会科学、人文学科的研究方法获得极大扩展。逻辑实证主义者把形而上学的任务概括为对社会现象的研究,从现象学或经验论的立场出发,反对运用理性掌握感觉材料。他们认为,只要对现象进行认真地归纳就能够获得科学规律,在学术史上,逻辑实证主义理论着力把哲学消解于科学之中。逻辑实证主义者推崇自然科学的研究方法,并断言社会科学的研究方法应该模仿、套用

① 在西方学界,对"科学主义"的概念有两种理解:第一种理解认为,它用来指"一种认为科学是唯一的知识、科学方法论是获得知识的唯一正确方法的观点"(《西方哲学英汉对照辞典》,第903页),这是对"科学主义"的一种理解;第二种理解认为,它用来指"一种明显的柏拉图主义和笛卡尔式的信念"(马格利斯:"先期盘点20世纪的美国哲学"),也就是认为能够用科学的方式解释所有的自然和精神现象,这是对"科学主义"的另一种理解。蒯因、戴维森等学者的哲学被视为属于第一种,而丹尼尔·丹尼特(Daniel Dennett)、保罗·丘齐兰(Paul Churchland)、乔姆斯基、杰里·福多等学者则被视为属于第二种。我们这里所指的逻辑实证主义提出的科学主义主张,属于第一种理解。

② (德)哈贝马斯:《认识与兴趣》,郭官义、李黎译,学林出版社1999年版,第130页。

③ (德)哈贝马斯:《认识与兴趣》,郭官义、李黎译,学林出版社1999年版,第214页。

自然科学的研究方法,在模仿中与自然科学形成一致。① 实质上这种做法是放弃了社会科学研究方法的独立性,忽视了社会现象与自然现象的巨大差异。哈贝马斯提供了一种迥异于自然科学的社会科学的研究方法。哈贝马斯主张将经验分析科学的说明方法和解释学的理解方法相结合,从而形成一种"反思性理解"的社会科学研究方法。② 在科学方法论方面,哈贝马斯承认自然科学与社会科学、人文学科之间的差别,并试图以一种"批判性反思"在它们之间找到融合点,不管成功与否,哈贝马斯这种综合性的方法论取向令人深思。

2. 对科学的人文主义反思

人文主义是指运用理性,以人的价值观、兴趣和尊严为出发点考虑问题的一种世界观。现代社会的人文主义思想,主要包含以下内容:"人本的观念",也就是由人本身为出发点探讨人的本质,人与自然界的关系,人和人之间的关系等;"个人的观念",就是认同个体价值并尊重个体的哲学理念;"自由的理念"③。哈贝马斯从人文主义的视角对科学展开哲学反思。哈贝马斯关注科学的外部关系,深入剖析科学技术的进步给人类社会生活带来的巨大冲击;他主张真理源于"认同",这种尊重个人价值的思想充分体现了人文主义思想的特征。

在西方的科学思想中,客观性问题是规范科学研究的一个核心概念。正是对科学客观性问题的不同回答区分了各种不同的科学研究倾向和科学体系。哈贝马斯指出,科学进步的实质就是公众能够充分自由地参与沟通过程之中,并形成有别于原有知识的崭新的"认同"④。因此哈贝马斯深入探讨了科学客观性问题中的真理观,并倡导一种颇有特色的新真理观,即"共识真理观"。在哈贝马斯那里,真理是构建于"认同"的根基之上的。他认为,我们的科学研究必然要关涉到价值问题,科学研究中必须要追求事实和价值的统一,科学研究只有与我们的社会生活世界密切联系,关注人类生活、重视历史、研究自然,才能达到理论与实践的统一。⑤

---

① (奥)克拉夫特:《维也纳学派》,李步楼、陈维杭译,商务印书馆1998年版,第142页。
② (德)哈贝马斯:《认识与兴趣》,郭官义、李黎译,学林出版社1999年版,第41页。
③ (英)布洛克:《西方人文主义传统》,董乐山译,三联书店2003年版,第3页。
④ (德)哈贝马斯:《认识与兴趣》,郭官义、李黎译,学林出版社1999年版,第134页。
⑤ (德)哈贝马斯:《理论与实践》,郭官义、李黎译,学林出版社1999年版,第20页。

关于科学客观性的达成，哈贝马斯运用主体价值取向的阐释、主体间认同的建立等方式确立主体间性，最终达到科学客观性的建立。当科学的理论与科学的实践成为一个统一体时，主体间性自然就成为一种客观性。哈贝马斯认为，真理的确立决定于公众达成的认同与共识，突出了人的主体地位，展现了科学与民主的紧密关系。哈贝马斯指出，真理的确立只能通过对话的参加者自由充分地交往，最终形成彼此的相互理解和达到认同，这样就在科学的发展方向、发展战略上充分运用公众的集体智慧，在集思广益的基础上保证科学的发展真正有利于社会和人类的整体利益，而尽量避免某一集团的利益左右科学的发展方向。

我们可以说，哈贝马斯并没有把科学问题局限在自然科学领域，而是拓展到社会科学领域，关注科学进步引发的一系列政治、经济、文化领域的难题，并从人文主义的角度探究了科学与人的自由、社会伦理、人性的完善等问题的关系，这些问题一向为传统的科学研究所忽略。哈贝马斯在《作为意识形态的技术与科学》《认识与兴趣》等著作中，在对科学的实证主义理解的批判、对晚期资本主义科学技术社会作用的分析以及对人与自然关系的思考中关注人、关心科学对人的命运的影响，而且把人作为判断行为合理的标准，把人的自由解放与自我价值的实现视为最高目标，这些无不透露出人文主义的情怀。

作为社会批判理论的主要理论家，哈贝马斯科学观以"批判性的反思"为显著特征，主张在科学研究中以人为本，以人文的视角分析科学现象。哈贝马斯对科学划界问题、科学与社会的关系、科学方法论的研究无不展示了他的人文主义立场。

二、哈贝马斯科学观的局限性

当我们冷静地审视哈贝马斯科学观时，我们就会发现，"他把交往实践中的理性要求视为思维着、行动着和言说的主体在日常生活和科学活动中的根本态度和最终立足点。这一立场显然与霍克海默和阿多尔诺在《启蒙的辩证法》中所做的自相矛盾的解释大相径庭，他们一方面对理性作了尖锐的批判，另一方面，这种批判作为理性的思维运作和语言运作，又不得不屈服于理性的要求"[1]，但他用来抵抗科学异化的交往行为理论的方案过分理想化，难以真

---

① 章国锋:《一个公正世界的乌托邦》，山东人民出版社 2001 年版，第 14 页。

正实现。连他自己也声称,这种理论实现的条件是苛刻的,也许只能作为一种理想激励后来的理论家沿着这一方向继续探索。① 与所有理论一样,由于时代的局限和个人理论取向的限制,哈贝马斯科学观也存在明显的局限性,主要体现在否定马克思劳动价值理论、片面强调科学自身发展规律的作用以及忽视科学建制内部的剖析等方面。

首先,哈贝马斯以科技成为"第一位的生产力"的现实来否定马克思的劳动价值学说的做法是错误的。马克思的劳动价值学说是马克思理论的基础。马克思认为,在资本主义阶段,劳动力成为一种商品,也是具有价值的,而资本家雇佣劳动力,也是因为劳动力具有使用价值,而且具有这种使用价值的劳动力所创造的价值,要大于劳动力自身的价值,这就是资本家发财致富的秘诀。马克思说,"一切劳动,从一方面看,是人类劳动力在生理学意义上的耗费;作为相同的或抽象的人类劳动,它形成商品价值。一切劳动,从另一方面看,是人类劳动力在特殊的有一定目的的形式上的耗费;作为具体的有用劳动,它生产使用价值。"②在资本主义生产中,资本家雇佣的劳动者在劳动中所创造的超出其劳动力价值的部分的价值,就是剩余价值,资本家就是依靠剩余价值来盘剥劳动者的。马克思将生产中劳动者的劳动叫做"活劳动",认为仅有"活劳动"才创造新的价值,而生产中的生产资料是不能创造新的价值的,这是因为生产资料是由原来的劳动即"死劳动"凝结而成的,没有"活劳动"的参与,生产资料就是一堆毫无意义的死东西③,所以"活劳动"是剩余价值的唯一源泉。

面对现代科技迅速发展带来的社会生活的巨大变化,西方马克思主义的一些理论家就断言马克思理论过时了。马尔库塞就指出,科技进步使工业生产逐步趋向自动化,而自动化本身实际上就变换了"活劳动"与"死劳动"的原有关系:在马克思那里,由原来的劳动即"死劳动"完成的、在劳动过程中不创造新的价值、仅仅是将自身的价值移到劳动产品上去的机器,而今成为决定劳动生产率高低的主要因素,而原来作为剩余价值的来源的劳动者的"活劳动",因为在工业自动化的生产条件下已经无法准确统计其生产产品的数量,

---

① Habermas, *theorie des komm unikativen Handelns*. Bd.1, Frankfurt am Main Suhrkamp, 1988.
② 《马克思恩格斯全集》第 23 卷,人民出版社 1979 年版,第 60 页。
③ 《马克思恩格斯全集》第 30 卷,人民出版社 1979 年版,第 615 页。

所以不能再判断它是剩余价值的主要来源。① 因此自动化使剩余价值的来源发生了变化,生产过程中的直接劳动者不再是剩余价值的主要来源,而是源于自动化的机器系统自身。哈贝马斯赞同马尔库塞的这一立场,强调马克思的劳动价值理论的确不合时宜了。他指出,在科技成为"第一位的生产力"的当代社会,科学技术已经成为"独立的"剩余价值来源,仅仅计量资本的投入与劳动力的投入已经丧失了意义。正是科学技术提供绝大多数剩余价值的现实,让马克思的劳动价值论走向衰落,毕竟直接参加生产的劳动者的劳动力愈来愈变得不那么重要了。② 在这里,哈贝马斯没有继续追溯科学技术的来源和分析科学技术怎样在生产中起作用的重要问题。

我们认为,科学技术是人的智慧和技巧在生产工具和生产资料中的物化,它不是天然生成的,而是人类的创新发明铸就的,而其中人类的脑力劳动起着至关重要的作用。倘若我们认同脑力劳动也属于劳动的一部分,那么科学技术也应该是劳动的产物。科学技术作为人类的智慧和技能的物化,自身无法自动创造价值,也需要有新的"活劳动"的投入与开启,不过,它可以通过与新的劳动的结合,释放出的巨大的能量是毋庸置疑的。因为科学技术是由原来的劳动创造的、又由"活劳动"所开启人的智慧与技能的物化,科技不能被视为"独立的"剩余价值的来源。当然,马克思论述劳动价值理论的时代,还是以人的体力劳动为主的时代,所以马克思所说的"劳动",其实是指直接参加生产过程的体力劳动,而现代化的社会劳动,脑力劳动起主导作用,在这一点上同马克思所处的时代是有区别的。不过,只要我们认同脑力劳动也属于劳动的范畴,马克思的劳动价值理论在现代社会就仍然起作用。

其次,哈贝马斯将科学技术本身看作资本主义社会"人的异化"的根源,而不考虑制度的原因,是本末倒置的。近代以来,在自然科学家对于科学的前途信心百倍的时候,而一些人文主义学者却对科学的发展忧心忡忡。法兰克福学派的理论家就是这类学者的代表。霍克海默指出,科学技术的进步,极大改变了社会生活,人完全变成了理性、机械的动物,个性与兴趣逐渐丧失了,人

---

① （德）马尔库塞:《单向度的人》,刘继译,上海译文出版社1989年版,第28页。
② （德）哈贝马斯:《作为意识形态的技术与科学》,郭官义、李黎译,学林出版社1999年版,第62页。

的内心世界干枯了,这样工具化了的人屈从于各种舆论、广告的摆布,对外界事物的反应也是机械的、程式化的。① 因此,在机器取代了人的体力与脑力劳动的时候,人本身也愈来愈像机器。而马尔库塞也在《单向度的人》中指出,人的最本质的需要是精神需要而不是物质欲求,这恰恰是人和动物的根本区别。可是,在晚期资本主义社会,因为科技的进步和生产的发展,人们不自觉地将物质需要作为自己最基本的需要,这实际上是资本主义社会强加于人的一种虚假的需求。② 事实已经证明,当今社会日益丰富的物质满足,其实并不能让人获得真正的幸福感,人的异化反而更加严重。马尔库塞担心,资本主义社会的人的异化,人的发展的单向化、社会进化的单向化,将会导致文明的衰退。③

哈贝马斯受到法兰克福学派科学批判的影响,也将科学技术的进步视为人自我异化的根源。但哈贝马斯仅仅看到成为"第一位生产力"的科学技术造成了人的异化,这与他忽视生产力内部结构的研究是密切相关的。在哈贝马斯那里,生产力是"牢牢地把人当作工具来使用"的"增强技术支配力的一种潜能"④,他将生产力仅仅视为一种客观化的物质力量,没有意识到在生产力发展中起关键作用的是人。也就是说,他仅仅注意到生产力的发展将人当作工具使用,没有意识到在生产力发展中人的因素是第一位的,也没有看到人在不断发展生产力的同时也不断发展着自己,创造着更高级的物质与精神成果。我们认为,资本主义社会的人的异化,主要不是科技的发展造成的,而是制度带来的后果。科学技术本身并没有压迫人,而是资本主义国家机器利用科学技术作为统治压迫人的工具,可以说,正是资本主义制度在假借科学技术的力量压制人,导致了人的异化现象。

最后,哈贝马斯不重视科学内部规律的研究,对科学的理解是片面的,他的解决科学危机的理论方案也过于理想化。哈贝马斯科学观极其关注科学与社会的关系。但对科学来说,社会只是其发展的外在环境,它对科学的发展影

---

① (德)马克斯·霍克海默:《批判理论》,李小兵译,重庆出版社1989年版,第3—4页。

② (德)马尔库塞:《单向度的人》,刘继译,上海译文出版社1989年版,第31页。

③ (德)马尔库塞:《单向度的人》,刘继译,上海译文出版社1989年版,第178页。

④ (德)哈贝马斯:《作为意识形态的技术与科学》,郭官义、李黎译,学林出版社1999年版,第62页。

响固然不容小视,然而科学作为一种建制,其存在和发展必然有其内在的规律性,哈贝马斯科学观对科学本身的发展规律探讨不够。与传统的实证主义科学观相比,哈贝马斯的科学观是一种"大科学"思想的体现。狭义的实证主义科学观的"科学"概念的对象主要指自然科学,顶多算上社会科学,哲学、历史等人文学科是不在其内的。哈贝马斯认为经验分析的科学、历史解释的科学和批判性的科学都是科学的范畴。经验分析的科学包括自然科学和一部分社会科学;历史解释学就是对文本意义的追寻和理解,包括文学和哲学的部分内容;批判性科学包括了哲学、历史学的反思部分。① 因此哈贝马斯的"科学"概念更宽泛,他对科学的探讨并不以其科学体系中涉及的每一种科学类型的内在规律为主,而是深入研究了科学发展的社会条件、科学发展造成的社会问题、社会制度与科学的关系,科学异化的社会解决方案等等。作为"社会批判理论"的代表学者,哈贝马斯将科学技术批判作为"社会批判理论"的一个重要组成部分,当然无可厚非。② 但是这种研究科学的视角显然缺乏对科学自身规律性的分析与反思。哈贝马斯科学观缺乏对科学内在规律性研究的还有一个显而易见的证据:过分强调科学意识形态的分析,将科学技术在社会中的异化现象归因于科学技术本身。应该说,哈贝马斯联系晚期资本主义社会的科学发展现实,分析了科学技术造成的种种病症,批判了晚期资本主义科学异化现象,毫无疑问,哈贝马斯的批判与分析是必要的,并且他沿着马克思开辟的科学批判道路,明确地将科学反思与社会批判相结合,也是值得肯定的。但这种做法客观上混淆了科学技术和科学技术的社会功能。哈贝马斯将科学技术当作资本主义社会的"原罪",认为科学技术已经成为"第一位的生产力",在创造了巨量物质财富的同时,也渗入人类的生活世界,影响着人类的思想意识与文化传统,成为一种控制和压迫人们的新的意识形态,即是说,科学的发展直接导致了人的异化。这种观点显然是错误的。科学的进步体现了人对自然与社会的理解逐渐加深,只有公众才能决断科学是否有利于人类的总体利益。而公众参与科学决策的水平是由制度决定的。晚期资本主义阶段,科学和资本相结合为本主义的合法性辩护,遮

---

① (德)哈贝马斯:《认识与兴趣》,郭官义、李黎译,学林出版社1999年版,第169页。

② (美)戴维·麦克莱兰:《马克思之后的马克思主义》,林春、徐贤珍译,东方出版社1986年,第288页。

蔽了资本主义的制度危机,科学技术实质上成为资本的另一形式。哈贝马斯却把导致人们痛苦的根源归于科学本身,客观上是为资本主义制度的存在进行辩护。

哈贝马斯科学观尽管一直宣称面向社会现实,但他依据的只是部分现实,总体上来说脱离了科学技术发展的实际情况,他设计的解决方案也因为过于理想化而难以实施。

在哈贝马斯看来,科学认识是从主体间的交往行为达成的共识中获得的,交往行为理论就是探求主体间消除歧见达成"共识"的方法和途径。他指出,主体间在沟通中一致认同的意见是真实可信的,人们在交往过程中形成的"共识"就是科学的"规律"。① 哈贝马斯把主客互动之中获得客观规律的过程转变为主体间的交往过程,科学研究和技术的发展也就被视为一种交往活动。但这种观点并不符合科学发展的事实。在科学研究中,科学共同体中的科学家确实存在理论上彼此"对话"的现象,也有着库恩"科学范式理论"中同一种范式对科学理论的理解相互认同的情况,然而客观规律的客观性是毋庸置疑的,自然科学自不必说,即使是社会科学研究所揭示的规律也是具有某种程度的客观性的,只有如此,这些规律才能为人所发现和认识,否则就沦为相对主义和不可知论。况且,通过"交往行为"达成"共识"必须要求主体具备一定的语言表述能力和相应的语言情境。"每一个有语言和行为能力的主体在自觉放弃暴力和权力的使用前提下,自由平等地参与话语的论证。"②这就要求人们在交往的过程中必须具备地位平等、沟通机会相同的前提,而这些前提必须在公民具有绝对平等的民主权利的条件下才能实现。然而,如此高的交往要求在现实中难以实现。由于个体的经济条件、受教育水平、个人经历、性格等方面的差别很大,运用语言表述意愿的能力与方式自然存在差异,交往行为的真实性、正确性、真诚性要求很难做到。那么,哈贝马斯在科学交往中要求的共识同样难以达成。

---

① (德)哈贝马斯:《交往行为理论》第一卷,曹卫东译,上海人民出版社 2004 年版,第110 页。

② (德)哈贝马斯:《交往行为理论》第一卷,曹卫东译,上海人民出版社 2004 年版,第101 页。

第三节 哈贝马斯科学观的理论启示

哈贝马斯科学观继承了马克思"一门科学"的思想和早期法兰克福学派的科学观,以"大科学"的视角审视了科学对生活世界的影响,分析了晚期资本主义社会人的异化原因,走出了早期法兰克福学派理论家(霍克海默、阿多诺、马尔库塞)的科技悲观主义的误区,也批判了对科学未来发展的盲目乐观情绪,力图客观清醒地看待科学的发展,一定程度上重建、拯救了"社会批判理论"对资本主义社会的批判。尤为重要的是,哈贝马斯拓宽了科学反思的方法论,把主观、客观二元对立的科学概念转化为了主体间性的科学概念,把"交往行为"纳入科学反思的范畴,以抵御科学技术为代表的"工具行为"对生活世界的"入侵"。尽管哈贝马斯的科学反思仅仅以"交往"的方式化解科学的异化,具有乌托邦的色彩,但是,我们必须认识到,哈贝马斯科学观确实推进和深化了我们对科学的理解。

在科学初试身手的自由资本主义时期,人们对科学的赞誉甚嚣尘上,任何对科学的诋毁都被视为异端邪说。科学在这一时期展示的力量的确令人印象深刻。然而,真正的智者总是能透过纷繁的表象,深入本质理解现实。马克思就是这样的智者,他早在科学蓬勃发展、创造一个又一个经济奇迹之时,就冷静地指出了科学对人的异化作用,发现了潜藏在科学背后的巨大危机。法国哲学家库斯塔·阿克斯劳斯《卡尔·马克思思想中的异化、实践和技术》一文中说,"科学技术是马克思全部思想的关键和核心,唯有同时深入研究马克思对科技意义的理解和对马克思主义意义的理解,才能有一种清晰的哲学认识。"[1]

晚期资本主义时期,是人类科学技术发展的又一个高潮期,科学技术与国家垄断资本的结合日益紧密,科学和技术更深入地影响到社会生活的每一个角落,科学的发展前所未有地与人类的未来发展密切相关。高举科学批判的

---

[1] Kostas.Axelos Alienation,*Prax is and Teehne in the Thought of Karl Max*.Translation copyright by University of Texas Press,1976.p.1.

大旗,哈贝马斯深感理论责任重大,他客观分析了晚期资本主义时期科学异化的现实,主张以"交往"规范科学的发展,提醒我们警惕科学的无限制发展对人类未来可能的伤害。①

哈贝马斯对现代科学发展造成的实践问题高度警惕的态度启发我们:不能沉浸在科学发展带来的物质享受之中,在潜移默化中被技术化的社会奴役,而要对科学发展保持理性的审视,以不断的反思和开放的讨论限制科学的盲目发展,让科学的方向与人类的自由解放的目标协调一致。

我们的思想家必须明白:越是蓬勃发展的事物越需要审慎而清醒的反思,越是经济繁荣的社会越需要社会民主的保障,就此而言,马克思和哈贝马斯已经为我们指明了方向。

一、在科学发展中坚持反思

今天的世界已进入全球化、信息化的时代,其中现代科学功不可没。作为发展中国家的一员,中国既面临在科学技术上与发达国家差距拉大的危险,又在一定程度上享有"后发"国家的一些优势。就后者来说,我们一方面应将后发的优势真正转化为经济社会的真实进步,另一方面力争避免发达国家在科学技术发展中走过的一些弯路。当前,中国社会、经济、文化、科学体制等都处于转型之中。在这一追赶与超越并存的转型期,中国将面对一个无法回避的难题,即经济要跨越式发展,劳动生产率要大幅度提高,就必然要把科学技术作为第一生产力,全力推动科学技术的发展,在全社会倡导科学技术理性。然而我们在极力建设一个现代工业社会的过程中,必将面对一个物化的与异化了的世界。如果我们仅仅关注发展科学和提升技术能力,那么环境的污染、自然资源的无节制开采、道德沦丧、人性的异化等一系列西方发达资本主义国家曾经的科学噩梦将在我国重演。因此,我们必须在全社会培育一种适应全球化,现代化所必需的,以可操作化、规范化和程序性为特点的科技理性精神,又同时努力减轻或规避科学技术发展中产生的负面作用。对于破解这一难题,哈贝马斯科学观的致思方向、科学方法无疑颇具启发意义。因为哈贝马斯的科学理论是一种客观的反思,它不同于部分学者对科学发展的悲观主义论调,他们鼓吹科学技术的发展必然将人类引入歧途,使人类无可避免地走到自己

---

① 童世骏:《批判与实践》,三联书店 2007 年版,第 324 页。

本质的对立面；它也不同于一些学者对科学发展的乐观主义立场,他们相信科学技术最终能解决人类社会的所有问题。这两种较为极端的观点对我国现阶段的科学发展并不适用。

哈贝马斯既坚持以反思的态度批判科学,又不一味否定科学技术的作用。这种客观公正的态度本身就是符合科学精神的理性态度,毕竟当今世界许多问题的解决(比如贫困、饥饿、疾病、自然灾难、生态恶化等)有赖科学技术的进步,我们要做的是限制科学技术的非理性发展,以人类的整体利益规范引导科学的目标,而不是讳疾忌医,取消科学,重回前科学的蒙昧时代。

二、在科学发展中坚持对话

对科学异化而言,哈贝马斯并非只是指出问题所在和解决问题的大概方向,而是根据晚期资本主义的科学发展现实设计了一整套理论加以解决。尽管其理论对象是发达资本主义国家,方法上也较难操作,但哈贝马斯坚持在"对话"的基础上达成科学"共识"的方法值得我们借鉴。

哈贝马斯明确提出了以"交往理性"消解以科学技术为代表的"工具理性"的异化作用的方案,即"交往行为理论"。哈贝马斯在"交往行为理论"中区分了两种理性,即"交往理性"和"工具理性",对应地区分了两种行为,即"交往行为"和"工具行为"。在哈贝马斯看来,"工具行为"就是指行动主体为了达成某个目的采取的手段或指使其他主体达到自己目的行为[1];交往行为是指一种以语言作为中介,使用符号调节而且运用行为主体间的对话沟通以形成主体间互相理解的行为。[2] 工具行为是工具理性的实践过程,是为了达到目的对最好方式的筹划。科学理论研究和技术产品的开发就是典型的工具行为。而交往行为无法进行自然科学式的因果解释,也不能使用传统解释学的方法来理解,只能以相同语言基础上的社会规范的认同为理解的条件。

哈贝马斯主张以"对话"的方式弥合科学与人文的分裂,以人类的道德实践消解工具理性带来的人的异化。在发展科学技术、在强调物质生产的同时,也凸显人的价值追求,让科学技术真正为人服务,而不是走到的人的反面,这就是哈贝马斯始终坚持的科学发展中的交往理性观。

---

[1] （德）哈贝马斯:《交往和社会进化》,张博树译,重庆出版社1989年版,第135页。

[2] （德）哈贝马斯:《交往和社会进化》,张博树译,重庆出版社1989年版,第85页。

我们认为，哈贝马斯这种重视"对话"科学观与中国目前倡导的"科学发展观"殊途同归。科学发展观将人作为中国社会发展的第一价值追求，重视人在社会进步中的主体地位，把人的自由全面发展当作国家社会经济发展的最终目标，而不仅是实现单纯地经济发展和物质财富的增长，而是为了使所有人民分享国家社会发展的成果。这就需要我们在科学发展中进行哈贝马斯式的"对话"，在科学专家与公众之间、科学家之间、科学家与政府之间、公众与公众之间倡导平等的科学交往，就科学技术发展达成"共识"，保证科学沿着正确的方向不断进步。

在人类历史的长河中，自然科学与社会科学、人文学科本来就是协调发展的。后者的发展与完善需要自然科学研究的证明和支持，离开了自然科学的发展，社会科学、人文学科的发展就失去了物质保证和经验的证实，形成人文精神的空壳化；文艺复兴时期的科学与人文精神的二位一体就是一个很好的证明。当然，自然科学也必须获得社会科学、人文学科赋予自己价值目标，使自身的发展与人类的目标相一致，离开了人文精神的约束，科学就会发展成为人类异己的力量。

当代科学技术在一系列重要领域获得了巨大突破和长足发展，已经远远超出了哈贝马斯作为理论依据的 20 世纪中期的科学发展水平。当代科学技术对生活世界的冲击更为巨大。某种意义上说，科学的发展已经深入我们的生活方式之中，我们正身处一个科学化生存的世界。互联网技术的飞速进步，已经可以将全世界的信息集中进行交换，人与人之间的距离空前缩小，网络的世界既是虚拟的，又是真实存在的，人们在这个虚拟的世界中进行的是真实的交往，这种交往客观上使人与人的直接交往被弱化，人们的主体性逐渐丧失；克隆技术日渐成熟，转基因食物已经走上餐桌，人们传统的伦理道德被无情地挑战，人类的生存与科学的进步如此紧密地联系在一起。问题的关键是，科学这种爆发式的增长带来的就是我们人类真正需要的吗？我们真的能够控制和预知所有科学技术的发展都是有益于人类的吗？因此促进自然科学与社会科学、人文学科的融通，共同追求人类的自由全面发展，已经是迫在眉睫的人类实践问题。毕竟人类不能因为摆脱体力的劳作而丧失人类的本质意义。马克思、法兰克福学者正是在这个意义上强调科学的反思精神。

今天，科学已经呈现出"大科学"的发展趋势。对自然科学和社会科学、人文学科进行综合考察,消除学科间的鸿沟,以综合研究的方法得出更具整体性的结论。一个科学批判的时代已经来临,原先高居于绝对客观真理神坛上的自然科学也开始面对人文精神的价值拷问,毕竟目的手段的合理性无法代替人类终极价值的追求。

我们认为,科学的目标将不只是"真",也要强调"善"和"美",由此才能真正弥合自然科学、社会科学、人文学科之间的鸿沟。事实上,自然科学家已经不再坚持自己的理论是绝对真理,也建立了一些评价准则与美学观念,如统一性、对称性、简单性等等。人文学科、社会科学也应该将"真"作为评价标准之一。倘若抛弃了"真",脱离了客观规律,无视历史发展的趋势,单一地追求"善"与"美"必定是缘木求鱼。"真""善""美"的融合统一才是科学的灵魂所在①。

---

① 汪信砚:《科学——真善美的统一》,中华书局 2009 年版,第 76 页。

参考文献

中文文献：

一、著作类

1. 哈贝马斯：《公共领域的结构转型》，曹卫东等译，学林出版社 1999 年版。

2. 哈贝马斯：《理论与实践》，郭官义、李黎译，社会科学文献出版社 2004 年版。

3. 哈贝马斯：《认识与兴趣》，郭官义、李黎译，学林出版社 1999 年版。

4. 哈贝马斯：《作为"意识形态"的技术与科学》，郭官义、李黎译，学林出版社 1999 年版。

5. 哈贝马斯：《交往行动理论》（二卷本），洪佩郁、蔺青译，重庆出版社 1994 年版。

6. 哈贝马斯：《在事实与规范之间》，童世骏译，三联书店 2003 年版。

7. 哈贝马斯：《交往与社会进化》，张博树译，重庆出版社 1989 年版。

8. 哈贝马斯：《合法化危机》，刘北成、曹卫东译，上海人民出版社 2000 年版。

9. 哈贝马斯：《后形而上学思想》，曹卫东、付德根译，译林出版社 2001 年版。

10. 哈贝马斯：《重建历史唯物主义》，郭官义译，社会科学文献出版社 2000 年版。

11. 哈贝马斯、哈勒：《作为未来的过去》，章国锋译，浙江人民出版社 2001 年版。

12. 哈贝马斯：《后民族结构》，曹卫东译，上海人民出版社 2002 年版。

13. 哈贝马斯：《包容他者》，曹卫东译，上海人民出版社 2002 年版。

14. 哈贝马斯：《现代性的地平线：哈贝马斯访谈录》，曹卫东译，上海人民出版社 1997 年版。

15. 哈贝马斯、贝克：《全球化与政治》，上海人民出版社 2002 年版。

16. 哈贝马斯：《论社会科学的逻辑》，杜奉贤、陈龙森译，结构群文化事业有限公司 1991 年版。

17. （德）埃德蒙德·胡塞尔：《笛卡尔式的沉思》，张廷国译，北京：中国城市出版社 2002 年版。

18. （古希腊）亚里士多德：《尼各马可伦理学》，廖申白译注，商务印书馆 1987 年版。

19. （古希腊）亚里士多德：《形而上学》，苗力田译，中国人民大学出版社 2003 年版。

20. （美）安德鲁·芬伯格：《技术批判理论》，韩连庆、曹观法译，北京大学出版社 2005

年版。

21.（英）彼得·温奇：《社会科学的观念及其与哲学的关系》，张庆熊、张缨等译，上海人民出版社 2004 年版。

22.（德）胡塞尔：《欧洲科学危机与超验论的现象学》，王炳文译，商务印书馆 2001 年版。

23.（美）费恩伯格：《技术批判理论》，韩连庆、曹观法译，北京大学出版社 2005 年版。

24.（美）费恩伯格：《可选择的现代性》，陆俊、严耕等译，中国社会科学出版社 2003 年版。

25.（英）W.C.丹皮尔：《科学史》（上、下卷），李衍译，商务印书馆 1995 年版。

26.（美）E.A.伯特：《近代物理科学的形而上学基础》，徐向东译，四川教育出版社 1997 年版。

27.（德）伽达默尔：《哲学解释学》，夏镇平、宋建平译，上海译文出版社 1994 年版。

28.（德）伽达默尔、德里达等：《德法之争：伽达默尔与德里达的对话》，孙周兴、孙善文编译，同济大学出版社 2004 年版。

29.（德）伽达默尔：《伽达默尔集》，严平编选，邓安庆等译，上海远东出版社 1997 年版。

30.（德）伽达默尔：《哲学生涯——我的回顾》，陈春文译，商务印书馆 2003 年版。

31.（德）胡塞尔：《生活世界现象学》，克劳斯·黑尔德编，倪梁康、张廷国译，上海译文出版社 2005 年版。

32.（英）F.A.哈耶克：《科学的反革命》，冯克利译，译林出版社 2003 年版。

33.（以色列）约瑟夫·本·哈维：《科学家在社会中的角色》，赵佳苓译，四川人民出版社 1988 年版。

34.（美）保罗·费耶阿本德：《反对方法——无政府主义知识论纲要》，周昌忠译，上海译文出版社 1992 年版。

35.（美）保罗·费耶阿本德：《自由社会中的科学》，兰征译，上海译文出版社 1990 年版。

36.（英）卡尔·波普尔：《科学知识进化论》，纪树立编译，三联书店 1987 年版。

37.（德）马克斯·韦伯：《新教伦理与资本主义精神》，康乐、简惠美译，广西师范大学出版社 2003 年版。

38.（奥地利）纽拉特：《社会科学基础》，杨富斌译，华夏出版社 1999 年版。

39.（美）托马斯·库恩：《科学革命的结构》，金吾伦、胡新和译，北京大学出版社 2003 年版。

40.（英）吉登斯：《社会理论与现代社会学》，文军、赵勇译，社会科学文献出版社 2003 年版。

41.（德）马克斯·霍克海默：《批判理论》，李小兵译，重庆出版社 1989 年版。

42.（德）马克斯·霍克海默、西奥多·阿多诺：《启蒙辩证法》，渠敬东、曹卫东译，上海人民出版社 2006 年版。

43.（英）卡尔·波普尔：《科学发现的逻辑》，查汝强、邱仁宗译，中国美术学院出版社 2008 年版。

44.（英）约翰·B.汤普森：《意识形态与现代文化》，文娟、高戈等译，译林出版社 2005 年版。

45.（德）马尔库塞：《理性和革命》，程志民译，重庆出版社 1993 年版。

46.（德）马尔库塞：《单向度的人》，张峰译，重庆出版社 1988 年版。

47.（德）西奥多·阿多诺：《否定的辩证法》，张峰译，重庆出版社 1993 年版。

48.（法）H.列菲伏尔、（匈）A.赫勒：《让日常生活成为艺术品》，陈学明、吴松编译，云南人民出版社 1998 年版。

49.阿诺德·盖伦：《技术时代的人类心灵》，何兆武译，上海科技教育出版社 2003 年版。

50.L.A.怀特：《文化的科学——人类与文明研究》，沈原等译，山东人民出版社 1988 年版。

51.F.拉普：《技术哲学导论》，刘武等译，辽宁人民出版社 1986 年版。

52.（英）汤因比、（日）池田大作：《展望二十一世纪——汤因比与池田大作对话录》，荀春生等译，国际文化出版公司 1985 年版。

53.（德）卡尔·曼海姆：《变革时代的人与社会》，刘凝译，台湾久大文化股份有限公司 1990 年版。

54.（德）伽达默尔：《科学时代的理性》，薛华等译，国际文化出版公司 1988 年版。

55.（日）扇谷正造等：《怪异的一代——新人类》，何培忠编译，社会科学文献出版社 1989 年版。

56.（德）雅斯贝尔斯：《现时代的人》，周晓亮等译，中国社会科学出版社 1992 年版。

57.（法）卢梭：《论科学和艺术》，何兆武译，商务印书馆 1959 年版。

58.（德）尼采：《偶像的黄昏》，周国平译，湖南人民出版社 1987 年版。

59.（德）斯宾格勒：《西方的没落》，齐世荣等译，商务印书馆 1995 年版。

60.（英）C.P.斯诺：《两种文化》，纪树立译，三联书店 1994 年版。

61.（美）乔治·萨顿：《科学史与新人文主义》，陈恒六等译，华夏出版社 1989 年版。

62.（英）威廉姆·奥斯威特：《哈贝马斯》，沈亚生译，黑龙江人民出版社 1999 年版。

63.（德）得特勒夫·霍尔斯特《哈贝马斯传》，章国锋译，东方出版中心 2000 年版。

64.陈振明：《法兰克福学派与科学技术哲学》，中国人民大学出版社 1992 年版。

65.傅永军：《批判的意义：马尔库塞、哈贝马斯文化与意识形态批判理论研究》，山东大学出版社 1997 年版。

66.汪信砚：《当代视域的马克思主义哲学》，湖北人民出版社 2004 年版。

67.汪信砚：《科学——真善美的统一》，中华书局 2009 年版。

68.衣俊卿、丁立群：《20 世纪的新马克思主义》，中央编译出版社 2001 年版。

69.（日）中冈成文：《哈贝马斯交往行为》，王屏译，河北教育出版社 2001 年版。

70.（德）哈贝马斯：《哈贝马斯精粹》曹卫东选译，南京大学出版社 2004 年版。

71. 曹卫东：《曹卫东论哈贝马斯》，北京大学出版社 2005 年版。

72.（英）戴维·麦克莱兰：《马克思以后的马克思主义》，东方出版社 1986 年版。

73. 章国锋：《关于一个公正世界的"乌托邦"构想》，山东人民出版社 2001 年版。

74.（美）芬伯格：《可选择的现代性》，陆俊等译，中国社会科学出版社 2003 年版。

75. 郑晓松：《技术与合理化》，齐鲁书社 2007 年版。

76.（英）安德鲁·埃德加：《哈贝马斯：关键概念》，杨礼银、朱松峰译，江苏人民出版社 2009 年版。

77. 李佃来：《公共领域与生活世界——哈贝马斯市民社会理论研究》，人民出版社 2006 年版。

78.（美）莱斯利·A.豪：《哈贝马斯》，陈志刚译，中华书局，2002 年版。

79. 吴国盛：《科学的历程》，北京大学出版社 2002 年版。

80. 余灵灵：《哈贝马斯传》，河北人民出版社 1998 年版。

81. 张向东：《理性生活方式的重建》，中国社会科学出版社 2007 年版。

82. 艾四林：《哈贝马斯》，湖南教育出版社 1999 年版。

83. 汪行福：《走出时代的困境——哈贝马斯对现代性的反思》，上海社会科学出版社 2000 年版。

84. 高宣扬：《哈伯马斯论》，（台北）远流出版公司 1991 年版。

85. 俞吾金、陈学明：《国外马克思哲学流派新编》，复旦大学出版社 2002 年版。

86. 俞吾金：《现代性现象学——与西方马克思主义者的对话》，上海社会科学出版社 2002 年版。

87. 衣俊卿等：《20 世纪的文化批判：西方马克思主义的深层解读》，中央编译出版社 2003 年版。

88. 陈学明：《哈贝马斯的"晚期资本主义"论述评》，重庆出版社 1993 年版。

89. 欧力同、张伟：《法兰克福学派研究》，重庆出版社 1990 年版。

90. 龚群：《道德乌托邦的重构——哈贝马斯交往伦理思想研究》，商务印书馆 2003 年版。

91.（英）丹尼斯·姆贝：《组织中的传播与权力：话语、意识形态和统治》，中国社会科学出版社 1987 年版。

二、论文类：

1. 哈贝马斯：《生产力与交往——答克鲁格》，李黎摘译，（民主德国）《内容与形式》杂志 1989 年第 6 期。

2. 尹大贻：《评哈贝马斯的〈作为"意识形态"的技术和科学〉》，载《法兰克福学派——批判社会理论》，上海人民出版社 1981 年版。

3. 俞吾金：《马尔库塞和哈贝马斯的意识形态学说剖析》，《社会科学》1992 年第 9 期。

4. 俞吾金:《从意识形态的科学性到科学技术的意识形态性》,《马克思主义与现实》2007 年第 3 期。

5. 汪信砚:《论当代马克思主义大科学观的基本规定》,《江汉论坛》1996 年第 9 期。

6. 汪信砚:《人类科学的历史发展和当代特点》,《广西社会科学》1997 年第 2 期。

7. 汪信砚:《论恩格斯的自然观》,《哲学研究》2006 年第 7 期。

8. 汪信砚:《何为哲学?从人文学科的视角看》,《哲学研究》2009 年第 11 期。

9. 薛民:《哈贝马斯科学技术社会功能理论评析》,《复旦学报(社会科学版)》1994 年第 2 期。

10. 童世骏:《科学与民主的和谐何以可能》,《华东师范大学学报(哲学社会科学版)》1999 年第 4 期。

11. 任曰岂:《评哈贝马斯的科学技术观》,《学术交流》1995 年第 1 期。

12. 任曰岂:《哈贝马斯"科学技术是第一生产力"命题的评析》,《哲学动态》1999 年第 2 期。

13. 孙增霖、辛军:《哈贝马斯论科学技术的意识形态功能》,《山东大学学报(哲社版)》1998 年第 2 期。

14. 黄新华:《哈贝马斯的科学技术意识形态论述评》,《马克思主义研究》1999 年第 1 期。

15. 王南湜:《回归生活世界意味着什么》,《学术研究》2001 年第 10 期。

16. 萧诗美:《论马克思的科学观革命》,载《马克思主义哲学研究》,湖北人民出版社2007 年版。

17. 刘世风:《论马克思科学观的实践性探析》,《自然辩证法研究》2010 年第 1 期。

18. 徐长福:《求解"科尔施"问题——论马克思学说跟哲学和科学的关系》,《哲学研究》2004 年第 6 期。

19. 阳海音:《哈贝马斯科学技术观述评》,《科学技术与辩证法》2007 年第 10 期。

20. 吴苑华:《哈贝马斯的科学技术批判的逻辑指向——从科学技术异化到大众社会非政治化》,《科学技术哲学研究》2009 年第 8 期。

21. 吴瑞财:《科学技术与意识形态——马尔库塞与哈贝马斯的一致与分歧》,《哲学研究》2003 年第 3 期。

22. 陈智:《哈贝马斯科学技术意识形态论探析》,《自然辩证法研究》2006 年第 11 期。

23. 郑晓松:《技术的民主化向度》,《自然辩证法研究》2006 年第 8 期。

24. 吴苑华:《科技进步:一种"隐形的"意识形态——析哈贝马斯的科技进步观》,《自然辩证法研究》2009 年第 7 期。

25. 郎晓波:《批判、实践、解放——哈贝马斯的现代性理论解读》,《社会科学论坛》2008 年第 6 期。

26. 张谨:《科学技术的政治化向路及其理性的合理重建》,《理论月刊》2008 年第 3 期。

27. 尹树广:《生活世界的现实及价值维度》,《哲学研究》2003 年第 3 期。

28. 张桂芳、陈凡:《技术与生活世界》,《哲学研究》2010 年第 3 期。

29. 刘京:《哈贝马斯"科学技术即意识形态"思想探源》,《求索》2006 年第 2 期。

30. 孟建伟:《属于人文学科的科学哲学》,《学习时报》2008 年 8 月 25 日。

31. 汪宏燕:《论哈贝马斯的科学技术观》,《谈古论今》2009 年第 4 期。

32. 毕志民、杨华:《哈贝马斯科学技术观析评》,《河北工程大学学报(社会科学版)》2008 年第 6 期。

33. 郑凯文:《科学技术的双重维度——论马尔库塞和哈贝马斯的科学技术批判理论》,《重庆科技学院学报(社会科学版)》2009 年第 9 期。

34. 马良:《来自"科学技术是第一生产力"的两种声音——对邓小平和哈贝马斯同一命题的述评》,《杭州师范学院学报(人文社会科学版)》2001 年第 1 期。

35. 张和平:《略论哈贝马斯对科学技术的批判》,《甘肃理论学刊》2002 年第 11 期。

36. 王彦龙:《论哈贝马斯的理性观》,《锦州师范学院学报》2003 年第 3 期。

37. 陈旭玲、刘京:《邓小平和哈贝马斯"科学技术是第一生产力"观点的比较》,《丽水师范专科学校学报》2002 年第 6 期。

38. 陈爱华:《哈贝马斯科技伦理观述评》,《伦理学研究》2007 年第 5 期。

39. 万象客:《霍伊对哈贝马斯的批判》,《国外社会科学》1996 年第 1 期。

40. 洪波:《技术与科学何以为意识形态——哈贝马斯意识形态论探析》,《华东船舶工业学院学报(社会科学版)》2001 年第 3 期。

41. 周小康、陈希:《哈贝马斯科学技术观述评》,《华中师范大学研究生学报》2009 年第 9 期。

42. 宋永平、刘小勇:《科学技术与意识形态——法兰克福学派科学技术意识形态理论的发展逻辑及其评价》,《广东青年干部学院学报》2006 年第 3 期。

43. 刘景良:《科学技术即意识形态——哈贝马斯的观点及其合理性与非合理性》《南华大学学报(社会科学版)》2004 年第 12 期。

44. 刘大椿:《技术何以决定人之本质》,《东北大学学报(社会科学版)》2006 年第 1 期。

45. 王凤才:《科学技术作为意识形态——哈贝马斯科技意识形态论》,《山东科技大学学报》2004 年第 12 期。

46. 叶美芳:《马尔库塞与哈贝马斯的科技批判理论思想之比较》,《河北理工大学学报(社会科学版)》2006 年第 8 期。

47. 王永、王丁龙:《浅析哈贝马斯的科技观》,《世纪桥》2008 年第 12 期。

48. 张翠:《哈贝马斯对历史唯物主义的单向度"重建"析评》,《重庆科技学院学报(社会科学版)》2008 年第 10 期。

49. 孟飞:《批判与重构——哈贝马斯论科学技术》,《前沿》2008 年第 10 期。

50. 雷春:《论哈贝马斯关于科学技术作为意识形态的统治功能》,《湖南科技学院学报》2008 年第 11 期。

51. 单秋梅、董宏伟:《浅谈哈贝马斯的"科学技术意识形态"论》,《哈尔滨学院学报》2005 年第 2 期。

52. 李艳霞:《科学技术是一种新的意识形态》,《理论界》2006 年第 9 期。

53. 崔永杰:《科学技术即意识形态——从霍克海默到马尔库塞再到哈贝马斯》,《山东师范大学学报(社会科学版)》2007 年第 6 期。

54. 姜玉洪:《科学技术是一种新的意识形态吗? ——评法兰克福学派的理论》,《理论探讨》2004 年第 6 期。

55. 李桂花:《科学技术是意识形态吗? ——兼评阿尔都塞和哈贝马斯的观点》,《吉林师范大学学报(人文社会科学版)》2005 年第 3 期。

56. 倪伟波、任雪萍:《论哈贝马斯的科学技术生产力观》,《江淮论坛》2007 年第 1 期。

57. 瞿建权:《论哈贝马斯与马尔库塞关于"科学技术是意识形态"的分歧》,《理论界》2008 年第 6 期。

58. 叶美芳:《意识形态、合理性与未来发展前景——哈贝马斯的科技观探析》,《安徽商贸职业技术学院学报(社会科学版)》2006 年第 1 期。

59. 唐胜兵、王现:《法兰克福学派科学技术意识形态理论的形成和发展》,《大视野》2008 年第 7 期。

60. 李天芳:《对西方"科学技术是一种意识形态"理论的批判与反思》,《喀什师范学院学报》2004 年第 2 期。

61. 张伟东:《简论哈贝马斯科技观及其启示》,《广州广播电视大学学报》2009 年第 2 期。

62. 张磊:《科学技术是意识形态吗——马尔库塞与哈贝马斯科技观的异同》,《教育前沿(理论版)》2008 年第 8 期。

63. 高清海:《哲学回归现实世界之路》,《社会科学战线》1993 年第 1 期。

64. 陈燕:《释义与探索——哈贝马斯生活世界理论》,《佳木斯大学社会科学学报》2003 年第 10 期。

65. 宋永平、刘晓勇:《科学技术与意识形态——法兰克福学派科学技术意识形态理论的发展逻辑及其评价》,《广东青年干部学院学报》2006 年第 1 期。

66. 叶德明:《论马克思哲学视野中的生活世界及其意义》,《学术论坛》2009 年第 3 期。

67. 陈忠:《哈贝马斯"生活世界理论"与马克思"全面生活理论"之比较》,《江苏社会科学》2005 年第 6 期。

68. 贾向桐:《论当代科学合理性研究视域的转变——从认知合理性到生活世界合理性》,《科学技术哲学研究》2009 年第 10 期。

69. 龚晓珺:《论哈贝马斯的生活世界殖民化批判理论》,《广西大学学报(哲学社会科学版)》2007 年第 3 期。

70. 铁省林:《从认识论到知识学——哈贝马斯对实证主义认识论及其科学观的批判》,《河南师范大学学报(哲学社会科学版)》2006 年第 7 期。

71. 何畏:《科学:解放的力量抑或意识形态奴役——马克思与法兰克福学派科学观的比较研究》,《南京社会科学》2009 年第 8 期。

72. 史娜:《〈自然辩证法〉中的科学观及其对当代的启示》,《山西农业大学学报(社会科学版)》2009 年第 8 期。

73. 王敬华:《科学观的历史演变及未来趋势》,《聊城大学学报(社会科学版)》2009 年第 2 期。

74. 李本洲:《试论马克思早期科学观的存在论基础——从〈1844 经济学哲学手稿〉入手》,《兰州学刊》2007 年第 9 期。

75. 成素梅:《语境论的科学观》,《学术月刊》2009 年 5 月。

76. 郝苑、孟建伟:《逻辑经验主义的人文语境》,《科学技术哲学研究》2010 年第 8 期。

77. 胡刘、祝莉萍:《启示、困难与出路——胡塞尔科学观的方法论》,《社会科学》2007 年第 5 期。

78. 刘峰:《商谈伦理之维——哈贝马斯的伦理学解决方案及其现实道路》,《社会科学论坛》2010 年第 8 期。

79. 李淑梅:《以兴趣为导向的认识论——对哈贝马斯认识论特点的探讨》,《南开学报(哲学社会科学版)》2007 年第 1 期。

80. 李大棚、白晓剑:《法兰克福学派科学技术意识形态批判理论评析》,《世纪桥》2008 年第 11 期。

81. 陈玉霞、李学丽:《论哈贝马斯对马尔库塞"新技术新自然观"的批判》,《自然辩证法研究》2007 年第 9 期。

82. 铁省林、王维先:《自然科学是如何可能的? ——哈贝马斯对自然科学及其认识兴趣的反思》,《科学技术与辩证法》2008 年第 6 期。

83. 安维复:《走向社会建构主义:海德格尔、哈贝马斯和芬伯格的技术理念》,《科学技术与辩证法》2002 年第 12 期。

84. 阳海音:《论哈贝马斯意识形态批判理论的思想渊源》,《世纪桥》2007 年第 5 期。

85. (美)哈特曼:《交往哲学与制度化问题》,载张世英编著:《哲学与人》,商务印书馆 1993 年版。

86. 冯军:《政治与技术交往的价值——论哈贝马斯克服现代技术》,《自然辩证法研究》2006 年第 6 期。

87. 叶海源:《哈贝马斯对科学技术的意识形态理解及其意义指向》,《学术探索》2004 年第 12 期。

88. 吕国忱、张旋:《国内外马克思主义对"科学技术是第一生产力"两种解读的相关性》,《扬州大学学报(社会科学版)》2010 年第 3 期。

89. 孙浔:《技术民主的两条道路——哈贝马斯和芬伯格技术政治学比较研究》,《兰州学刊》2008 年第 9 期。

90. 艾志强:《走向民主的技术——从公共领域的视角看哈贝马斯拯救技术化统治的民主进路》,《南京林业大学学报(人文社会科学版)》2009 年第 6 期。

91. 段培君:《析波普的社会科学概念》,《山东科技大学学报(社会科学版)》2002 年第 12 期。

三、英文文献

1. J.Habermas, *The Phliosophical Discousre of Modernity*, Cambridge:Polity Perss, 1987.

2. J.Habermas, *The New Conservastism*, The MTI Perss, 1989.

3. J.Habermas, *The theory and Practcie*, Beacon Press, 1978.

4. J. Habermas, *Justification and Application*: Remarks on Discourse Ethics, Cambridge: Polity Press, 1993.

5. J.Habermas, Communication and the evolution of society, Beacon Press, 1979.

6. J.Habermas, The theory of communication action, Beacon Press, 1984.

7. J.Habermas, *Between facts and norms*, Cambridge:Polity Press, 1996.

8. J, Habermas, *the inclusion of the others*, MTI press, 1998.

9. J.Habermas, The structural transformation of the public sphere, MTI press, 2001.

10. J.Habermas, *The Future of human nature*, cambridge, UK:Polity Perss, 2003.

11. J. Habermas, *The liberating power of symbols*: *philosophical*, Cambridge: Polity Perss, 2001.

12. J.Habermas, *Truth and Justification*, Cambridge Mass:MTI press, 2003.

13. J.Habermas, *Toward a Rational society*, beacon Press, 1968.

14. J.Habermas:*On the Logic of the Social science*, the United States of America by Maple-Vail. 1967.

15. J.Habermas, *Moral Consciousness and Communicative Action*, MIT Press, 1990.

16. J.Habermas, *Legitimation Crisis*, Beacon Press, 1973.

17. J.Habermas, *Philosophical-Political Profiles*, The MIT Press, 1983.

18. Thomas McCarthy, *The Crtical Theory of jurgen Habermas*, The MTI Perss, 1981.

19. Robert C.Holub, Jurgen Habermas, *Critic in the Public Sphere*, The MIT Perss, 1993.

20. Michacl Pusey, Jurgen habermas, *Tavistock Publications*, 1987.

21. David M Rasmussen, *Reading habermas*, Oxford, UK, 1990.

22. Rick Roderick, *Habermas and the Foundations of Critical Theory*, Macmillan Publisheres LTD, 1986.

23. Cooke Maeve, *Language and reason*:*a Study of Habermas's Pragmatics*, Cambridge Mass Perss, 1983.

24. outhwaite, William, *habermas*:*a critical Introduction*, Cambridge:Polity Perss, 1994.

25. Tom Rockmoer, *haberasmas on Historical Materialism*, Indiana University 1989.

26. J.habermas, *Equal Treatment of Cultures and the Limits of Postmodern Liberalism*, The Journal of Political Philosophy: Volume 13, Number 1, 2005.

27. J.habermas, *The Liberating Power of Symbols(philosophical Essays)*, Translated by Peter Dews, MIT Press edition, 2001.

28. Deborah Cook, *Adorno, Habermas, and the Search for a Rational Society*, Francis e-Library, 2004.

29. Uwe Steinhoff, *The Philosophy of Jürgen Habermas*, Oxford University Press, maker 2009.

30. James Gordon Finlayson, *Habermas: A Very Short Introduction*, Oxford University Press Inc., New York, 2005.

31. Bob Cannon, *Rethinking the Normative Content of Critical Theory_ Marx*, Habermas and Beyond, formerly Macmillan Press Ltd, 2001.

32. Simon Tormey and Jules Townshend, *Key Thinkers from Critical Theory to Post-Marxism*, SAGE Publications India Pvt Ltd, 2006.

33. Logi Gunnarsson, *Marking Moral Sensa: Beyond Habermas and Gauthier*, Cambridge University Press, published in printed format 2000.

34. John F.Sitton, *Habermas and Contemporary Society*, Newgen Imaging Systems(P) Ltd., Chennai, India. 2003.

35. G.Mair.Kusey. *Reflexion On The Science of Machines*. Paris. Bloud and Gay, 1982.

36. Anthony Giddens, *Review: Habermas's Social and Political Theory*, in The American Journal of Sociology, Vol.83, No.1(Jul., 1977).

37. C.Boergeyano. *Form and Technology*. Humburg. Meissner Press, 1980.

38. D.Armady. *Technology As The Experience* . New York. Ha rcourt .Brace an World, 1984.

39. M.Dubosiersgy. *Arts*. New York. The Inst inct Macmillanof Workmanship and The State of The Industrial Press, 1971.

后　记

　　《哈贝马斯科学观研究》是在我的同名博士论文的基础上充实完成的一部书。在我看来,这本书的出版殊为不易。

　　本书所研究的对象,是西方现当代著名的思想家哈贝马斯。作为法兰克福学派第二代的理论旗手,他的研究与著述领域宽广、内容驳杂、观点深刻、言辞深奥,具有极强的现实针对性。正是对他的《作为意识形态的技术与科学》一书的介绍与批判,学界开启了中国当代科学技术批判的先河。他的观点对当时思想还停滞于"文革"时期"左"的思维定式和积弊遗风中的马克思主义学界来说,简直是石破天惊。"科学技术是第一生产力"的论断也是从他的论著中获得了理论支撑。哈贝马斯对马克思主义独到的解释,让我们看到在我们熟知的教科书上的马克思主义哲学原理之外,还有如此犀利的马克思主义理论,居然能够这样诠释和拓展马克思主义,这给中国马克思主义学界带来的思想震荡不可小视。也正是从那时到如今,哈贝马斯几乎所有作品都相继被译为中文,中国学者对哈贝马斯的介绍与研究已经是果实累累,涉及多个领域,运用了不同的研究方法和视角。在这样的研究背景下,作者选择哈贝马斯作为他的研究对象,五年如一日地坚持钻研哈贝马斯的文本与思想,并形成自己的独到见解,这是的确需要毅力和理论勇气。

　　本书所研究的主题,是哈贝马斯的科学观。毋庸置疑,这是一个极其重要、众说纷纭而且相当敏感的论题。如何正确应对科学的飞速发展已成为当代重要的哲学问题之一,对这一问题的回答将成为理解现代社会"生活世界"的关键。科学观①一般是指人们对科学(包括自然科学、社会科学)的性质、理

---

　　①　有学者将科学观与技术观分开理解,我认为科学正是通过技术实现与社会的联系,技术是科学与社会的中介,二者密不可分,所以并不刻意加以区分。

论构造、方法、基本概念、发展规律、社会作用以及科学与其他人类认识形式（如宗教、哲学）的关系等问题所进行的哲学反思。

"科学"本来是人类认识世界最精致的形式，尤其在人们经历了三次科学革命之后，科学理性获得了世界性的话语霸权，成了供人赞美和顶礼膜拜的神话，甚至在社会实践中成了制度合法性的一部分。然而，当"科学"声誉日隆之时，一些清醒冷峻的西方学者也尖锐地指出了科学的危机，科学与技术的结合导致的生态问题、消费至上以及社会宰制危险，成为西方科技批判学者诟病科技的依据。在"科学技术是第一生产力"的观点指引下，中国科学技术在极大发展的同时，也使我们开始遭遇科学技术发展的危机，一些原本仅出现在西方发达社会的"科技病"也在中国大量出现，有些方面甚至情形更加严重。因此，厘清科学概念，寻求建立正确的科学观，必然是当今哲学最为重要的任务之一。因此，作者把他的研究主题定位在哈贝马斯对科学观的反思、批判和重建上，特别是他着力构建的可操作的"三类科学"上，这种探索和讨论是有益的，其中隐含着亟待求解的中国科学发展方向的谜题。

在本书中，我做了三个方面的努力：（1）视角独特。国内外对哈贝马斯的研究，多从公共领域、生活世界、市民社会、政治合法性、世界公民社会等角度展开，而本书认为，早期法兰克福学派依据社会批判理论对实证主义、分析哲学的立场进行了猛烈抨击。然而，哈贝马斯认为他们在批判科技理性的同时，却丧失了规范科学的理性基础，使社会批判理论陷入困境。哈贝马斯相信，只有重新理解理性，重新阐释科学，才能拯救社会批判理论。"科学"顺理成章地成为哈贝马斯早期作品的主题之一，也是哈贝马斯理论成熟时期创作的源头之一，更是他学术生涯始终关注的对象。因此，从科学观的视角研究哈贝马斯，就能把握他的哲学思想的全貌。（2）方法触类旁通。哈贝马斯既是善于理论综合的学者，也是一个"斗士"，他不断挑战，不断应战，又不断汲取对手的理论养分，这让他自己也饱受争议，因此本书并没有孤立地研究哈贝马斯科学观，而是将把他与马克思、西方马克思主义者、弗洛伊德、伽达默尔、罗尔斯等思想家和学者的理论做比较研究，从对比中把握他的科学观。（3）观点鲜明。本书充分论证和最终肯定的是哈贝马斯建立的全新的"三种科学"的科学观，这种科学观是对马克思科学观的继承和发展。

当然，我自知积累不够、理论水平有限，本书也有一些值得商榷的地方，由于作者对哈贝马斯理论的推崇和偏爱,这使得我在解读和评价其科学观时,不可避免有所拔高;有些章节由于阅读研究的范围过于狭窄,研究论证依然显得单薄;在行文风格和语言的锤炼上,稍欠火候,显得稚嫩和生硬。

面对哲学,我虔诚而惶恐,生怕自己的无知亵渎了"爱智"的美名,我别无他求,只希望证明我曾来过。

笛卡尔说:我思故我在。

诚言不谬。

初春于南望山下